W0318633

DIE APOKRYPHEN II

DIE BOTSCHAFT DES ALTEN TESTAMENTS

Erläuterungen alttestamentlicher Schriften

Band 25/2

DIE APOKRYPHEN II

CALWER VERLAG STUTTGART

DIE APOKRYPHEN II

Weisheit Salomos, Tobias, Judith, Baruch

Übersetzt und ausgelegt von

HELMUT LAMPARTER

CALWER VERLAG STUTTGART

ISBN 3-7668-0365-4
© 1972 Calwer Verlag Stuttgart
Printed in Germany
Alle Rechte vorbehalten · Abdruck, auch auszugsweise,
nur mit Genehmigung des Verlags
Satz und Druck: Ernst Leyh, Stuttgart
Einband: E. Riethmüller & Co, Stuttgart

INHALT

DIE WEISHEIT SALOMOS

Inhalt

EINFÜHRUNG

Wie das Buch der Sprüche und das des Predigers soll dieses Buch „Weisheit“ dem König Salomo angeblich seinen Ursprung verdanken.[1] Zweifelsohne handelt es sich dabei um eine schriftstellerische Verbeugung vor der sprichwörtlichen Weisheit Salomos (vgl. 1. Kön. 4,9; 10,1 ff.). Wer sich als Verfasser unter diesem Decknamen verbirgt, wissen wir nicht. Nach Stil und Inhalt handelt es sich bei dieser Schrift zweifelsohne um ein Spätprodukt der jüdischen Weisheitsliteratur. Dies geht schon aus der Form hervor, in die der Verfasser seine Gedanken gekleidet hat. An die Stelle des kurzen, sprichtwortartigen Weisheitsspruchs ist das breit ausgeführte Lehrgedicht getreten. Es kommt hinzu, daß sich der *Verfasser* als ein Schriftsteller ausweist, der mit der spätgriechischen Geisteswelt („Hellenismus“), ihrer Sprache, Kultur und Philosophie vertraut ist. Aus diesem Grund hat man, wie der Kirchenvater Hieronymus berichtet, schon in alter Zeit angenommen, daß der jüdische Philosoph Philo von Alexandria (25 v. Chr. – 45 n. Chr.) der Verfasser sei. Auch Luther hat diese Meinung geteilt. Allerdings fehlt im Buch Weisheit, was für Philo bezeichnend ist: die allegorische Schriftauslegung, die Spekulation über den „Logos“ (Weltvernunft) und die Bemühung um ein philosophisches System. Infolgedessen nimmt man an, daß diese Schrift, unabhängig von Philo, frühestens um das Jahr 100 v. Chr., jedoch nicht später als um das Jahr 50 v. Chr. geschrieben wurde. Genaueres läßt sich nicht ausmachen. Da die Verbindung zwischen dem jüdischen Glaubenserbe und der spätgriechischen Kultur und Philosophie bei den Diasporajuden in Alexandria besonders gepflegt wurde, spricht sehr viel dafür, daß dort, in Oberägypten, der Verfasser zu Hause war[2].

Die *Absicht*, die er mit dieser Schrift verfolgt, läßt sich aus ihrem

[1] Vgl. 9,7 f.; 9,12.

[2] Mehrfach wird auf Ägypten in dem Buch Bezug genommen (die ägyptischen Plagen, die Zeit der Knechtschaft unter Pharao, der Tierkult der Ägypter werden mit Abscheu und Ingrimm erwähnt 11,2 ff.).

Inhalt deutlich ablesen. Er will seine jüdischen Glaubensgenossen darin bestärken, dem Glauben ihrer Väter auch in der heidnischen Umwelt, in der sie leben, treu zu bleiben. Mit scharfen Worten droht er denen, die sich von der heidnischen Denk- und Lebensweise anstecken ließen, die Strafe Gottes an. Offensichtlich hatte er vor Augen, wie nicht Wenige lau wurden und im irdischen Wohlleben den Sinn und die Erfüllung ihres Lebens suchten[3]. Freilich, sein Blick ist nicht auf die Glaubensgenossen in der Diaspora beschränkt. An die „Richter der Erde", d. h. an alle, die über die Völker herrschen, wendet er sich sogleich im ersten Lehrgedicht (1,1). Konnte er auch kaum hoffen, daß sie auf seine Stimme hören würden, so fühlt er sich doch verpflichtet, sie vor Arglist und Unrecht zu warnen. All denen, die im Heidentum versunken sind, will er die Torheit ihres Götzendienstes aufdecken, alle, die den allein wahren, lebendigen Gott noch nicht kennen oder nicht mehr fürchten, zur wahren Quelle der Weisheit führen. *Was ist Weisheit?* Wie schon bei Sirach handelt es sich bei dieser *Weisheit* nicht nur um eine Tugend oder eine inwendige Erleuchtung, um die man sich mühen soll. Sprach Sirach von der göttlichen Weisheit als der Urordnung, die der ganzen Schöpfung eingestiftet ist, so geht der Verfasser dieser Schrift noch einen Schritt weiter, indem er die Weisheit geradezu vergöttlicht. Die Weisheit ist Schöpferin (7,12) und Throngenossin Gottes (9,4). Sie ist ein Hauch und Ausfluß der Kraft des Allmächtigen (7,25), der Abglanz des unsichtbaren Lichtes, ein ungetrübter Spiegel, in dem Gott selbst sich spiegelt (7,26). Wollte der Verfasser auf diese Weise den philosophisch gebildeten Lesern unter seinen Zeitgenossen eine Brücke schlagen, damit sie den Glauben an den allein wahren Gott und Schöpfer des Alls leichter fassen und annehmen könnten? Daß er selbst in diesem Glauben verwurzelt ist, steht außer Zweifel[4]. Er übernimmt zwar aus dem griechischen Geisteserbe den Glauben an die Präexistenz der Seele und ihrer Fortdauer über den leiblichen Tod hinaus (vgl. 8,20; 9,15; 15,8) und stimmt in den Preis der vier Haupttugenden (Besonnenheit, Klugheit, Gerechtigkeit, Tapferkeit) ein, die den Griechen

[3] Vgl. Kap. 2,1 ff.!

[4] Dies zeigt sich schon darin, daß an vielen Stellen Gott als der unmittelbar Handelnde bezeugt wird. Vieles wird von Gott *und* von der Weisheit ausgesagt (vgl. 7,17 ff. mit 7,21; 1,6 ff. mit 7,22; 8,1 mit 15,1; 10,9.15 mit 2,18; 10,3 mit 3,10).

so wichtig waren[5]. Aber sein Anliegen ist nicht philosophische Systembildung, sondern Anleitung zur rechten Gottesverehrung, zum demütigen Lobpreis Seiner Majestät. „Was Gott und Welt trennt, ist nicht die Beflecktheit der Materie, sondern allenthalben die Sünde!“ (J. Fichtner). Darüber läßt der Verfasser keinen Zweifel.

Das in 3 Hauptteile (Kap. 1–5; Kap. 6–9; Kap. 10–19) deutlich gegliederte Buch bedient sich im 1. und weithin auch im 2. Hauptteil der dichterischen Sprachform; nur der 3. Teil ist in Prosa abgefaßt. Die folgende Übersetzung (in rhythmischer Form) möchte dieses formale Bemühen des Verfassers aufnehmen und zum *Lesen* seines Büchleins Lust und Liebe machen. „Es ist viel guts Dinges darinnen, und wohl wert, daß mans lese. Sonderlich aber sollten es lesen die großen Hansen, so wider ihre Untertanen toben und wider die Unschuldigen, um Gottes Worts willen, wüten. Denn dieselben spricht er an im 6. Kapitel (V. 10): ‚Euch Tyrannen gelte meine Rede.‘ – Darum kommt das Buch nicht uneben zu unsrer Zeit an den Tag, dieweil jetzt auch die Tyrannen getrost ihre Oberkeit mißbrauchen ... Und gefällt mir das aus der Massen wohl darinnen, daß er das Wort Gottes so hoch rühmet und alles dem Wort zuschreibt, was Gott je Wunders getan hat, beide an den Feinden und an seinen Heiligen ... Zuletzt ist dieses Buch eine rechte Auslegung und Exempel des ersten Gebots. Denn hie siehst du, daß er durch und durch lehrt Gott fürchten und Ihm trauen; er schreckt diejenigen mit Exempeln göttlichen Zorns, so sich nicht fürchten und Gott verachten, wiederum tröstet er diejenigen mit Exempeln göttlicher Gnade, so ihm gläuben und trauen, welches nichts anderes ist, denn der rechte Verstand des ersten Gebots“ (Luther)[6]. Die scharfe Warnung, die der Verfasser den *Gottlosen* ins Stammbuch schreibt, die in der Steigerung ihres Wohllebens den einzigen Sinn ihres flüchtigen Daseins sehen und dem Gerechten, der ihr Leben straft, auflauern (1,16 ff.), hat auch den Menschen unsrer Zeit Wichtiges zu sagen. In keinem andern Buch der Bibel wird der frivole Lebensgenuß nach der Parole „Lasset uns essen und trinken, denn morgen sind wir tot!“ (Jes. 22,13; 1. Kor. 15,32) so treffend geschildert und so scharf verurteilt. Auch die dringliche Einladung, um die göttliche Gabe der Weisheit als der Spenderin der wahren Lebensgüter

[5] Vgl. 8,7.
[6] Vorrede (E. A. 62,93 ff.).

zu bitten, ist es wert, daß sie in unsrer Zeit besonders beherzigt wird, deren Fortschritt in Wissenschaft und Technik so wenig mit einem Fortschritt im verantwortlichen Gebrauch der neuen Errungenschaften verbunden ist. Nicht zuletzt gibt die Schrift dieses Weisen aus Israel denen, die sich an der Verborgenheit des göttlichen Waltens in der Geschichte der Völker stoßen, eine Glaubenshilfe. Beides, die Strenge des göttlichen Gerichts und die Güte des Schöpfers, der ein „Liebhaber des Lebens" (11,26) ist, wird darin eindringlich bezeugt.

I.

DER UNTERSCHIED ZWISCHEN DEM GESCHICK DER GERECHTEN UND DER GOTTLOSEN

Kap. 1,1–5,23

DER AUFRUF, NACH GERECHTIGKEIT ZU TRACHTEN

1,1—15

(1,1) **Habt lieb Gerechtigkeit, der Erde Richter!**
Gedenkt, auf Gutes sinnend, an den Herrn
und sucht Ihn treulich und von Herzen[1]**!**
(2) **Wenn ihr ihn nicht versucht, läßt er sich finden,**
Er tut sich kund, wenn ihr ihm nicht mißtraut.
(3) **Verkehrtes Denken scheidet euch von Gott;**
Wer seine Macht im Unverstand bezweifelt
und auf die Probe stellt, muß Strafe leiden.
(4) **In eine Seele, die auf Böses sinnt,**
kehrt nie und nimmer seine Weisheit ein,
in einem Leib der Sünde wohnt sie nicht.
(5) **Der heilige Geist der Zucht flieht vor der Arglist,**
er weicht zurück vor unverständigen Gedanken
und straft den Frevler[2]**, wenn sich Unrecht naht.**
(6) **Der Geist der Weisheit ist zwar menschenfreundlich,**
doch wer ihn lästert, bleibt nicht ungestraft[3]**.**
Ist doch Gott selbst ein Zeuge seiner heimlichsten Gedanken,
der acht gibt auf des Menschen Herz,
der weiß und hört, was seine Zunge spricht.
(7) **Der Geist des Herrn ist's, der den Erdkreis füllt,**
Er, der das All umfaßt, hört jeden Laut.
(8) **Da gibt es kein Versteck für den, der Unrecht tut,**
entzieht sich keiner der gerechten Strafe[4]**.**

[1] wörtlich: in Einfalt des Herzens.
[2] Der Textsinn ist nicht mit Sicherheit zu ermitteln. Andere Übersetzung: er wird geschmäht (oder: verscheucht), wenn Unrecht naht.
[3] Zusatz: wegen seiner Lippen.
[4] An keinem geht die strafende Gerechtigkeit vorüber.

(9) Des Frevlers Ränke kommen vors Verhör,
die Kunde seiner Reden vor den Herrn;
da wird er seines Unrechts überführt.
(10) Denn Gottes Eifer hat ein scharfes Ohr[5],
Kein Murren, noch so leis, das er nicht hört!
(11) Drum hütet euch vor Murren, das nichts nütze,
und von Verleumdung haltet fern die Zunge!
Denn heimliches Gerede wirkt sich aus[6]
und ein verlogener Mund verdirbt die Seele.
(12) Strebt nach dem Tode nicht, vom Wahn verblendet,
zerstört euch nicht durch eurer Hände Werk!
(13) Denn Gott schuf nicht den Tod; am Leben,
nicht an Vernichtung hat er seine Freude[7].
(14) Er schuf das All, daß es vor Ihm bestehe
und gönnt das Leben aller Kreatur[8].
Er schuf kein Gift, daß sie daran verdürbe,
noch den Palast des Todes auf der Erde.
(15) Denn die Gerechtigkeit ist fern vom Tode,
die Ungerechtigkeit hat ihn zum Lohn[9].

Mit einem eindringlichen Apell an die *Herrschenden*, ihre Macht in den Dienst des Rechts zu stellen, beginnt der Verfasser seine Denk- und Mahnschrift (vgl. 6,1). Da er das, was er zu sagen hat, dem König Salomo in den Mund legt,[10] ist dieser Auftakt begreiflich. Es kommt hinzu, daß die Unterweisung des Königs schon immer ein wichtiges Thema der Weisheitslehrer gewesen ist (vgl. Spr. 31.1 ff.). Wer im Besitz der Macht ist, steht besonders in Gefahr, sich über das Recht hinwegzusetzen. Liebe zur Gerechtigkeit zeichnet den Herrscher aus, der Gott gefällt! Keiner wird Ihn umsonst darum bitten, denn Gott läßt sich finden von denen, die ihn aufrichtig suchen (vgl. Jer. 29,13; Jes. 55,6 f.; Spr. 8,17). In den folgenden Versen wird begründet, warum dieses *Trachten nach Gerechtigkeit* die erste Pflicht der Herr-

5 wörtlich: Das Ohr des (göttlichen) Eifers hört alles.
6 wörtlich: geht nicht leer aus (vgl. Jes. 55,11).
7 Vgl. Hesek. 18,31; 33,11.
8 wörtlich: Er schuf zum Sein das All und heilvoll sind die kreatürlichen Bildungen.
9 Der zweite Halbvers fehlt in den griechischen Handschriften, ist jedoch — mit gutem Grund und Recht — in der lateinischen Übersetzung ergänzt (injustitia autem est mortis acquisitio), vgl. Sprüch. 11,19.
10 Dies wird allerdings erst in Kap. 5,23 u. 6,1 ff. so recht deutlich.

scher ist. Nicht nur deshalb, weil sie sonst durch den Mißbrauch ihrer Macht schuldig werden und die Untertanen unter Unrecht und Gewalttat leiden müssen. Etwas Anderes ist dem Verfasser über alles wichtig: die göttliche Gabe der Weisheit bleibt denen versagt, die sich als Tyrannen gebärden. Mit dieser *Weisheit* hat es eine besondere Bewandtnis: In eine Seele, die auf Böses sinnt, zieht sie nie und nimmer ein (V. 4). Als „heiliger Geist der Zucht"[11] wird sie im folgenden Vers bezeichnet. Vor Arglist und boshafter Willkür flieht dieser Geist, obwohl er von Hause aus „menschenfreundlich" ist (V. 5), sich also gerne mitteilt. Es kommt hinzu, daß Gott selbst dem selbstherrlichen Mißbrauch der Macht seinen Widerstand entgegenstellt (V. 6b–10). Seiner Allwissenheit bleibt das Ränkespiel und das trotzige Reden und Gebaren der Tyrannen nicht verborgen. Sein Geist ist es ja, der die ganze Schöpfung erfüllt und zusammenhält (V. 7; vgl. Psalm 139,1 ff.). Er wird denen, die wider ihn murren, sich trotzig wider ihn auflehnen, die gebührende Antwort nicht schuldig bleiben. Hütet euch deshalb, durch aufsässiges Gerede oder durch Verleumdung und Lügen seinen Zorn herauszufordern! Ihr bereitet euch dadurch den sicheren Untergang. *Strebt nicht nach dem Tod*, vom Wahn verblendet (V. 12)! Das Widersinnige solchen Verhaltens wird eindringlich an den Pranger gestellt. Nicht nur daß die Gewaltigen, die sich vor solchem Mißbrauch ihrer Macht nicht warnen lassen, unweigerlich sich selbst zerstören. Sie nötigen Gott, der sie dem jähen Sturz und schimpflichen Tod überantwortet, zu einem Handeln, das seiner ursprünglichen Schöpferabsicht zuwiderläuft. Leben schaffen und Leben erhalten, nicht Leben vernichten, ist sein Schöpferwille. „Zum Sein schuf er das All" (V. 14): Dazu, daß es vor Ihm bestehe! So jedenfalls entsprach es der ursprünglichen Absicht des Schöpfers. Daß der *Tod* die Menschen, Mächtige und Ohnmächtige, dahinrafft wie eine giftige Seuche, daran ist die Bosheit des Menschen schuld und des Teufels Neid (2,24). Warum seid ihr so unsinnig, euch selbst vorzeitig in den Tod zu stürzen?! Trachtet nach Gerechtigkeit, so wird die Weisheit Gottes bei euch Einzug halten. Ihr schaufelt euch selbst das Grab, ihr Unverständigen, wenn ihr eure Macht mißbraucht und die Zucht verschmäht!

[11] Der Ausdruck „Heiliger Geist" steht hier zum erstenmal im griechischen Bibeltext (vgl. 9,17).

DIE FRIVOLEN REDEN UND ANSCHLÄGE DER GOTTLOSEN

1,16–2,24

Nichtigkeit des Lebens

(1,16) Die Frevler sind es, die den Tod sich holen,
sie rufen ihn herbei mit Hand und Mund,
verzehrt von Sehnsucht wie nach einem Freund.
Ein Bündnis haben sie mit ihm geschlossen,
nichts anderes wert, als daß sie ihm verfallen.
(2,1) Verkehrte Reden führen sie im Munde:
„Kurz und voll Last und Müh[1] ist unser Leben
und keine Rettung gibt's vor seinem Ende,
wir kennen keinen, der vom Tod befreit.
(2) Aus Zufall, weiter nichts, sind wir geboren,
hernach wird's sein, als wär' es nie geschehn.
Ein Dunst nur ist der Hauch in unsrer Nase,
und unser Denken nur ein Funke unsres Herzschlags.
(3) Erlischt der Funke, wird der Leib zu Asche,
der Geist verflüchtigt sich wie dünne Luft.
(4) Auch unser Name ist nach kurzer Zeit vergessen
und niemand denkt mehr dran, was wir getan.
Also entschwindet unser Leben ohne Spur,
der Wolke gleich, verweht wie Nebelschwaden,
wie sie der Sonne Glut und Strahl vertreibt.
(5) Dem Schatten gleich huscht unsre Zeit vorbei,
unwiderruflich steht ihr Ende fest.
Es ist besiegelt! Keiner kehrt zurück.

Schlussfolgerungen daraus: 1)

(6) Wohlauf denn, laßt das Dasein uns genießen
und, jung an Jahren noch, sein Bestes kosten!
(7) An edlem Wein und Salböl soll's nicht mangeln
und keine Maienblüte sei versäumt!
(8) Mit Rosen laßt uns kränzen, eh sie welken,
ein jeder Anger diene unsrer Lust[2]!
(9) Es bleibe keiner fern von unsrem Treiben,
man finde seine Spuren allerorts!
Denn dies ist unser Teil, dies unser Los[3].

[1] wörtlich: trübselig.
[2] Der im griech. Text fehlende Halbvers ist dem lateinischen Text entnommen (nullum sit pratrum, quod non pertranseat luxuria nostra).
[3] Sinn: unser Gewinnanteil.
[4] wörtlich: dem armen Gerechten (V. 12!).

**(10) Laßt uns Gewalttat üben an den Armen[4]
und auch die Witwe laßt uns nicht verschonen
noch scheun des Greises altersgraues Haar!
(11) mit schwacher Nachsicht bringt man es zu nichts.**

**(12) Laßt uns auf Lauer liegen, den Gerechten,
der uns im Wege ist, zu Fall zu bringen!
Er stellt sich tadelnd unsrem Tun entgegen,
schilt uns der Übertretung des Gesetzes
und hält uns vor, wie sehr die Zucht uns fehlt.
(13) Er nimmt für sich in Anspruch, Gott zu kennen
und nennt sich selber einen Knecht des Herrn.
(14) Als Vorwurf gegen alles, was wir denken,
ist er uns schon durch seinen Anblick lästig.
(15) Denn er lebt anders als die breite Masse
und geht bewußt auf grundverschiednem Pfade.
(16) Als Falschgeld gelten wir in seinem Urteil,
er meidet uns, als ob wir unrein wären.
Er preist das Los, das des Gerechten wartet
und prahlt damit, daß Gott sein Vater sei.
(17) Auf, laßt uns sehn, ob seine Worte wahr sind,
laßt uns erproben, wie's mit ihm hinausläuft!
(18) Ist der Gerechte wirklich Gottes Sohn,
wird Er ihm seine Hilfe nicht versagen;
Er wird aus seiner Feinde Hand ihn retten.
(19) So lasset uns mit Hohn und Pein ihn foltern,
auf daß wir seine Sanftmut kennen lernen
und seine Langmut auf die Probe stellen!
(20) Zum Tod in Schande laßt uns ihn verdammen!
Angeblich steht er ja in Gottes Schutz."**

**(2,21) So dachten sie und gingen in die Irre,
die eigne Bosheit hatte sie verblendet.
(22) Und ahnten nichts von dem Geheimnis Gottes
und hofften nicht auf seiner Frommen Lohn,
den Preis für alle, die unsträflich wandeln.
(23) Denn Gott schuf zwar den Menschen unvergänglich
zum Abbild seines Wesens[5] schuf Er ihn,
(24) doch durch des Teufels Mißgunst kam der Tod
und jeder, der ihm[6] dient, muß ihn erleiden.**

[5] Andre Lesart: seiner Ewigkeit.
[6] dem Teufel.

Hat sich der Verfasser mit seinem eindringlichen Appell an die „Richter der Erde“ (1,1), an die oberste Schicht der Gesellschaft, die Herrscher, gewandt und sie vor dem Mißbrauch ihrer Macht gewarnt, so erweitert er nun das Blickfeld: Die „*Frevler*“ (Gottlosen), die sich in jedem Stande finden, stellt er dem Leser vor Augen, daß er sich warnen lasse und davor hüte, mit ihnen gemeinsame Sache zu machen. Gleich zu Beginn spricht er das harte Urteil über sie, daß sie sich mit ihrem frivolen Leben und Treiben den Tod holen. Sie sind seine Freunde und Bundesgenossen (vgl. Jes. 28,15; 57,9), so stellt er fest mit bitterer Ironie, dessen „würdig“, daß sie im Tod verderben (V. 16). Ihre Lebenseinstellung wird im Folgenden geschildert und zwar so, daß diesen Gottesleugnern selbst das Wort erteilt wird. In direkter Rede sprechen sie aus, was sie von diesem Leben halten, davon erwarten und daraus machen wollen, um auf ihre Kosten zu kommen (2,1 ff.).

Flüchtig und nichtig ist unser Leben (V. 1–5). Nach einer kurzen Gastrolle endet es unweigerlich im Tod, gegen den kein Kraut gewachsen ist. Dem Zufall (nicht dem Willen des Schöpfers!) verdanken wir unsere Existenz. Sie ist als ganze dem Tod verfallen. Der Lebensodem, der in unsrer Nase ist, verflüchtigt sich wie Rauch. Das Denken, durch das der Mensch (angeblich!) in die unvergängliche Welt des Geistes sich erhebt, ist nur „ein Funke beim Schlag unsres Herzens“.[7] Nichts ist am und im Menschen, das nicht dem Tod verfallen wäre. Sein flüchtiges Dasein wird gänzlich ausgelöscht (V. 3). Auch die Hoffnung auf ein Andenken, einen Nachruhm bei den kommenden Geschlechtern, ist ein Trugschluß.[8] Jeder ist nach kurzer Zeit vergessen. Der Wolke gleicht das Dasein, die am Himmel sich verflüchtigt, dem Schatten,[9] der verschwindet, ohne eine Spur zu hinterlassen. Jeder stirbt nur einmal und zwar ein für allemal. So denken und reden die Gottlosen! Ihre nihilistische Lebensauffassung ist damit treffend beschrieben. Welche Konsequenzen sie daraus ziehen, wird im Folgenden geschildert.

Wohlauf lasset uns das Dasein genießen! (V. 6–11). Man kann in schwermütiger Trauer die Flüchtigkeit des Lebens sich vor Augen stel-

[7] Daß der Sitz des Denkens das „Herz“ ist, stimmt mit dem Menschenbild des Alten Testaments überein. Die Formulierung „Ein Funke beim Schlag unsres Herzens“ ist jedoch ein deutlicher Anklang an die Sprache und Begriffswelt der griechischen Philosophie (Heraklit).

[8] Vgl. dagegen Sprüch. 10,7; Ps. 112,6; Sir. 37,26 ff.

[9] Vgl. Hiob 8,9; 14,2; Ps. 39,7; 102,12; Pred. 8,13.

len oder auch beherzt, dankbar und fröhlich das tun, was vor die Hand kommt, wie dies der Prediger empfiehlt,[10] dessen gewiß, daß der ihm verborgene Sinn des Daseins bei Gott wohl aufgehoben ist. Aber die Gottlosen ziehen eine andere Konsequenz. Der größtmögliche Lustgewinn in der kurzen Lebensspanne – das ist ihr einziges Lebensziel! Höchst anschaulich wird geschildert, wie sie ihr ganzes Sinnen und Trachten darauf richten, ihr flüchtiges Dasein auszukosten. Von einem festlichen Gelage eilen sie zum andern, um ja, zumal in jungen Jahren, alle Quellen der Freude auszuschöpfen. Was haben wir sonst von unserem so kurz bemessenen Erdentag? Der tut nach der Meinung der Gottlosen das einzig Richtige, der sich's auf Erden wohl sein läßt im Kreis der Fröhlichen, stets darauf bedacht, ja keine „Maienblüte" zu versäumen! Man beachte, daß hier keineswegs dem maßlosen, trivialen Genuß das Wort geredet wird, dem der Ekel folgt. Das Bild von Menschen wird gezeichnet, die es verstehen, aus ihrem Leben ein Fest zu machen und alle Freuden des Daseins auszukosten. Freilich, um ihren Sinn für Recht und Gerechtigkeit ist es schlecht bestellt. Denn: „Wenn Gott nicht ist, ist alles erlaubt" (Dostojewski)! Um sich die nötigen Mittel für ihr Wohlleben zu verschaffen, scheuen die Gottlosen vor keiner Vergewaltigung des Rechts zurück. Was kümmern sie die Tränen der Witwe und der Greise graues Haar! Wem der eigene Lebensgenuß das Höchste ist, der macht sich kein Gewissen daraus, das Recht der Armen und der Schwachen mit Füßen zu treten (V. 10 f.). Es ist die Selbstherrlichkeit der Gottlosen, die hierin erschreckend zutage tritt. „Was recht ist, das entscheide unsre Kraft!" So reden sie, als ob kein Gott im Himmel wäre, der ihre Taten sieht und ihr Unrecht richtet. An Ihn wollen sie keinesfalls erinnert sein. Deshalb ist ihnen der Gerechte, der Gott fürchtet und nach Seinen Geboten handelt, ein Dorn im Auge. Er straft sie, auch ohne Worte, durch seinen ganzen Lebenswandel. Die Folge davon ist, daß sie ihn mit ihrem Hohn und Haß verfolgen.

Laßt uns dem Gerechten auflauern! (V. 12–20). So beschließen die Gottlosen. Was sie dabei im Schilde führen, wird V. 17 deutlich. Sie wollen nicht nur seine Lebenführung kontrollieren, um festzustellen, ob er sich wirklich in allen Stücken an die Gebote Gottes hält. Es ist ihnen nicht nur darum zu tun, ihm auch einen Fehltritt nachzuweisen. Auf die Wahrheit, die Gültigkeit seines Glaubens wollen sie die

10 Vgl. Pred. 2,24; 3,12f.22; 8,15; 9,7 ff.

Probe machen! Er prahlt damit, Gott sei sein Vater! Sie dagegen behaupten keck: Dieser Gott ist eine menschliche Erfindung. Es ist nicht wahr, daß er lebt und regiert: ein Richter der Gottlosen, ein Retter der Bedrängten. Das darf nicht wahr sein! Wohlan, lasset uns die Probe darauf machen, wer im Recht ist! Wenn es wahr ist, daß der Gerechte Gottes Sohn[11] ist, so wird Gott in Erscheinung treten und seine Sache führen, sein Recht verteidigen. Wohlan, laßt uns ihn vor Gericht ziehen, verklagen und verhöhnen, foltern und zum Tod verurteilen! Laßt uns sehen, wie er sich dann verhält, ob er Qual und Hohn standhaft erduldet, und dabei erproben, ob Der, auf den der Gerechte hofft, wirklich eingreift, ihn herausreißt![12] Die zynische Brutalität, mit der die Gottlosen dieses Komplott aushecken, ist erschreckend. Dahinter verbirgt sich freilich die heimliche Angst, es könnte am Ende doch wahr sein, was der Gerechte glaubt und mit seinem ganzen Wandel bezeugt. Die tiefste Wurzel all des Hasses und der Verfolgung, die sich im Lauf der Geschichte wider die Bekenner und Zeugen des lebendigen Gottes erhoben haben, ist hier aufgedeckt.

Wer ist im Recht? V. 21–24. Man könnte erwarten, daß der Verfasser nun schildert, wie sich der lebendige Gott zu dem Gerechten, dem die Gottlosen den Prozeß machten, bekennt, ihn herausreißt und zu Ehren bringt. Statt dessen begnügt er sich mit dem abschließenden Urteil: Ihre eigene Bosheit hat die Gottesleugner verblendet (V. 21). Er weiß sehr wohl, daß Gott in solch einem Fall durchaus nicht immer den sichtbaren Gegenbeweis antritt, indem er den Unschuldigen aus der Hand seiner Widersacher errettet und sie so ihres Unrechts überführt und seine Wirklichkeit bezeugt. Gott wahrt sein Geheimnis; er behält sich vor, seine Frommen in einer anderen Welt zu lohnen. Begründet wird diese Hoffnung mit der Gewißheit, daß Gott den Menschen, den er nach seinem Bilde schuf, vom Urbeginn zu einem unvergänglichen Leben bestimmt hat. Daß der Tod dazwischentrat, ist in der Mißgunst des Teufels begründet, der dem Menschen diese hohe Bestimmung und Auszeichnung mißgönnte (V. 24). Das geht nun freilich über das hinaus, was in der biblischen Geschichte vom Urfall (1. Mos. 3) bezeugt ist. Nur der Anreiz zum Bösen geht dort von der „Schlange" aus. Weder von dem Teufel als einer personhaften Macht

11 Er ist dies als Glied des Gottesvolks, das Gott zum Vater hat (vgl. Jes. 63,16; Psalm 103,13).

12 Vgl. Matth. 27,43!

noch von dem Motiv des Neinds hat der Jahwist[13] erzählt. Wenn der Mensch wieder zu Erde werden muß, wovon er genommen ist, so hat er dies durch seinen Ungehorsam selbst verschuldet. Aber es handelt sich in V. 24 doch um eine mehr beiläufige Bemerkung. Nicht an der Rolle des Teufels, sondern an der Warnung der Gottesleugner ist der Verfasser interessiert. Sie sollen wissen, wem sie ins Garn gehen und was sie dafür bezahlen!

DER LOHN DER GERECHTEN UND DAS GERICHT AN DEN FREVLERN
3,1—19

(3,1) **In Gottes Hand sind der Gerechten Seelen,**
an einem Ort, wo keine Qual sie rührt.
(2) **Den Toren scheinen sie für immer tot,**
ja für ein Scheitern hielten sie ihr Scheiden,
(3) **Ihr Weggang dünkte sie ein Untergang —**
Und dennoch gilt: Sie sind im Frieden.
(4) **Wohl sah es aus, als würden sie gestraft**
und dennoch hat sich voll und ganz erfüllt,
was ihre Hoffnung war: Unsterblichkeit.
(5) **Allhier gezüchtigt eine kleine Zeit**
wird ihnen nun viel Gutes zugewandt:
Gott prüfte sie und fand sie Seiner wert.
(6) **Wie Gold im Tiegel hat er sie geläutert**
und wie ein Opfer[1] gnädig angenommen.
(7) **Sie werden leuchten[2] an dem Tag des Heils[3]**
und dann wie Funken durch die Stoppeln fahren[4].
(8) **Sie werden Heiden richten, über Völker herrschen**
und ewig wird der Herr ihr König sein.
(9) **Die Ihm vertrauten, werden recht behalten[5],**
die Treuen sich in seiner Liebe bergen,
Huld und Erbarmen widerfährt den Frommen.

[13] So genannt, weil er den Gottesnamen „Jahwe" bevorzugt.

[1] wörtlich: wie ein Ganzopfer nahm er sie an.
[2] Vgl. Dan. 12,3.
[3] wörtlich: zur Zeit ihrer Heimsuchung (vgl. Ruth 1,6).
[4] Im Anschluß an Obadja V. 18: die Stoppeln sind die Frevler, die Gerechten die Feuerfunken, die die Stoppeln anzünden.
[5] wörtlich: Wahrheit erfahren.

(10) **Die Frevler trifft dann die verdiente Strafe,**
die sich um den Gerechten[6] **nicht bekümmert,**
die von dem Herrn sich trotzig abgewandt.
(11) **Denn dem, der Weisheit und die Zucht mißachtet,**
geschieht nur recht, wenn er im Elend endet.
Was immer sie erhofft, erweist sich nichtig,
Ein einziger Fehlschlag alle ihre Werke!
(12) **Törichte Frauen und mißratne Kinder —**
das ist ihr Lohn — verflucht ist ihr Gezücht!
(13) **Glücklich dagegen ist die Unfruchtbare,**
die nicht auf sünd'gem Lager sich befleckte!
Denn sie hat Frucht[7]**, wenn Gottes Stunde kommt**[8]**.**
(14) **Desgleichen ein Entmannter, wenn derselbe**
nicht mit der Tat sich am Gesetz verging
und wider Gott, den Herrn, nichts Böses dachte!
Ihm winkt gewiß der Treue reicher Lohn,
ein vielfach beßres Los in Gottes Tempel.
(15) **Denn Streben nach dem Guten — das bringt Ruhm,**
der Weisheit Wurzel stirbt nicht fruchtlos ab[9]**.**
(16) **Denn Kinder, die im Ehebruch gezeugt,**
die werden nimmer zur Vollendung kommen,
ein solcher Same[10] **wird vielmehr vertilgt.**
(17) **Sie gelten nichts, auch wenn sie lange leben**
und ruhmlos wird zuletzt ihr Alter sein.
(18) **Trifft sie ein jäher Tod, ist keine Hoffnung**
noch Trost für sie am Tage des Gerichts.
(19) **Denn was gezeugt ist wider Gottes Recht,**
das nimmt gewiß ein schrecklich Ende[11]**.**

Nachdem der Verfasser den dreisten Übermut der Gottlosen geschildert hat, die vor keiner Gewaltat gegenüber dem Gerechten zurückschrekken, geht er dazu über, das künftige Geschick beider zu vergleichen. Hier, in diesem Leben, sind die Frevler obenauf (vgl. Ps. 73,3 ff.; Hiob 21,7 ff.). Aber wie anders sieht's aus, wenn man auf ihr Ende achtet und auf das Los, das sie darnach erwartet!

6 Der „Gerechte" hier = Gott.
7 Sinn: sie empfängt himmlischen Lohn.
8 wörtlich: bei der Heimsuchung der Seelen.
9 wörtlich: Denn guter Bestrebungen Frucht ist herrlich (ruhmvoll) und der Weisheit (Einsicht) Wurzel stirbt nicht ab.
10 wörtlich: Same aus gesetzwidrigem Ehebett.
11 Vgl. Ps. 37,38.

Reicher Lohn wird den Gerechten zuteil (V. 1–9). Nach dem leiblichen Tod sind „ihre Seelen in Gottes Hand“, darin aufs beste verwahrt. Diese Zertrennung von Seele und Leib entfernt sich allerdings von dem biblischen Menschenbild, demzufolge der Mensch ein beseelter Leib, nicht eine inkarnierte Seele ist und seine Lebendigkeit ganz dem Odem (Anhauch) Gottes verdankt (vgl. 1. Mos. 2,7; Ps. 104,29 f.). Aber von einer Anleihe des Verfassers bei der griechisch-platonischen Seelenlehre kann hier doch nur beiläufig die Rede sein. Die Seelen der Gerechten kehren ja nicht in das Reich der Idee zurück, weil sie von Hause aus von dort stammen würden und ihrem Wesen nach unsterblich wären. Die schlichte Aussage: „Sie sind in Gottes Hand“, will sagen: Auch nach dem Tod sind die Gerechten von der Treue Gottes umfaßt und darin für immer geborgen. Dem entspricht, daß über den Ort und Zustand, an (in) dem sie sich befinden, nur in der Form der Negation gesprochen wird: Keine Qual rührt sie an. Sie haben genug erlitten, nun ist ausgelitten! Sie sind im Frieden. (V. 3). Der Verfasser weiß sehr wohl, daß dies eine Glaubensaussage ist, die er den Toren (vgl. Ps. 14,1 f.) nicht beweisen kann. In ihren Augen hat sich auch im Tod der Gerechten das ereignet, was auf alle wartet: das Scheitern, der Untergang (vgl. 2,3 ff.). Aber in Wahrheit hat sich ihre Hoffnung auf Unsterblichkeit erfüllt (V. 4). Auch dieser Begriff ist der Sprache der Bibel fremd[12]. Er ist ein Zugeständnis des Verfassers an seine mit der hellenistischen Geisteswelt vertrauten Leser. Aber er will nicht mehr und nicht weniger damit sagen als dies, daß Gott den Gerechten nach dem Tod an Seinem unvergänglichen Leben Anteil gibt. Eine „kleine Zeit“ wurden sie gezüchtigt[13], nicht zur Strafe, sondern zwecks Erprobung und Läuterung; dabei hat sie Gott für „würdig“ befunden. Seiner Gemeinschaft haben sie sich wert erwiesen. Darum bekommen sie teil an dem Lichtglanz um seinen Thron und an der Machtfülle, mit der Er über die Völker herrscht und Gericht hält (vgl. 1. Kor. 6,2). Das Beste und über alle Maßen Tröstliche ist, daß sie in seiner Liebe ewig geborgen sind.

Verdiente Strafe trifft die Frevler (V. 10–19). Der Grund- und Hauptfehler in ihrem Leben war, daß sie sich um den lebendigen Gott, der auch ihr Schöpfer und Richter ist, überhaupt nicht gekümmert

12 Nur im Blick auf Gott wird dieses Wort „Unsterblichkeit“ in 1. Tim. 6,16 ein einziges Mal gebraucht.

13 Vgl. Hebr. 12,7 ff.; 2. Kor. 4,17; 1. Ptr. 1,6 f.

haben. Das rächt sich bitter. Es entwertet alle ihre kurzlebigen Erfolge. Als ein einziger Fehlschlag erweist sich ihr ganzes Dasein und Lebenswerk (V. 11). Schon zu ihren Lebzeiten hat sich's gerächt, daß sie die Weisheit verschmäht, die Zucht mißachtet haben. Sie sind an törichte Frauen geraten und haben mit ihnen mißratene Kinder gezeugt (V. 12). Der Segen der Nachkommenschaft, der den Frommen des Alten Bundes so wichtig war, hat sich in ihrem Fall in lauter Fluch verkehrt. V. 13–15 sind eine Zwischenbemerkung. Am Beispiel der Frau, der keine Leibesfrucht beschieden war, und des Mannes, der als Eunuch keine Kinder zeugen konnte, soll gezeigt werden: Ungleich besser ist es, keine Kinder zu haben als mißratene Kinder, zumal solche, die im Ehebruch gezeugt sind (V. 16). Gleichviel ob sie lange leben oder eines jähen Todes sterben, sie nehmen auf jeden Fall ein böses Ende (V. 17–19). – Es fällt auf, daß die Strafe Gottes über die Gottlosen – im Unterschied zu dem Lohn der Gerechten – dieselben nicht erst nach ihrem Tode trifft. Bei Lebzeiten müssen sie das Gericht Gottes an ihren Werken und ihren Nachkommen erfahren. Der (naheliegende!) Gedanke, daß die „Qual", der die Gerechten entronnen sind, auf die Gottlosen (die ihn zu Tode quälten!) nach ihrem Tode wartet, wird nicht ausgesprochen. Jetzt und hier zahlt ihnen Gott ihren Trotz und ihre Mißachtung aller Zucht erschreckend heim.

ES LIEGT NICHT AN DER ZAHL DER KINDER UND DER JAHRE
4,1—20

(4,1) **Besser keine Kinder, aber Tugend,**
denn unsterblich lebt sie im Gedächtnis,
Gott sowohl bekannt als auch den Menschen.
(2) **Ist sie da, so eifert man ihr nach,**
ist sie ferne, sehnt man sie herbei.
In der Ewigkeit trägt sie den Kranz[1]
Siegerin im unbefleckten Wettstreit.
(3) **Doch der Frevler, hat er viele Kinder,**
ist ihm ihre Menge doch nichts nütze.
Aus unechten Schößlingen entsprossen,
können sie nicht in der Tiefe wurzeln,
nirgends festen Grund und Boden fassen.

[1] wörtlich: sie schreitet den Siegeskranz tragend einher.

(4) **Wenn sie gleich zuweilen Zweige treiben,**
schwanken sie, sobald der Wind sie schüttelt,
bis der Sturm sie mit Gewalt entwurzelt.
(5) **Ringsum liegen dann geknickte Äste,**
daran Früchte, die nicht reif geworden,
ungenießbar, wertlos ganz und gar.
(6) **Also müssen noch zuletzt die Kinder,**
die gezeugt sind dem Gesetz zuwider,
Zeugen sein für ihrer Eltern Sünde.

(7) **Der Gerechte aber kommt zur Ruhe,**
wird er gleich vorzeitig hingerafft.
(8) **Denn es liegt nicht an der Zahl der Jahre,**
ob des Alters Ehre ihm zuteil wird.
(9) **Klugheit ist des Menschen wahre Würde**[2]**,**
unbeflecktes Leben seine Ehre[3]**.**
(10) **Wer Gott wohlgefällt, den hat Er lieb,**
den entrückt er aus der Sünder Mitte[4]**,**
(11) **daß nicht Bosheit seinen Sinn verkehre,**
nicht Betrug ihn in die Irre führe.
(12) **Denn der Bosheit Zauber lähmt**[5] **das Gute,**
Unschuld kommt zu Fall durch die Begierde[6]**.**
(13) **Der Gerechte, wenn auch früh vollendet,**
hatte doch ein langes, reiches Leben.
(14) **Weil Gott seine Seele wohlgefiel,**
darum eilte sie aus dieser bösen Welt.
All die Leute, die des Zeuge waren —
keiner dachte nach, nahm sich's zu Herzen!
(15) **Huld und Gnade gönnt Er seinen Frommen,**
Er hat acht auf seine Auserwählten.
(16) **So verdammt im Tod noch der Gerechte**
all die Frevler, die es lange treiben,
die in Sünden alt und grau geworden[7]**.**
(17) **Denn sie sehen wohl des Weisen Ende,**
aber ahnen nicht, was über ihn beschlossen,
und wozu ihn Gott bei sich verwahrt hat.

[2] wörtlich: graues Haar.
[3] wörtlich: (das wahre) Greisenalter. Vgl. Sprüch. 16,31; 20,29.
[4] Anspielung auf die Entrückung Henochs (?). Vgl. 1. Mos. 5,24.
[5] wörtlich: verdunkelt.
[6] wörtlich: Der Taumel der Begierde verändert den, der arglos war.
[7] wörtlich: die früh zur Vollendung gekommene Jugend verdammt das betagte Alter der Ungerechten.

(18) **Ja, sie werden's sehen und nichts achten,**
doch sie selber wird der Herr verlachen.
(19) **Ruhm- und ehrlos werden sie begraben,**
ewig zum Gespött sein bei den Toten.
Jäh verstummt stürzt sie der Herr kopfüber
ins Verderben, bis zum Grund erschüttert.
Bis aufs Letzte werden sie verwüstet
und da bleibt nur eines: Weh und Qual!
Keiner wird sich ihrer mehr erinnern[8]**.**
(20) **Zitternd werden sie vor Gott erscheinen,**
um das Urteil ihrer Sünden zu empfangen[9]
und die eigenen Frevel werden sie verklagen.

In diesem 4. Kapitel will der Verfasser einen *Einwand* entkräften, der sich nahelegt, wenn man das irdische Los des Gerechten mit dem der Gottlosen vergleicht. Es kommt nicht selten vor, daß der Fromme kinderlos bleibt, während der Gottlose eine zahlreiche Nachkommenschaft aufweisen kann. Dazu kommt eine zweite Beobachtung: Manchmal wird der Gerechte frühzeitig hinweggerafft, indes der Frevler ein hohes Alter erreicht. Nun galt ja den Frommen des Alten Bundes langes Leben und Kindersegen als sichtbarer Erweis der Gnade Gottes und die alten Lehrer, denen wir die Weisheitsliteratur des Alten Testaments verdanken, wurden nicht müde, dies immer wieder zu bezeugen: Wer Gott fürchtet, der wird mit langem Leben beschenkt und darf die Treue Gottes an Kind und Kindeskindern erfahren. Wer Gott absagt und die Zucht verschmäht, nimmt ein plötzliches, ruhmloses Ende, sein Geschlecht stirbt aus, seine Name wird vergessen. Der Verfasser möchte in Kap. 4,1 ff. denen eine Antwort erteilen, die bekümmert oder auch mit zynischem Spott darauf hinweisen, daß es im wirklichen Leben nicht selten ganz anders zugeht: Der Gerechte bleibt kinderlos und wird von einem frühen Tod ereilt! Ist dies eine Widerlegung der göttlichen Verheißung?

Es liegt nicht an der Zahl der Kinder (V. 1–6). Mit dem Leitsatz „Besser keine Kinder, aber Tugend" wird die Überschätzung dieser Gabe zurückgewiesen. Es gibt Besseres, Wichtigeres als zahlreiche Nachkommenschaft: Auch die Nachkommen müssen sterben, aber die Tugend empfängt, was ihr gebührt: einen unverwelklichen Sieges-

[8] wörtlich: ihr Gedächtnis wird erlöschen.
[9] wörtlich: zur Zusammenrechnung ihrer Sünden.

kranz.[10] Umgekehrt ist der Frevler um seiner zahlreichen Nachkommenschaft willen durchaus nicht zu beneiden, zumal wenn sie im Ehebruch[11] gezeugt ist, worauf das Bild von den „unechten Schößlingen" hindeutet (V. 3). Was hilft es dem Gottlosen, wenn er noch so viele Kinder hat? Im Bruch mit dem göttlichen Gesetz gezeugt (V. 6) sind sie wie Bäume, die nicht im Erdreich verwurzelt sind. Sie halten weder dem Sturmwind stand noch tragen sie Früchte, die genießbar sind. Eindringlich stellt der Verfasser mit diesem Vergleich vor Augen, wie der scheinbare Vorzug sich in Unwert verkehrt. Nicht nur, daß die Gottlosen keine Freude an ihren Kindern erleben, weil sie mißraten, ein schlimmes Ende nehmen. Sie bekommen in diesen „Zeugen" ihrer Sünde (V. 6) die Quittung für ihren eigenen Abfall vom Gesetz Gottes ausgestellt. – Auch ein langes Leben ist keineswegs so hoch einzuschätzen, wie dies auf den ersten Blick sich nahe legt. Auch ein früher Tod kann ein Erweis der Gnade Gottes sein.

Es liegt nicht an der Zahl der Jahre (V. 7–20). Ungleich wichtiger als die Ehre des Alters ist Klugheit und ein unbeflecktes Leben (V. 8 f.). Wenn Gott den Gerechten in jungen Jahren abruft, so wird dieser dadurch nicht verkürzt und mit seiner Hoffnung auf Gott keineswegs zuschanden. Eine Liebesabsicht Gottes steckt dahinter: Er möchte ihn vor Verführung zur Sünde bewahren (V. 10–12). Ob einer ein reiches, erfülltes Leben hatte, läßt sich ohnehin nicht an der Länge seiner Lebenszeit ablesen. Es kommt darauf an, was er aus seinem Leben macht und wie Gott ihm seine Jahre segnet (V. 13 f.). Der frühe Tod des Gerechten ist keine Widerlegung der Verheißung. Er kommt ja zur „Ruhe" (V. 1), wenn er vorzeitig (nach menschlichem Ermessen!) abgerufen wird. Es gibt ein „Hinwegeilen" aus dieser argen Welt, an dem man die Lieblinge Gottes erkennt! Freilich, wer nimmt es wahr, wer nimmt sich's zu Herzen? Die Gottlosen gehen ungerührt zu ihrer Tagesordnung über und treiben's wie bisher bis in ihr hohes Alter. Keiner merkt, wie sie der Gerechte noch durch seinen frühen Tod verdammt.[12] Sie fühlen sich durch die Länge ihrer Jahre in ihrem gottlosen Leben und Wesen bestätigt. Aber der Herr wird sie verla-

[10] Das Bild vom sportlichen Wettkampf, bei dem der Sieger mit dem Kranz belohnt wird (vgl. 1. Kor. 9,24 ff.; 2. Tim. 4,7; Hebr. 12,1) stammt nicht aus dem Alten Testament, sondern aus dem griechischen Kulturkreis.

[11] Dabei ist sehr wahrscheinlich an die Verbindung mit einer nichtjüdischen Frau gedacht (vgl. Jes. 57,3).

[12] d. h. ihr Unrecht aufdeckt, ihr „Ende mit Schrecken" ankündigt.

chen[13] (V. 18)! Ein ruhmloses Ende steht ihnen bevor, kopfüber stürzt sie der Allmächtige hinab ins Totenreich.[14] Aber das wahrhaft schreckliche steht ihnen noch bevor: Mit Zittern müssen sie zur Rechenschaft vor Gottes Richterstuhl erscheinen (vgl. Hebr. 9,27).

DIE WEHKLAGE DER GOTTLOSEN AM TAG DES GERICHTS
5,1–23

(5,1) **Alsdann wird voll Freimut der Gerechte**
seinen Drängern gegenübertreten,
die verachteten, wie er sich mühte.
(2) **Furcht und Schrecken wird sie überfallen,**
wenn sie ihn, so unverhofft errettet,
alsdann mit Entsetzen vor sich sehen.
(3) **Angst und bittre Reue wird sie quälen**
und sie werden zueinander sagen:
(4) **„Dieser war's doch, der uns zum Gelächter**
und zum Spottwort Anlaß war, uns Toren!
Als verrückt erschien uns, wie er lebte,
und sein Ende hielten wir für schimpflich,
(5) **Und nun zählt er zu den Söhnen Gottes,**
bei den Heiligen hat er sein Erbteil.
(6) **Wir sind abgeirrt vom Weg der Wahrheit;**
die Gerechtigkeit, das Licht der Sonne
schien uns nicht, ist uns nicht aufgegangen.
(7) **Auf des Unrechts Pfad sind wir gewandelt,**
ganz und gar im Bannkreis des Verderbens.
Wir durchzogen unwegsame Wüsten
und erkannten nicht den Weg des Herrn.
(8) **Doch was nützte unser stolzes Prahlen,**
was blieb als Gewinn von unsrem Reichtum?
(9) **All das ging vorüber wie ein Schatten,**
schnell enteilt, wie ein Gerücht verweht.
(10) **Wie ein Schiff, das auf der Fahrt die Wellen**
mit dem Kiel zerteilt und, kaum vorüber,
kann man seine Bahn nicht mehr erkennen —

[13] Vgl. Ps. 2,4; Sprüch. 1,26.
[14] Zum Gespött, das sie dort erwartet, vgl. Jes. 1 ,10 ff.

(11) **Wie ein Vogel, der mit seinen Schwingen**
kraftvoll und mit schnellem Flügelschlagen
durch die leichten Lüfte fliegt, doch ohne
die geringste Spur zu hinterlassen —
(12) **Wie ein Pfeil, der nach dem Ziel geschossen**
auf dem Flug geschwind die Luft zerschneidet,
doch die Flugbahn ist nicht mehr erkennbar —
(13) **So sind wir geboren und verschwunden:**
Aufgezehrt vom bösen Lebenswandel
setzten wir kein Denkmal unsrer Tugend." —
(14) **Denn des Frevlers Hoffnung gleicht dem Staube,**
den der Wind im Nu von dannen trägt;
wie der dünne Schnee, vom Sturm gejagt,
wie der Rauch im Wind ist sie dahin,
wie ein kurzer Eintagsgast vergessen.

(15) **Aber die Gerechten leben ewig**
und ihr Lohn ist in dem Herrn verbürgt,
ja der Höchste nimmt sich ihrer an.
(16) **Drum empfangen sie ein herrlich Reich**
und der Schönheit Krone von dem Herrn[1].
Mit der Rechten wird Er sie bedecken
und mit seinem Arm wird Er sie schirmen.
(17) **Seinen Eifer legt Er an als Rüstung**
und bewaffnet mit der Schöpfung Kräften
weist Er ihre Feinde in die Schranken.
(18) **Er zieht an Gerechtigkeit als Harnisch,**
trägt als Helm wahrhaftiges Gericht,
(19) **Seine Heiligkeit nimmt er zum Schilde,**
(20) **seinen strengen Zorn schärft er zum Schwert**
Erd und Himmel stehn ihm bei im Kampfe[2].
(21) **Blitze werden aus den Wolken fahren,**
wohl gezielt von straff gespanntem Bogen;
(22) **Hagelkörner, ganz mit Zorn erfüllt,**
wird es regnen, wie man Steine schleudert.
Meereswellen werden grimmig wüten,
Ströme ungestüm zusammenschlagen.

1 wörtlich: aus der Hand des Herrn.
2 wörtlich: mit ihm wird die Welt (kosmos) gegen die Toren kämpfen. In welcher Weise, zeigt V. 21 f.

(23) **Seiner Allmacht Hauch bläst an die Gegner,**
wie vom Sturmwind werden sie zerstreut.
Unrecht wird das ganze Land verwüsten,
Übeltat der Herrscher Throne stürzen.

Den Abschluß des 1. Hauptteils (1,1–5,23) bildet der Ausblick auf den Tag des Endgerichts, an dem der Unterschied im ewigen Geschick des Gerechten und der Gottlosen offenbar wird. An diesem Tag verkehrt sich das hochfahrende Gerede der Frevler (2,1 ff.) in lautes Wehklagen (5,4 ff.). Dadurch, daß der Verfasser hier wie dort die Gottlosen in direkter Rede ihre Gedanken und Empfindungen aussprechen läßt, ist der Kontrast zwischen dem Einst und Jetzt besonders eindrucksvoll. Der Gerechte, an dem sie ihren Mutwillen ausgelassen haben und der dies wortlos erduldet hat, schweigt auch jetzt. Er hat es nicht nötig, seinen Widersachern das Unrecht, das sie ihm antaten (2,19 f.), vorzuhalten und ihre Gewalttat einzuklagen. Denn Gott selbst führt, mit seiner Allmacht umgürtet, an diesem Tag des Endgerichts das Recht zum Sieg (5,15 ff.).

Die Wehklage der Gottlosen (5,1–14). Sie wird dadurch ausgelöst, daß ihnen der Gerechte, den sie so zynisch zu Tode quälten (2,19 f.), „voll Freimut" entgegentritt. Sie fühlten sich in ihrer Leugnung Gottes bestätigt, weil der Allmächtige nicht eingriff, um ihn der Gewalt seiner Bedränger zu entreißen. Welche Überraschung, daß sie nun den Wehrlosen, den sie zur Strecke brachten, lebendig vor sich sehen! Ihr ganzes Lebenskonzept ist dadurch als Torheit und Lüge entlarvt: es ist nicht wahr, daß dieser Gott, auf den der Gerechte sich berief, nur in der Einbildung der Frommen existiert, so wenig es zutrifft, daß der Tod ein Schlußpunkt ist und dahinter das Nichts. Mit Entsetzen sehen sie sich ihres Irrtums überführt. Wir hören mit an, wie sie, von Angst und Reue gequält, ihr verfehltes Denken und Leben beklagen – zu spät! Zu Unrecht haben sie darüber gespottet, daß der Gerechte sich darauf berief, Gott selbst zum Vater zu haben. Seine Hoffnung hat nicht getrogen; Gott selbst hat sich zu ihm bekannt und ihn in die Schar der „Gottessöhne" (vgl. Hiob 1,6) aufgenommen (V. 5). Sein herrliches Los macht ihnen ihre eigene, ausweglose Verlorenheit vollends bewußt. Jetzt gehen ihnen die Augen dafür auf, wie grundverkehrt ihre ganze Einstellung zum Leben war (V. 7). Mit all ihrer Hoffart und ihrem Verlangen, alle Freuden des Daseins auszukosten, waren sie im „Bannkreis des Verderbens". Sie eilten lachend und lärmend von Fest zu Fest und waren doch bei dieser Jagd nach dem Glück auf unwegsamem Wüstenpfad. Warum? Weil sie vom „Weg des Herrn“ nichts wissen wollten, der allein ins Leben führt. Im Rückblick erkennen sie die Hohlheit ihres stolzen Prahlens. Die Reichtümer, nach denen sie getrachtet haben, samt all den Freuden, die sie ausgekostet haben – was blieb davon? Es war ein flüchtiger, nichtiger Gewinn. Je mehr noch: wertlos, umsonst gelebt erscheint ihnen ihr ganzes Erdendasein – die drei Vergleiche, mit denen diese Bilanz illustriert wird (V. 10–12), sprechen für sich selbst. V. 13 bricht diese wörtlich ausgeführte Rede der Gottlosen ab. Der Verfasser kann in seinem Schlußwort (V. 14) nur bestätigen, welch ein Fehlschlag ihr ganzes Leben und all ihr Hoffen war.

Der Gerichtszorn Gottes (V. 15–23) ist die Antwort auf diese bittere Reue und Selbstanklage der Gottlosen. Zunächst wird beschrieben, wie herrlich Er sich der Gerechten annimmt und sie mit seiner Gnade krönt,[3] indem er sie zu Bürgen und Erben seines Reiches macht, wo sie unter seinem machtvollen Arm ewig geborgen sind (V. 15 f.). Dann aber wird geschildert, wie sich der Allmächtige zum Gerichtstag rüstet (V. 14–20). Wie ein Kriegsheld legt er seine Rüstung an, um alle seine Feinde endgültig niederzuwerfen. Die Allmacht des Schöpfers steht ihm dabei zu Gebot. Ohne Zweifel ist hier an einen letzten, abschließenden Gerichtstag gedacht, bei dem nicht nur Einzelne, sondern die Völker der Erde und ihre Herrscher ihr Urteil empfangen. Um ihrer Übeltaten willen werden sie vom Thron gestürzt (V. 23). Mit der Frage, wie sich dieses Völkergericht zu dieser Ehrenrettung des einzelnen Gerechten vor den Augen der Gottlosen nach seinem Tod verhält, darf man den Verfasser nicht bedrängen. Ihm ist nur Eines wichtig, den frechen Gottesleugnern den Star zu stechen. Sie sollen wissen: Nicht der Tod, vielmehr der lebendige Gott hat das letzte Wort. Laßt ab von eurem trotzigen Reden und Gebaren! Schrecklich ist's, in die Hände des lebendigen Gottes zu fallen (Hebr. 10,31).

[3] Die Krone ist das Symbol der Herrschaft (Vgl. 3,7 f.).

II.

DIE UNTERWEISUNG DER HERRSCHER ÜBER DEN WERT UND DEN WEG ZUR WEISHEIT

Kap. 6,1–9,18

DER AUFRUF, NACH WEISHEIT ZU TRACHTEN

6,1—25

(6,1) Höret nun, ihr Könige, und vernehmet!
Lernet, all ihr Richter rings auf Erden!
(2) Horchet auf, ihr mächtigen Gebieter,
die ihr prahlt mit eurer Völker Zahl!
(3) Denn verliehen wurde euch die Macht
von dem Herrn, die Herrschaft von dem Höchsten.
Der wird eure Taten überprüfen,
was ihr plant, wird Er genau erforschen.
(4) Denn, obgleich nur Diener seiner Herrschaft,
habt ihr doch nicht, wie es recht, gerichtet.
Habt euch nicht an sein Gesetz gehalten,
nicht an Gottes Willen ausgerichtet.
(5) Schnell und schrecklich wird Er an euch kommen,
an den Mächtigen übt er streng Gericht.
(6) Denn mit den Geringen hat er Nachsicht,
doch Gewaltige straft er gewaltig.
(7) Er, der Herr des Alls, scheut sich vor Keinem,
Menschengröße macht ihm keinen Eindruck.[1]
Beide, Klein und Groß, hat er erschaffen
und er sorgt für alle gleicherweise.
(8) Doch die Mächtigen nimmt er scharf aufs Korn.
(9) Euch, ihr Herrscher, gelten meine Worte,
daß ihr Weisheit lernet und nicht strauchelt!
(10) Denn als heilig gilt, wem Heiliges heilig,
Wer darin belehrt, der findet Freispruch.[3]
Seid begierig drum nach meinen Worten,
laßt euch gern und willig unterweisen!

1 wörtlich: vor keiner Größe weicht er.
2 wörtlich: den Gewaltigen wird eine strenge Untersuchung auferlegt.
3 Sinn: Der ist in Gottes Gericht aufs beste verteidigt.

(6,12) **Hell und unvergänglich strahlt die Weisheit,**
leicht erkannt von denen, die sie lieben;
keiner sucht nach ihr, der sie nicht findet.
(13) **Kaum begehrt gibt sie sich zu erkennen!**
(14) **Wer früh aufbricht, muß nicht lang sich mühen,**
denn er findet sie vor seiner Tür.
(15) **Wer ihr nachsinnt, wird der Einsicht voll,**
los der Sorge wird, wer nach ihr wachte.
(16) **Denn sie geht und sucht, die ihrer wert sind,**
freundlich naht sie ihnen auf dem Wege
und nimmt teil an allem, was sie denken.[4]
(17) **Nach der Zucht begehren ist ihr Anfang,**
Wer nach Bildung strebt, der hat sie lieb.
(18) **Liebe ist das Halten der Gebote,**
auf sie achten ist der Weg zum Leben.[5]
(19) **Leben heißt Gott ewig nahe sein.**[6]
(20) **So führt das Verlangen nach der Weisheit**
den, der sie begehrt, zur höchsten Würde.[7]

(21) **Deshalb, habt ihr Lust an Thron und Szepter,**
ehrt, ihr Herrscher übers Volk, die Weisheit,
daß ihr ewig Herrscher bleibet.
(22) **Was die Weisheit ist und wie sie wurde,**
will ich künden und euch nichts verbergen.
Vom Beginn der Schöpfung an erforschen
und enthüllen will ich ihr Geheimnis,
ohne je die Wahrheit zu verlassen.
(23) **Neid, der zehrt, soll mich daran nicht hindern,**[8]
der hat mit der Weisheit nichts gemein.
(24) **Denn der Weisen Menge**[9] **ist das Heil der Welt**
und ein kluger König ist des Volkes Wohl.
(25) **So laßt euch durch meine Worte lehren!**
Es geschieht euch selbst zu Nutz und Frommen.

Mit dem Aufruf an die „Richter der Erde“, nach Gerechtigkeit zu trachten (1,1 ff.), hat der Verfasser seine Denk- und Mahnschrift be-

4 wörtlich: sie begegnet ihnen in jedem Gedanken.
5 wörtlich: sichert Unvergänglichkeit.
6 V. 17—19 ist ein sog. Kettenschluß (Sorites).
7 wörtlich: zur Herrschaft.
8 wörtlich: mit dem zehrenden Neid will ich mich nicht verbünden.
9 Sinn: Je mehr Weise, um so mehr ist der Welt und ihrem Glück gedient.

gonnen. Nun, am Beginn des *zweiten Hauptteils*, wendet er sich erneut an die „Könige und Richter", die als Gebieter über die Völker gesetzt sind, und fordert sie auf, angesichts ihrer besonderen Verantwortung nach Weisheit zu trachten. Kap. 6,1 ff. greift auf Kap. 1,1 ff. zurück und nimmt das dort angeschlagene Thema auf. Die Ausführungen über den Unterschied zwischen dem Geschick der Gottlosen und des Gerechten (1,16–5,23) bilden ein Zwischenstück, das die Leser vor dem Übermut und der Gewalttat der Gottlosen warnen soll. Sie gehören jedoch insofern durchaus zum Thema, als der Besitz von Macht den Menschen besonders zu Hoffart und Rechtsbruch verführt. Es kommt hinzu, daß für die Weisheitslehrer des Alten Testaments die Gottlosen mit den Toren, die Gerechten mit den Weisen identisch sind (vgl. Ps. 14,1 ff.). Daß es kein Geringerer als der König Salomo ist, dem der Verfasser seine Worte in den Mund legt, wird freilich erst jetzt in diesem zweiten Hauptteil deutlich (6,10; 7,1 ff.; 9,1 ff.). Von Gott mit sprichwörtlicher Fülle von Weisheit beschenkt, erscheint dieser König Israels besonders berufen, den unvergleichlichen *Wert der Weisheit* zu preisen und den *Weg* zu lehren, auf dem er sie selbst erlangt und erworben hat.

Lernt Weisheit ihr Gebieter der Völker! (V. 1–11) Prahlt nicht mit der Fülle der Macht, die euch verliehen ist. Gott ist's der euch damit belehnt hat (V. 2 f.).[10] Seiner Aufsicht, seinem Urteil seid ihr unterstellt: nicht autonom, nur Diener Seiner Herrschaft (3 f.). Euer Mißbrauch der Macht zu Unrecht und Willkür wird nicht ungestraft bleiben. Gerade an euch, den Gewaltigen, übt Gott ein besonders strenges Gericht. Je größer die Verantwortung, um so strenger das Urteil! Meint nicht, ihr könntet dem Allgewaltigen mit eurer Macht Eindruck machen oder gar Furcht einflößen! Menschliche Größe macht Ihm nicht bange (vgl. Jes. 40,22 ff.). Scharf und deutlich wird hier den Tyrannen ins Gewissen geredet. Dabei begnügt sich der Verfasser keineswegs mit der Androhung des Gerichts. Ihm liegt daran, daß die Machthaber ihre Macht im Auftrag und in der Furcht Gottes gebrauchen lernen. Dazu tut es not, daß sie Weisheit lernen (V. 9). Wenn sie der Heiligkeit Gottes inne werden und ihr Regiment an seinem heiligen Willen ausrichten, dann – nur dann – werden sie selbst als „heilig" (unantastbar) im Gericht erfunden werden (V. 10). Darum laßt euch unterweisen, ihr Herrscher und Richter auf Erden (vgl. Ps. 2,10)!

[10] Vgl. Sprüch. 8,15; Dan. 5,18; Röm. 13,1.

Die Weisheit teilt sich gerne mit (V. 12–20). Mit einem hell strahlenden Licht wird sie in V. 12 verglichen. Dabei ist weniger an die Erleuchtung gedacht, die sie vermittelt, als vielmehr daran, daß man sie nicht lang oder gar vergeblich im Verborgenen suchen muß. Hier gilt: Wer sucht, der findet, wer sie liebt, dem teilt sie sich mit, wer nach ihr Verlangen trägt, der wird beschenkt.[11] Die Weisheit, vom Verfasser hier personifiziert, verhält sich nicht abwartend, sondern sie ist insgeheim bereit, den, der bei ihr anklopft, einzulassen und ihm zur Einsicht zu verhelfen. Sie macht sich selbst auf den Weg, begibt sich auf die Suche nach Menschen, die ihrer wert sind (V. 16). So sehr ist sie darauf bedacht, sich mitzuteilen! Wer sie einläßt, den führt sie von Stufe zu Stufe: Am Anfang steht das Verlangen nach Zucht (Bildung). Wer darnach strebt, gewinnt die Weisheit lieb. Die Liebe zur Weisheit zeigt sich im Halten der Gebote (vgl. 1. Joh. 5,3). Die Gebote halten ist der Weg zum ewigen Leben (vgl. Mark. 9,17 ff.). Das ewige Leben ist Gott nahe (ähnlich) sein, an seinem unvergänglichen Leben und an seiner Herrschaft teilhaben. Dieser Kettenschluß, in dem sich ein Glied ans andre fügt, will zeigen, wie herrlich die Weisheit das Bemühen um ihren Erwerb belohnt. Nicht nur kurze Zeit einen Königsthron innehaben, vielmehr ewig mit Gott herrschen – das ist doch ein Ziel, das für euch, ihr Beherrscher der Völker, verlockend sein muß! Strebt nach Weisheit und diese höchste Würde ist euch gewiß.

Ich will euch das Geheimnis der Weisheit kundtun (V. 21–25). In den Schlußversen kommt das hohe Sendungsbewußtsein des Verfassers zum Ausdruck. Freimütig, neidlos, der Wahrheit verpflichtet will er die irdischen Machthaber darüber belehren, was es mit der Weisheit für eine Bewandtnis hat und wie sie erworben wird. Nicht um ihre Gunst zu gewinnen, bietet er solche Belehrung an. Was ihn bewegt, ist die Sorge um das Wohl der Völker (V. 24): Wie tief kann ein Herrscher sein Volk ins Unglück stürzen, wenn er vom Machtrausch verblendet ist! Dafür gibt es in der Weltgeschichte erschrekkende Beispiele, mehr als genug. Das Heil der Welt entscheidet sich daran, daß Weise regieren – je mehr, desto besser. So laßt euch lehren, ihr Gebieter auf Erden!

[11] Vgl. Sprüch. 8,17; Jes. 65,24.

WIE SALOMO VOM GEIST DER WEISHEIT ERFÜLLT WURDE
7,1—8,1

**(7,1) Wohl bin ich ein Mensch, wie alle sterblich,
Sproß des erstgeschaffenen Erdenbürgers,
auch nur Fleisch, im Mutterleib gebildet,
(2) in zehnmonatlicher Frist im Blut geronnen
als die Frucht aus eines Mannes Samen.[1]
(3) Und ich atmete, zur Welt geboren,
ein die gleiche Luft wie alle Andern,
fiel genau wie sie und lag am Boden,
weinte laut wie jedes andre Kind.
(4) Wurde auch in Windeln aufgezogen,[2]
(5) denn kein König wurde je geboren,
dessen Weg nicht so begonnen hätte;
(6) Ein- und Ausgang ist bei Allen gleich.[3]
(7) Erst auf mein Gebet empfing ich Klugheit
auf mein Rufen hin den Geist der Weisheit.
(8) Ich zog sie dem Thron und Szepter vor,
aller Reichtum galt mir nichts dagegen,
(9) auch kein noch so schöner Edelstein!
Alles Gold ist eine Handvoll Sand,
im Vergleich zu ihr, nur Kot das Silber.
(10) Lieber noch als Schönheit und Gesundheit
war sie mir; dem Licht zog ich sie vor,
denn ihr heller Schein ist unauslöschlich.
(11) Zwar bekam ich mit ihr Guts die Fülle,
Glück und Reichtum[4] war in ihrer Hand.
(12) Ich erfreute mich an diesem allem,
weil's die Weisheit im Gefolge hatte —
Daß sie all dies schuf, das wußt' ich nicht.
(13) Arglos lernte ich's, geb's neidlos weiter,
ihren Reichtum halt' ich nicht geheim.**

[1] wörtlich: in der dem Beischlaf gesellten Lust.
[2] Zusatz im Text: unter (allerlei) Fürsorge.
[3] Der Eintritt ins Leben und der Austritt vollzieht sich bei allen Menschen in derselben Weise: es ist *ein* Kommen und Gehen.
[4] wörtlich: unzählbarer Reichtum.

(14) **Denn sie ist ein Schatz, der unerschöpflich:**
Jeder, der sie braucht, kriegt Gott zum Freunde,
Ihm empfohlen um der Bildung willen,
die der Weisheit Gaben ihm vermitteln.

(7,15) **Gott geb' mir, nach seinem Sinn zu reden,**
und, was mir verliehen, recht zu schätzen!
Denn er selbst ist auch der Weisheit Führer,
zugleich aller Weisen rechter Meister.
(16) **Denn in seiner Hand sind unsre Worte,**[5]
alles Denken, Können und Vermögen.
(17) **Er gab mir, die Welt recht zu erkennen,**
ihren Bau, der Elemente Kräfte,
(18) **Anfang, Mitt und Ende ihrer Zeiten,**
wie sie wechseln mit dem Lauf der Sonne,
(19) **Jahreskreislauf, Stellung der Gestirne,**
die Natur der Tiere, auch der wilden;
(20) **die Gewalt der Geister, die Gedanken,**
die die Menschen hegen und ersinnen;
die verschiednen Pflanzen und die Kräfte,
welche ihre Wurzeln in sich haben:
(21) **Dieses alles habe ich erkannt,**
ob's verborgen ist, ob offenkundig.
(21) **Denn die Weisheit war es, die mich lehrte,**
sie, die alles, was da ist, durchwaltet.[6]

(7,22) **In ihr wohnt ein Geist, der ist verständig,**
heilig, einzig, vielgeteilt und zart,
leicht beweglich, hell und unbefleckt,
klar und unverletzt, das Gute liebend,
(23) **scharf und frei,**[7] **wohltätig, menschenfreundlich,**
sicher und verläßlich, ohne Sorgen.
Allvermögend, alles überblickend
dringt derselbe durch zu allen Geistern,
die verständig sind und rein und zart.
(24) **Denn die Weisheit selber ist beweglich,**
mehr denn alles, was sich je bewegte,
sie durchdringt kraft ihrer Reinheit alles.

5 wörtlich: wir und unsre Worte.
6 wörtlich: aller Dinge Bildnerin.
7 wörtlich: nicht zu hemmen.

(25) **Denn sie ist ein Hauch von Gottes Kraft**
und ein reiner Ausfluß seiner Allmacht,[8]
nichts Beflecktes dringt je in sie ein.
(26) **Ja sie ist ein Abglanz ewigen Lichts,**
ungetrübter Spiegel Seines Wirkens,
Abbild göttlicher Vollkommenheit.
(27) **Obgleich e i n e nur, vermag sie alles,**
in sich ruhend[9] **macht sie alles neu,**
geht allzeit[10] **in fromme Seelen ein,**
begabt Freunde Gottes und Propheten.
(28) **Denn nichts liebt Gott mehr als solche Leute,**
die zusammenwohnen mit der Weisheit.
(29) **Ja sie übertrifft an Glanz die Sonne**
und ihr Platz ist über allen Sternen,
sie erweist sich schöner als das Licht.
(30) **Denn dem Licht des Tages folgt die Nacht,**
jener[11] **wird die Bosheit niemals Herr.**
(8,1) **Sie erstreckt sich weit, von End zu Ende**
und regiert mit ihrer Kraft das All.

Auch ich mußte den Schatz der Weisheit erst entdecken (V. 1–14). Offensichtlich will der Verfasser den Gedanken zuerst zurückweisen, die Weisheit sei erblich wie Geld und Gut und bestimmte Charaktereigenschaften. Er identifiziert sich nun ganz mit Salomo. Durch seine königliche Abstammung konnte dieser Thronfolger Davids für den Empfang der Weisheit besonders prädestiniert erscheinen. Man könnte denken, er habe die Weisheit, durch die er so berühmt wurde, schon in der Wiege mitbekommen. Aber diese Meinung entspricht keineswegs dem wirklichen Sachverhalt. Drastisch schildert Salomo, daß er auch nicht anders wie alle Nachkommen Adams zur Welt kam: durch Zeugung und Empfängnis im Mutterleib gebildet,[12] nach der Geburt so hilflos und pflegebedürftig wie alle neugeborenen Menschenkinder. Erst später, in seinen Mannesjahren, wurde ihm auf sein Gebet hin

8 wörtlich: des Allmächtigen.
9 wörtlich: in sich bleibend.
10 wörtlich: von Geschlecht zu Geschlecht.
11 d. h. der Weisheit.
12 Vgl. Hiob 10,10. — Daß die Schwangerschaft 10 Monate dauert, entspricht der Auffassung der damaligen Zeit, die auch anderwärts (z. B. bei Plinius) belegt ist (vgl. dag. 2. Makk. 7,27).

(V. 7) der Geist und die Gabe der Weisheit zuteil (vgl. 1. Kön. 3,5 ff.). Da erst, so bezeugt Salomo, erkannte ich ihren unvergleichlichen Wert. Da wurde mir klar, daß sie allen andern Gütern, die ein Mensch in diesem Leben begehren und besitzen kann, weit vorzuziehen ist: Thron und Zepter, Gold und Silber, Schönheit und Gesundheit, ja selbst das Licht der Sonne (vgl. Pred. 11,7) das alles muß im Vergleich mit ihr verblassen (V. 8–10). Denn alle diese Güter sind vergänglich, während die Weisheit unerschöpflich und unvergänglich ist. Zwar wurde ich, so gesteht Salomo, auch mit diesen anderen Gütern reich beschenkt.[13] Ich ließ mir's gern gefallen und erkannte erst hernach, daß die Weisheit auch die „Schöpferin" (V. 12) all dieser Güter war. Aber die Weisheit selbst ist und bleibt der Schatz, der unerschöpflich ist! Wer sie erbittet, empfängt, und sein Leben nach ihrer Weisung einrichtet, kriegt Gott selbst zum Freund. Das ist das Größte, das Schönste und Beste, was ein Mensch in diesem Leben gewinnen kann.[14]

Ich verdanke ihr ein umfassendes Wissen (V. 15–21). Ich will, so beteuert Salomo, den Reichtum, der mir mit dem Empfang der Weisheit anvertraut wurde, nicht für mich behalten. Neidlos will ich weitergeben, was ich in ihrer Schule lernte (V. 13). Um diesen Vorsatz zu erfüllen, ruft er Gott um seinen Beistand an (V. 15), daß er ihm die rechten Worte in den Mund lege. Nach dieser Bitte kommt er zum eigentlichen Thema dieses Abschnitts. Er schildert das umfassende Wissen, das er der Weisheit verdankt. Was er in V. 17 Gott zuschreibt, führt er in V. 21 auf die Weisheit zurück.[15] Sie lehrte ihn den Aufbau der Welt, den Unterschied der Elemente, den Lauf der Gestirne, die Beschaffenheit der Tiere, das Geheimnis der menschlichen Gedanken und Geisteskräfte, die Verschiedenartigkeit der Pflanzen und Heilkräfte (V. 17–20). Die Erkenntnis der Wissenschaften (Physik, Astronomie, Zoologie, Psychologie, Botanik), die der Mensch nach antiker und moderner Auffassung seiner eigenen Klugheit und Forschertätigkeit verdankt, sind für den Verfasser lauter Gaben der göttlichen Weisheit. Sie ist es ja, die die ganze Schöpfung durchwaltet. Sie selbst

[13] Reichtum und Ehre und langes Leben bekam Salomo nach 1. Kön. 3,13 ff. obendrein.

[14] Vgl. EKG 346,10.

[15] „Sie kann für den Verfasser die Stelle Gottes einnehmen, ist zur Hypostase geworden oder doch mindestens auf dem Wege dazu, es zu werden" (J. Fichtner).

ist der Schlüssel zu dem, was sie schuf. Was für ein Gegensatz zu aller mechanistischen, materialistischen Welterklärung und Naturbetrachtung!

Ihre Herrlichkeit ist nicht hoch genug zu preisen (V. 22–8,1). Um seine Hochschätzung der Weisheit zu begründen, unternimmt es „Salomo", ihr Wesen und ihr Wirken zu beschreiben. Das *Wesen* der Weisheit (der „Geist", der ihr innewohnt) läßt sich nicht auf eine kurze Formel bringen. Insgesamt 21 Eigenschaften[16] werden ihr in V. 22 f. zugeschrieben, wobei sich der Verfasser philosophischer Begriffe bedient, die sich vor allem bei den Stoikern finden.[17] Welche Gedanken er mit den einzelnen Begriffen verbindet, läßt sich nicht immer mit Sicherheit erraten. Daß die Weisheit an der Heiligkeit Gottes teilhat, daß sie nicht ihresgleichen hat, daß sie zart (unstofflich), unbefleckt von allem Bösen ist, zeigt ihre göttliche Herkunft und Wesensart. Sie hat Teil an Gottes Allmacht und Allwissenheit, ist wie Er selbst den Menschen gütig, hilfreich und freundlich[18] zugewandt. Als „Ausfluß" seiner Allmacht, als „Abglanz" seines Lichts,[19] als „Spiegel" seines Wirkens und „Abbild"[20] seiner Vollkommenheit, ist die Weisheit zwar nicht mit Gott identisch, aber doch wesensgleich. – Das *Wirken* der Weisheit wird in V. 27 ff. beschrieben. In sich selbst unverändert ruhend schafft sie – wie Gott selbst – das All immer neu (vgl. Psalm 102,26 ff.). Das ist gut biblisch gedacht und formuliert. Wird doch im Alten Testament die Erhaltung der Welt durch Gott seinem immer neuen Schaffen zugeschrieben.[21] Aber die Weisheit ist nicht nur auf solch machtvolle Weise in der ganzen Schöpfung am Werk. Sie kehrt ein bei den Frommen. Das Letztere ist dem Verfasser im ganzen Zusammenhang seines Lehrgedichts besonders wichtig. Dabei steht ihm ein Mann wie Abraham vor Augen, der in der Schrift ein „Freund Gottes" genannt wird (Jes. 41,8). Er denkt an die „Propheten", die der Geist der Weisheit erfüllt und ausgerüstet hat (vgl. 10, 16; Jes. 48,16). In ihnen hat die Weisheit Wohnung gemacht und es

16 Dreimal 7 (die Zahl ist nicht zufällig).
17 Hier dem „Nous" oder dem „Logos" (der Weltvernunft) zugeschrieben.
18 Vgl. Tit. 3,4, wo ebenfalls von der „philanthropia" (Menschenfreundlichkeit) Gottes die Rede ist.
19 Vgl. Hebr. 1,3.
20 Vgl. Kol. 1,15.
21 Für Gottes „Schaffen" und „Erhalten" ist im Alten Testament dasselbe Wort (hara) gebraucht.

war ihre Freude, mit ihr Gemeinschaft zu pflegen. Wer so die Weisheit bei sich aufnimmt, um mit ihr gleichsam unter einem Dach zu wohnen, den hat Gott liebl – Die Schlußverse (V. 29 f.) rühmen noch einmal die unvergleichliche *Herrlichkeit* der Weisheit, die auch die des Lichts weit übertrifft (vgl. V. 10).[22] Daß die Bosheit gegen dieses sieghafte Licht nicht aufkommt, wird mit großer Zuversicht ausgesprochen. Ein dualistisches Weltverständnis (Kampf zwischen Licht und Finsternis mit ungewissem Ausgang) liegt dem Verfasser völlig fern; auch darin bleibt er der biblischen Botschaft treu. Mit überlegener Kraft ist die Weisheit in der ganzen Schöpfung am Werk und regiert alles wohl. (8,1).

WARUM SALOMO DIE WEISHEIT LIEB GEWANN
8,2—18

(8,2) **Diese liebt' und suchte ich von Kind auf,**
trachtete, als Braut sie heimzuführen,
da ich ihre Schönheit lieb gewann.
(3) **Sie erweist sich ihres Adels würdig,**
indem sie mit Gott zusammenlebt,
auch Er liebt sie, Er, der Herr des Alls.
(4) **Sie ist eingeweiht in Gottes Wissen**
und trifft Auswahl unter seinen Werken.
(5) **Wenn es sich schon lohnt, nach Reichtum zu streben,**
wen macht nicht die Weisheit wahrhaft reich?[1]
(6) **Wenn mit Klugheit etwas auszurichten,**
wer versteht sich mehr auf diese Kunst?[2]
(7) **Wenn Gerechtigkeit der Liebe wert ist,**
wer bemüht sich so wie sie um Tugend?
Sie lehrt die Besonnenheit, die Klugheit,
die Gerechtigkeit, die Tapferkeit,
welche jedermann am meisten nützen.

22 Den Vergleich mit dem Licht liebt der Vf. besonders (vgl. 5,6; 7,10; 9,11; 18,4).

1 wörtlich: was ist reicher als die Weisheit, die alles schafft?
2 wörtlich: Wer von (allem) Seienden ist ein besserer Künstler als sie?

(8) **Strebt er, reiches Wissen zu erlangen,**
sie erschließt Vergangenheit und Zukunft.[3]
Sie versteht sich auf die Kunst der Rede,
in der Rätsel Lösung ist sie Meister;
Zeichen auch und Wunder kann sie deuten
und der Zeiten Lauf ahnt sie voraus.
(9) **Darum mein Beschluß, sie heimzuführen**[4]
wußt' ich doch, daß sie zum Glück mir rate
und ein Trost in Sorg' und Trauer sei.

(10) **Ich werd' bei den Leuten**[5] **Ruhm erlangen**
und, noch jung, bei Alten Ehre haben.
(11) **Beim Gericht wird sich mein Scharfsinn zeigen**[6]
Herrscher werden mir Bewunderung zollen.[7]
(12) **Wenn ich schweige, wird man auf mich warten,**
wenn ich rede, meinen Worten lauschen,
und sollt' ich je einmal länger reden,
legen sie den Finger auf den Mund.
(13) **Ja, Unsterblichkeit trägt sie mir ein,**
ewig wird die Nachwelt mein gedenken.
(14) **Über Völker werde ich regieren**
und Nationen werden mir gehorchen.
(15) **Schreckliche Tyrannen werden zittern**
und sich fürchten, wenn sie von mir hören.
Vor der Menge[8] **werde ich mich tüchtig**
und im Krieg als tapfer mich erweisen.
(16) **Komm ich heim, werd' ich an ihr**[9] **mich laben,**
denn beim trauten Umgang mit der Weisheit
ist nichts bitter, nichts, was je verstimmt.
Er ist eitel ungetrübte Freude!
(17) **Auf Grund davon, daß ich dies bedachte**
und in meinem Herzen wohl erwog,
daß unsterblich wird, wer ihr sich hingibt,

[3] wörtlich: das Alte und das Zukünftige.
[4] „als Genossin" (um mit ihr zusammenzuleben).
[5] ergänze: ihretwegen.
[6] Anspielung auf 1. Kön. 3,16—28.
[7] Vgl. 1. Kön. 5,7; 10,8 f.
[8] Vor der (Rats-)Versammlung des Volkes.
[9] der Weisheit.

(18) **ihre Freundschaft reine Freude ist,**
daß ein Reichtum, der sich nie verzehrt,
dem zuteil wird, der ihr sich verbündet,
daß es klug macht, mit ihr Umgang zu pflegen,
und berühmt, mit ihr sich zu besprechen —
dies vor Augen ging ich auf die Suche,
wie ich sie für mich gewinnen könnte.

Mit dem bewundernden Lobpreis der Weisheit ist es nicht getan. Entscheidend ist, in eine persönliche Lebens- und Liebesgemeinschaft mit ihr zu kommen. Damit dies dem Leser deutlich werde und er darnach trachten lerne, läßt der Verfasser den König *Salomo* berichten, *wie er die Weisheit lieb gewann.* Von Kind auf von ihrer Schönheit fasziniert hat er sie zu seiner Braut[10] erkoren (V. 2), fest entschlossen, sie heimzuführen (V. 9). In V. 3–9 führt er aus, warum die Weisheit solcher Liebe wert ist; in V. 10–18 bezeugt er, wie reich sie diese Liebe lohnt.

Sie ist der Liebe wert (V. 3–9). Da ist der Adel ihrer Herkunft: sie ist göttlichen Ursprungs. Als Throngenossin lebt sie mit Gott zusammen, in seine Allwissenheit eingeweiht und insofern an seinem Weltregiment beteiligt, als sie – im Stadium der Planung – unter seinen Werken die Auswahl trifft. Gott selbst liebt sie und bedient sich ihres Rats. Wahrlich, eine edlere Braut kann kein Mensch finden und liebgewinnen! Um ihre Vorzüge in helles Licht zu stellen, bedient sich der Verfasser in V. 5–7 eines besonders kunstvollen Stils. Mit drei Wennsätzen, die jeweils in eine rhetorische Frage ausmünden und auf das Einverständnis des Lesers hinzielen, macht er deutlich, welchen Gewinn es bedeutet, sich mit der Weisheit zu vermählen. Reichtum, Klugheit, Gerechtigkeit – wer immer um den Wert dieser Güter weiß und sie begehrt, dem ist mit der Liebe zur Weisheit am besten gedient. Sie lehrt jene vier Kardinaltugenden,[11] die in der ganzen (vom griechischen Denken geprägten) damaligen Welt allgemein gepriesen wurden: Besonnenheit, Klugheit, Gerechtigkeit, Tapferkeit.[12] Nicht genug damit! Die Weisheit verleiht dem, der sie liebt, besondre Kennt-

10 Zum Bild der bräutlichen Liebe vgl. Sir. 15,2.
11 Vgl. 4. Makk. 1,18; 5,22.
12 Von der „Besonnenheit" und „Tapferkeit" ist freilich nur an dieser Stelle die Rede. Klugheit interpretiert der Vf. anderwärts als „Einsicht" (in den Willen Gottes), Gerechtigkeit als „Rechtschaffenheit". Bei allem Bemühen, sich auch seinen heidnischen Lesern verständlich zu machen, geht er doch seinen eigenen Weg und bleibt in der Tradition Israels.

nisse und Fähigkeiten. Sie lehrt das verstehen, was vergangen ist und gibt Einblick in das, was im Kommen ist. Wer sich ihr angelobt, dem enthüllt sie den Sinn und das Ziel der Geschichte. Sie macht den Menschen klug, daß er seine Gedanken in kunstvolle Worte kleiden und Rätsel mit dem dazu nötigen Scharfsinn lösen kann.[13] „Zeichen und Wunder", die Gott in der Geschichte tut, lehrt sie ihn deuten und mit prophetischem Blick erahnen, was geschehen wird. Wahrlich Grund genug, sich in inniger Liebe mit der Weisheit zu vermählen!

Sie lohnt die Liebe reich (V. 10–18). Gerade in seiner Herrscherwürde hat dies Salomo an sich selbst erfahren. In jungen Jahren schon wurde ihm Ruhm gezollt, vor allem wegen des Scharfsinns, den er im Amt des Richters bewies (vgl. 1. Kön. 3,7; 16 ff.). Ehrfurchtsvoll lauschten andere Herrscher seiner Rede (vgl. 1. Kön. 10,24).[14] Unsterblichen Nachruhm hat ihm seine Liebe zur Weisheit eingebracht (V. 13). Völker unterwarf er seinem Zepter und Tyrannen mußten vor ihm zittern. Da der Verfasser schildern will, wie Salomo schon in jungen Jahren die Weisheit zu seiner Braut erkoren hat, spricht dieser von dem Lohn, den er davon hat, in vorausblickender Erwartung. Nicht nur sein Herrscheramt wird ihn die Weisheit trefflich führen lehren. Auch in seinem häuslichen Leben wird der Umgang mit ihr eine Quelle ungetrübter Freude sein (V. 16). Noch einmal zählt er zusammen, welch reichen Gewinn ihm der vertraute Umgang mit der Weisheit verspricht, und wiederholt seinen Entschluß (V. 9), um sie zu freien (V. 17 f.).

WIE SALOMO DIE WEISHEIT VON GOTT ERFLEHTE
8,19–9,18

(19) **Ich, als kleines Kind schon wohlveranlagt,**
war vom Ursprung her auf gutem Wege[1]
(20) **Vielmehr: Ich bekam für meine Seele**
einen unbefleckten Leib zur Wohnung[2].

[13] Vgl. 1. Kön. 5,12; 10,3.
[14] Solche Ehrfurcht wurde auch der Rede Hiobs in den Tagen seines Glücks zuteil (vgl. Hiob 29,7–11.21–25).

[1] wörtlich: ich erlangte eine gute Seele.
[2] wörtlich: Da ich gut war, kam ich in einen unbefleckten Leib. – Der Verfasser hat sich hier die platonisch-pythagoräische Lehre von der Präexistenz der Seele zu eigen gemacht.

(21) **Da ich sah, daß ich auf keine Weise**
je der Weisheit mächtig werden könnte,
als daß sie mir Gott aus Gnaden schenke,
nahte ich dem Herrn, mir wohl bewußt,
an wen ich dabei mich wenden müßte,
betete und sprach von ganzem Herzen:

(9,1) **Gott der Väter, du Herr des Erbarmens,**
der du durch dein Wort das All erschufst
(2) **und den Menschen schufst durch deine Weisheit,**
daß er herrsche über deine Schöpfung[3]**,**
(3) **sie mit Heiligkeit und Recht regiere**
und als Richter redlich Urteil spreche!
(4) **Gib mir Weisheit, deines Throns Gefährtin**[4]**,**
schließe mich nicht aus von deinen Kindern,
(5) **Denn dein Knecht bin ich, Sohn deiner Magd,**
nur ein schwacher Mensch mit kurzem Leben,
in Gesetz und Urteil unerfahren.
(6) **Denn selbst wer darin als Meister gälte**[5]**,**
aber nichts von deiner Weisheit hätte,
dessen Wissen wäre null und nichtig.
(7) **Du erwähltest mich zu deinem König**[6]
und zum Richter deiner Söhn' und Töchter.
(8) **Du gabst mir Befehl zum Bau des Tempels,**
des Altars auf deinem heiligen Berge,
in der Stadt, darin Du wohnen wolltest,
als ein Abbild jenes heiligen Zeltes,
das du schon von Anfang an bereitet.
(9) **Dein ist Weisheit! Sie kennt deine Werke,**
war dabei, als du die Welt erschufst,
weiß, was deinen Augen wohlgefällt
und was dem entspricht, was du geboten.

(10) **Sende sie aus deinem heiligen Himmel,**
schick sie mir von deinem hohen Throne,
daß sie mir bei meiner Arbeit helfe
und ich merke, was dir wohlgefällt!

[3] wörtlich: die durch Dich gewordenen Geschöpfe.
[4] wörtlich: Beisitzerin.
[5] im Urteil der Menschen.
[6] wörtlich: zum König über dein Volk.

(11) **Denn sie weiß um alles und versteht es,**
wird bei meinem Tun mich weislich leiten
und in ihrem Glanze mich behüten.
(12) **Alsdann wird mein Werk vor dir bestehen**
und ich werde dein Volk recht regieren,
selbst des Thrones meines Vaters würdig.
(13) **Welcher Mensch erkennt denn Gottes Willen,**
wer kann denn ergründen, was Er will?
(14) **Nichtig sind der Sterblichen Gedanken,**
was sie planen, steht auf schwankem Grund[7].
(15) **Denn der Erdenleib beschwert die Seele**
und die irdische Hütte hemmt den Geist[8].
(16) **Was auf Erden ist, wir kaum erahnen,**
was zur Hand, das finden wir nur mühsam,
aber was im Himmel, wer ergründet's?
(17) **Wer hat deinen Ratschluß je erkannt,**
wenn nicht Du ihm Weisheit schenktest,
deinen heil'gen Geist von oben sandtest?
(18) **Nur so, daß Du selbst die Menschen lehrtest,**
lernten sie auf rechtem Pfade wandeln.
Durch die Weisheit fanden sie zum Heil.

Wie in Kap. 7,1 ff. läßt der Verfasser den König Salomo zunächst auf den Anfang seines Erdendaseins zurückblicken. Dieser *Rückblick* soll deutlich machen: Auch ihm war die Gabe der Weisheit nicht in die Wiege gelegt; auch er mußte sie erst suchen, von Gott erbitten und empfangen. So wenig seine königliche Abstammung ihm die Ausrüstung mit der Weisheit für sein Herrscheramt an sich schon verbürgte, so wenig war er schon dadurch in ihrem Besitz, daß er als ein wohlveranlagtes Kind zur Welt geboren wurde, eine „gute Seele" empfangen hatte und einen „unbefleckten Leib." Diese Stelle (V. 19 f.) hat den Auslegern manches Kopfzerbrechen verursacht. Hat sich der Verfasser hier die platonische Lehre von der Präexistenz der Seele zu eigen gemacht? Ohne Zweifel entfernt er sich von dem biblischen Menschenbild, demzufolge der Mensch ein beseelter Leib ist, nicht eine inkarnierte Seele. Aber das heißt keineswegs, daß er die platonische Seelenlehre übernommen hätte. Nach platonischer Lehre ist die (unsterb-

[7] wörtlich: Unsicher (schwankend) sind ihre Anschläge.
[8] wörtlich: denn der vergängliche Leib beschwert die Seele und das irdische Zelt (Hütte) belastet den vielsinnenden Geist.

liche!) Seele – ihr zur Strafe und Befleckung – in den Leib gefesselt. In dem Gebet Salomos steht davon nichts.[9] Er betont vielmehr ausdrücklich, seine Seele sei in einen „unbefleckten Leib“ gekommen. Damit ist ein gesunder Leib gemeint, der nicht durch irgendwelche vererbte Fehler und Gebrechen belastet und verunziert war. Dementsprechend ist auch V. 19 zu verstehen, der ja durch V. 20 genauer erklärt sein will. „Ich erlangte eine gute Seele“ bedeutet: ich bekam von Gott eine gute Charakteranlage. Die formale Anleihe an den philosophischen Sprachgebrauch darf man also keinesfalls überbewerten. Im Grunde soll nur die Tatsache, daß Salomo als „wohlveranlagtes Kind“ seinen Lebensweg begann, unterstrichen und verdeutlicht werden. Damit war er freilich, wie er selbst erkannte, noch keineswegs im Besitz der Weisheit, deren er für ein Herrscheramt bedurfte. Auch er, der wohl veranlagte Königssohn, mußte sie – wie jeder Mensch – von oben, von Gott selbst erbitten. Wie demütig und inbrünstig er um diese Gabe flehte, soll der Leser aus dem im Wortlaut mitgeteilten *Gebet* erkennen und sich daran ein Beispiel nehmen.

Gib mir Weisheit! (V. 1–9). Nicht an irgend ein höheres Wesen, vielmehr an den „Gott der Väter“ (Abraham, Isaak und Jakob) wendet sich der junge Salomo. Er kennt ihn als den allmächtigen Schöpfer, dessen Majestät mit dem Erbarmen im Bunde ist, dessen Weisheit dem Menschen das Mandat der Herrschaft über alle Geschöpfe auf Erden übertrug (vgl. 1. Mos. 1,28; Ps. 8). Dieser Auftrag wurde ihm in besonderer Weise zuteil: als König soll er über Gottes Volk regieren, als Richter seines Amtes walten. Wie kann er dieses hohe Amt ausüben, wenn ihn nicht Gott selbst dazu ausrüstet und ihm an der Weisheit Anteil gibt, mit der Er selbst das All regiert! Die Bitte „Gib mir Weisheit“ kommt aus einem demütigen Herzen. Salomo weiß und spricht es aus, daß er auch nur ein schwacher, fehlsamer Mensch ist und zudem im Regieren und Rechtsprechen noch keinerlei Erfahrung hat (V. 5). Aber selbst wenn er dieses Geschäft nach dem Urteil der Menschen meisterlich verstünde – in Gottes Augen würde er, wenn er nur auf die eigene Klugheit bauen wollte, als untauglich erfunden werden. Für die großen, heiligen Aufgaben,[10] die ihm von Gott zuge-

[9] Auch nicht in V. 15 (s. u.).

[10] Zum Bau des Tempels vgl. 1. Kön. 5,19; 8,22. — Nach 2. Mos. 25,9.40; 26,30 wurde Mose das himmlische Urbild der Stiftshütte gezeigt (vgl. Hebr. 8,2; 9,11; Offb. 13,6). So erklärt sich V. 8 (Schlußzeile).

dacht wurden (V. 7 f.), tut ihm die Ausrüstung mit göttlicher Weisheit besonders not. „Dein ist Weisheit" (V. 9). Du, Gott, hast sie in ihrer Fülle.

Sende sie aus deinem Himmel! (V. 10–18). Obwohl die Weisheit in der ganzen Schöpfung am Werk ist, will sie doch „von oben" (vgl. Jak. 3,17), aus Gottes heiligem Himmel erbeten sein. Wenn sie schon „Throngenossin" Gottes ist (V. 4) und an seiner Allwissenheit teilhat (V. 11), so ist sie doch in diesem Gebet ganz als göttliche Gabe aufgefaßt. Um Weisheit, nicht zur Weisheit betet Salomo. Nicht vor der Weisheit, vielmehr im Urteil Gottes will er mit seinem Lebenswerk bestehen. Daß er dazu nichts weniger als Gottes eigener Weisheit, ihrer Erleuchtung und Leitung bedarf, unterstreichen die Schlußverse (V. 13–18). Menschenklugheit reicht nicht aus, um den Willen Gottes zu ergründen. Dies rührt nicht nur daher, daß die Gedanken Gottes so viel höher sind als Menschengedanken, so viel der Himmel höher als die Erde ist (Jes. 55,8). Es liegt, wie in V. 14 ff. ausdrücklich betont wird, auch daran, daß die Gedanken der Sterblichen an sich „dürftig" und „schwankend" sind. Dies gilt schon im irdischen Bereich, im Blick auf das, was vor die Hand kommt und Tag für Tag bedacht und erledigt werden soll. Nur mühsam und mehr ahnend, als wirklich auf den Grund der Dinge gehend, befaßt sich der Mensch in seinen Gedanken mit dem, was er wahrnimmt, was auf ihn zukommt und was daraus werden soll. Warum ist er mit seinen Gedanken so an das Irdische gefesselt? Weshalb gelangt er so mühevoll zu Erkenntnissen, deren Gültigkeit sich zudem oft als höchst fragwürdig erweist? V. 15 nennt als Grund, daß „der vergängliche Leib die Seele beschwert und die irdische Hütte[11] den vielsinnenden Geist belastet". Wieder (wie in V. 19 f.) bedient sich der Verfasser platonischer Begriffe, diesmal in deutlichen Anklang an Platos Phädon (81c), aber eine philosophische Verfremdung und Verleumdung des biblischen Menschenbilds darf man ihm deshalb nicht zur Last legen.[12] Nur die allgemein menschliche, durchaus zutreffende Erfahrung wird in V. 15 ausgesprochen, daß der Leib den Flug des Geistes hemmt und die menschlichen Gedanken immer wieder ins Irdische herabzieht. Hunger und Durst, Er-

[11] Zum Bild vom Leib als einer „Hütte" (Zelt) vgl. Hiob 4,19; 2. Kor. 5,4; 2. Ptr. 1,13.

[12] Dieser Vorwurf wäre nur dann berechtigt, wenn er sagen würde: Durch den (an sich) sündigen Leib wird die (an sich) reine Seele befleckt.

müdung und Anfälligkeit gegen Krankheiten aller Art, Hineingespanntsein in die Vergänglichkeit ist des Menschen Los, solange er sein Leben im Leibe hat. Das erfährt jeder an sich selbst Es bleibt nicht aus, daß der Mensch, auch der geistig arbeitende, deutlich an seine Grenzen erinnert wird. Angesichts dieser Unsicherheit und Begrenztheit aller Menschengedanken ist Salomo die Bitte um die göttliche Weisheit doppelt wichtig. Er will ja nicht seinen eigenen Kopf durchsetzen, sondern als Regent dem Ratschluß Gottes dienen. Keiner hat ihn je erkannt, den nicht Gott selbst mit seinem heiligen Geist[13] erleuchtet hat (V. 17). – Die abschließende Feststellung, daß die Belehrung durch Gott selbst zu allen Zeiten für alle Menschen der einzige Weg zum rechten Wandel und zum Heil (zur Rettung) war (18), leitet zum 3. Hauptteil über, in dem das Wunderwirken der Weisheit Gottes in einem breit ausgeführten Rückblick auf die Geschichte Israels geschildert wird.

[13] Vgl. 1,4 f. — J. Fichtner hat darauf aufmerksam gemacht, daß der Begriff „heiliger Geist“ bei Philo bezeichnenderweise völlig fehlt.

III.

DAS WIRKEN UND WALTEN DER WEISHEIT GOTTES IN DER GESCHICHTE
Kap. 10,1–19,22

DER RÜCKBLICK AUF DIE ZEIT VON ADAM BIS MOSE
10,1—11,1

(10,1) **Sie hat der Menschheit ersterschaffnen Vater,**
als er allein geschaffen war, behütet
und ihn aus seinem Fall herausgerissen,
(2) **gab ihm zum Herrschen über alles Kraft.**
(3) **Der von ihr abfiel, ungerecht im Zorn,**
als Brudermörder ging er dran zugrunde.
(4) **Sie rettete die überschwemmte Erde,**
und führte den Gerechten durch die Flut
in einem Fahrzeug aus geringem Holze.
(5) **Und wieder wählte sie sich aus den Völkern,**
die in der Bosheit sich verschworen hatten,
den Frommen, der unsträflich Gott gehorchte
trotz aller Liebe zu dem eignen Kinde.
(6) **Sie half dann dem Gerechten zu der Flucht**
als Feuer fiel auf die verderbten Städte,
(7) **von deren Bosheit heut das Land noch raucht,**
wo, was gepflanzt, zur Unzeit Früchte trägt,
und eine Säule steht aus Salz
als Mahnmal einer Seele, die nicht glaubte.
(8) **Denn die Verächter[1] schaden nicht nur sich,**
sofern sie nicht mehr um das Gute wissen,
sie setzen auch ein Denkmal ihrer Torheit,
daß sie[2] der Nachwelt nicht verborgen bleibe.
(9) **Hingegen jene, die der Weisheit dienen,**
die hat sie stets aus aller Not errettet.

[1] der Weisheit.
[2] wörtlich: ihre Verirrung.

(10) **Sie leitete auf rechtem Pfad den Frommen,**
der vor dem Zorn des Bruders fliehen mußte.
Sie zeigte ihm den offnen Himmel[3] **Gottes**
und gab ihm Einblick in sein Heiligtum.
Sie stand ihm bei in mühevollem Dienst,
gab ihm aus seiner Arbeit reichen Lohn,
(11) **daß er trotz aller Habgier des Bedrängers**
durch ihre Gunst zu großem Wohlstand kam.
(12) **Sie war sein sichrer Schutz vor seinen Feinden,**
die wider ihn sich auf die Lauer legten,
entschied den schweren Kampf zu seinen Gunsten[4]**,**
zum Zeichen, was die Gottesfurcht vermag[5]**.**
(13) **Auch den Gerechten ließ sie nicht im Stich,**
den man verkauft; sie schützte ihn vor Sünde[6]**.**
(14) **Sie stieg mit ihm hinab in seinen Kerker**
und in den Fesseln gab sie ihn nicht preis;
ja, sie vertraute ihm des Reiches Zepter,
die Herrschaft über die, die ihn bedrängt.
Sie deckte auf die Lüge der Verleumder,
ihm aber hat sie ewigen Ruhm verliehen.

(10,15) **Sie hat das Volk der Heiligen**[7] **errettet**
von jenem Volk, das sie so hart bedrückte.
(16) **Sie ging ein in die Seele des Gerechten,**
des Mannes, dessen sich der Herr bediente[8]
und tat vor dem Tyrannen Wunderzeichen[9]**.**
(17) **Den Heiligen lohnte sie, was sie gelitten**
und führte sie auf wunderbarem Wege;
sie war ihr Schutz am Tag, des Nachts ihr Licht.
(18) **Sie führte sie hindurch durchs rote Meer**
und machte ihnen Bahn durch viele Wasser.

[3] wörtlich: das Reich Gottes (Anspielung auf Jakobs Traumgesicht in Bethel (1. Mos. 28,12).
[4] wörtlich: sie leitete als Kampfrichter für ihn den schweren Kampf (vgl. 1. Mos. 32,24—28).
[5] wörtlich: daß er erkenne, wie viel mächtiger denn alles die Frömmigkeit (Gottesfurcht) ist.
[6] vgl. 1. Mos. 39,1 ff.
[7] wörtlich: das heilige Volk und den unsträflichen Samen.
[8] wörtlich: in die Seele des Dieners des Herrn.
[9] wörtlich: trat furchtbaren Königen (Mehrzahl statt Einzahl?) mit Zeichen und Wundern entgegen.

(19) **Doch ihre Feinde warf sie in die Flut**
und spie sie wieder aus aus Meerestiefen[10]**.**
(20) **Geplündert wurden sie von den Gerechten;**
Sie aber lobten Deinen heiligen Namen,
sie priesen Deine Hand, die sie beschirmt[11]**.**
(21) **Die Weisheit öffnete den Mund der Stummen,**
die Zunge der Unmündigen lehrte sie[12]**.**
(11,1) **Ja, wohl gelingen ließ sie ihre Werke**
durch eines heiligen Propheten Hand.

In seinem Aufruf an die Herrscher der Erde, nach Weisheit zu trachten (6,1 ff.), hat Salomo ausgesprochen, was er im Schild führt:

Was die Weisheit ist und wie sie wurde,
will ich künden und euch nichts verbergen.
Vom Beginn der Schöpfung an erforschen
und enthüllen will ich ihr Geheimnis (6,22).

Nachdem er zunächst berichtet hat, wie er selbst die Weisheit liebgewonnen und von Gott die Fülle der Weisheit, durch die er berühmt wurde, erbeten hat, schickt er sich nun an, sein Versprechen einzulösen. In einem weit ausholenden *geschichtlichen Rückblick* schildert er im 3. Hauptteil des Buchs das Walten der Weisheit, in dem sich ihr Wesen offenbarte.[13] Solche Rückschau auf das Handeln Gottes in der Geschichte finden wir in den Geschichtsbüchern des Alten Testaments, die vom Auszug der Kinder Israel aus Ägypten, dem Wüstenzug und der Landnahme erzählen (2.–5. Buch Mose, Josua), bei den Propheten (Jer. 2,1 ff.; Hos. 11,1 ff.; Jes. 63,11 ff.) und in den Psalmen (Ps 78; 105 f.; 135 f.). Schon immer hat man sich in Israel auf diese Weise der Allmacht und der Bundestreue Gottes versichert und getröstet, nachdem der lebendige Gott in diesem Volk den ganzen Dunstschleier der religiösen Mythen zerrissen und als Herr der Geschichte sich geoffen-

10 wörtlich: schleuderte sie wieder empor.
11 wörtlich: sie priesen einmütig deine für sie kämpfende Hand.
12 wörtlich: machte sie beredt.
13 Allerdings wird in 11,1 die Weisheit zum letztenmal als die in der Geschichte handelnde Instanz erwähnt. In den folgenden Kapiteln ist es Gott selbst, der strafend und rettend am Werk ist. Aber das besagt nicht, daß der Vf. den Faden verloren hätte. Als Throngenossin Gottes (9,4) von Gott unterschieden ist sie doch ganz „Spiegel Seines Wirkens" (7,26), so daß alles, was von der Weisheit zu rühmen ist, genau so von Gott selber gilt (vgl. 7,17 mit 7,21).

bart hatte. Auch die Lehrer, denen wir die Weisheitsliteratur des Alten Testaments verdanken, haben den geschichtlichen Rückblick geliebt und in ihrem Stil weiterentwickelt (vgl. Sir. 44–50). Der Verfaser der „Weisheit Salomos" räumt ihm in seiner Schrift breiten Raum ein und erweist sich dabei nicht nur als ein Mann, der sich in den Überlieferungen aus der Frühzeit Israels auskennt, sondern auch als ein Schriftsteller, der gern bei Einzelheiten verweilt, manches mit lebhafter Phantasie ausmalt und ins Groteske steigert. Für das Stilmittel des *Vergleichs*, der den Kontrast herausarbeitet, hat er eine besondere Vorliebe. Das Letztere wurde bereits in Kap. 2,1–4,19 deutlich, wo der Unterschied zwischen dem Lebenswandel der Gottlosen und des Gerechten geschildert ist. Welch ein Kontrast wird vollends zwischen ihrem ewigen Geschick bestehen (5,1 ff.)! Solche Vergleiche („Synkrisis") waren in der griechischen Literatur beliebt, auch finden sie sich häufig in der Apokalyptik, die im Judentum im 1. Jahrhundert v. Chr. als eigene Literaturgattung ihre Blütezeit erlebte. Das Stilmittel als solches ist nicht neu (vgl. Jes. 65,13 ff.), doch hat es der Verfasser manchmal bis an die Grenze des Erträglichen strapaziert. Es kommt hinzu, daß er in den folgenden Kapiteln zuweilen von seinem Thema abschweift. So ist in Kap. 13–15 eine breit ausgeführte Schilderung der Torheit des Götzendienstes und der Bilderverehrung eingefügt, die mit dem eigentlichen Thema nur in loser Verbindung steht. Auch die Gestalt des Königs Salomo verblaßt; er wird in Kap. 10 ff. nicht mehr erwähnt. Eine innere Zusammengehörigkeit zwischen Kap. 1–5 und Kap. 10–19 besteht nur insofern, als hier wie dort der Unterschied (bzw. Gegensatz) zwischen dem Geschick der Gerechten und der Gottlosen (bzw. Abgöttischen) gezeigt werden soll, wobei nun allerdings in Kap. 11 ff. nicht mehr der Einzelne als Gerechter den Gottlosen entgegentritt, sondern das heilige Gottesvolk als ganzes an seine Stelle tritt.[14] Daß die Kap. 10–19 von demselben Verfasser stammen ist trotzdem kaum zu bezweifeln. Denkbar wäre, daß er diesen 3. Hauptteil, der zugleich eine indirekte Warnung an die heidnischen Verächter und Bedrücker des Gottesvolks darstellt, unter denen er selbst leben mußte, erst in späteren Jahren hinzufügte.[15]

14 Der Übergang erfolgt Kap. 10,15 (vgl. 10,20!).

15 Ist er mit seinen breiten Wiederholungen, kuriosen Ausschmückungen und mannigfachen Abschweifungen nicht ein typisches Alterswerk?

Der Rückblick auf die Zeit von Adam bis Mose (10,1–11,1). Bis auf den zuerst erschaffenen Vater des Menschengeschlechts (V. 1) greift der Verfasser zurück, um an einzelnen Beispielen das rettende Eingreifen der Weisheit zu illustrieren. Seltsam ist, daß er die Namen der Gerechten verschweigt, deren Geschick er in Erinnerung bringt. Tut er es deshalb, weil sie den Lesern ohnehin vertraut sind oder will er, daß wir sie erraten? Insgesamt sind es 7 Männer (die Siebenzahl ist schwerlich zufällig), an deren Erfahrungen mit der Weisheit erinnert wird: Adam (V. 1), Kain (V. 3), Noah (V. 4), Abraham (V. 5), Lot (V. 6), Jakob (V. 10–12) und Joseph (V. 13 f.).[16] Was schon Adam nach seinem Fall erfuhr, daß dies das Geschäft und die Freude der Weisheit ist, Menschen aus ihrem Fall, aus Gefahr und Not herauszuretten, wurde durch das Los dieser Gerechten eindringlich und wunderbar bestätigt. Freilich, die Weisheit kann auch hart bestrafen, wie das Beispiel Kains, Sodoms und Gomorrhas und das Geschick von Lots Weib beweist, das eine Warnung für alle kommenden Geschlechter wurde (V. 7 f.). Aber der Nachdruck liegt auf der Kraft zum Erretten, mit der die Weisheit ihren Dienern (V. 9) beistand.

Nicht nur an einzelnen Frommen, an dem ganzen Volk der Heiligen (vgl. 2. Mos. 19,6; 3. Mos. 19,2) hat die Weisheit in der Folgezeit ihre rettende und beschirmende Kraft wunderbar bezeugt. Dabei hat sie sich Moses als Werkzeug bedient, dessen Namen zwar ebenfalls verschwiegen wird, dem aber in Kap. 10,16 u. 11,1 bescheinigt wird, daß ihn die Weisheit in besonderer Weise zu ihrem Werkzeug erkoren hat. In seine Seele ging die Weisheit ein (vgl. 7,27), ihn hat sie zum Propheten erkoren und ausgerüstet. Die Wunderzeichen, die er vor Pharao tat, der Auszug der „Heiligen" aus Ägypten, der Durchzug durchs Schilfmeer und der Lobpreis der Erretteten – das alles waren machtvolle Wirkungen der Weisheit, auf die der Verfasser später noch ausführlich zu sprechen kommt.[17] Sie wendet sich durchaus nicht nur an den Geist (Herz, Seele, Gewissen) der Einzelnen, um sie inwendig zu erleuchten. Sie ist eine in der Geschichte handelnde Macht, die sich der Bedrängten und Unterdrückten herrlich und gnädig erbarmt.

16 Henoch, bereits 4,10 f. beispielhaft erwähnt, fehlt. Statt dessen ist Kain — als warnendes Gegenbeispiel — in die Liste der Gerechten aus der Urgeschichte und der Vätergeschichte aufgenommen.

17 Auffällig ist, daß die „Feuersäule" als „Sternenleuchte" (so wörtlich V. 17) bezeichnet wird und von einer Plünderung der Ägypter (V. 20) die Rede ist.

DIE LEHRE AUS DER BESTRAFUNG DER ÄGYPTER
11,2—12,1

(11,2) **Sie zogen durch die unbewohnte Wüste**
und zelteten an unwegsamen Orten,
(3) **sie kämpften und erwehrten sich der Feinde**
und leisteten erfolgreich Widerstand.
(4) **Sie litten Durst und sie bekamen Wasser**
auf ihr Gebet zu Dir aus steilem Fels;
sie löschten ihn aus einem harten Stein.
(5) **Was ihren Feinden zur Bestrafung diente,**
war für sie eitel Wohltat in der Not.
(6) **Indes des Stromes Quell, der nie versiegte,**
auf Grund des Mordbefehls[1] mit Blut sich färbte,
(7) **ward ihnen reichlich Wasser unverhofft,**
(8) **so daß ihr Durst sie nur daran gemahnte,**
welch harte Strafe ihre Feinde traf.
(9) **Geprüft nur, gnädig nur gezüchtigt**
erkannten sie die Strenge des Gerichts,
das jene, gottlos wie sie waren, traf.
(10) **Dein Volk hast du gewarnt nach Vaters Weise,**
doch jene hast du wie ein strenger Herrscher
vor deinem Richterstuhl verhört, verdammt.
(11) **In gleicher Weise wurden sie gepeinigt,**
solang dein Volk im Land und als es fort war[2].
(12) **Ja doppelt war der Schmerz, der sie ergriff**
als sie an das Vergangene gedachten[3].
(13) **Als sie erfuhren, wie die eignen Plagen**
dem Volk des Herrn zu lauter Heil ausschlugen,
da merkten sie: Gott hat die Hand im Spiel!
(14) **Mit Staunen sah'n sie, wie es dem erging[4],**
den sie zuvor im Wasser ausgesetzt[5]
hernach verspottet, abgewiesen hatten,
noch mehr vom Durst gequält als die Gerechten.

1 wörtlich: zur Strafe für den kindermordenden Befehl.
2 wörtlich: abwesend und anwesend.
3 doppelter Schmerz ergriff sie und Seufzen in Erinnerung an das Vergangene.
4 was Gott ihm gelingen ließ.
5 Anspielung auf die Aussetzung Moses im Nil (2. Mos. 2,3).

(15) **Weil sie voll Ungerechtigkeit Gewürm**
und andres unvernünftiges Getier
durch eigne Unvernunft verführt verehrten,
kam dies in Menge über sie zur Strafe,
(16) **daß sie erkennten: das, womit man sündigt,**
damit wird der, der solches tut, gestraft.
(17) **Wohl hätt' es deiner Allmacht Hand vermocht,**
die aus dem Chaos[6] diese Welt erschuf,
ein Heer von Bären oder wilden Löwen,
(18) **von bislang unerschaffenen Ungeheuern,**
die Feuer speien und Gestank verbreiten
und wütend aus den Augen Funken sprühen,
zur Strafe ihrer Greuel zu entbieten —
(19) **Geschöpfe, die nicht erst durch ihren Biß,**
die schon durch ihren Anblick tödlich wirken.
(20) **Noch mehr: Ein Hauch von deiner Allmacht Hauch,**
mehr hätt' es nicht bedurft, um sie zu fällen,
die vom Gericht Verfolgten zu zerstreuen.
Doch alles hat bei dir sein Maß und Ziel[7].
(21) **Zu aller Zeit kannst du dich stark erweisen,**
wer widerstünde deines Armes Kraft?
(22) **Ein Stäubchen[8] ist vor dir die ganze Welt.**
ein Tropfen Tau[9], der früh das Erdreich netzt.
(23) **Und doch bist du barmherzig gegen Alle,**
Du, aller Dinge mächtig, siehst nicht an
der Menschen Sünde, daß sie Buße tun.
(24) **Denn alles, was da ist, das hast du lieb,**
verabscheust nichts von allem, was erschaffen,
denn es gibt nichts, das du im Haß erschufst.
(25) **Wie hätte es Bestand, wenn du nicht wolltest,**
wie anders bliebe, was du riefst[10], bewahrt?
(26) **Du schonst, Herr, alles, weil es dein ist,**
weil du ein Gott bist, der das Leben liebt.
(12,1) **In allem ist dein Geist, der Leben spendet.[11]**

In seinem geschichtlichen Rückblick kommt der Verfasser auf die *Zeit des Wüstenzugs* (V. 2–4) zu sprechen, in der sich die Israeliten der

[6] wörtlich: aus ungestaltetem Stoff.
[7] wörtlich: Aber du hast alles nach Maß und Zahl und Gewicht geordnet.
[8] wörtlich: ein Stäublein auf der Wagschale.
[9] wörtlich: ein Tropfen vom Morgentau.
[10] ins Dasein riefst (vgl. Röm. 4,17).
[11] wörtlich: dein unvergänglicher Geist.

Amalekiter erwehren (2. Mos. 17,8) und im unbewohnten, saatlosen Lande (Jer. 2,2) ganz auf die gnädige Fürsorge Gottes verlassen mußten. Auch hier setzt er voraus, daß seine Leser über die biblischen Berichte (2. Mos. 15 ff.) Bescheid wissen, und erwähnt nur, daß Gott dem Volk, das Durst litt, aus einem Felsen Wasser gab.[12] Diese wunderbare Begebenheit nimmt er zum Anlaß, über die Weisheit Gottes bei der Bestrafung der Feinde Seines Volks nachzudenken. Er will ja nicht erzählen, was geschehen ist, sondern aus dem geschichtlichen Handeln Gottes eine Lehre ziehen: den Gerechten zum Trost, den Gottlosen zur Warnung und zur Beschämung. Aus diesem geschichtlichen Beispiel läßt sich eine doppelte Lehre ziehen. Sie ist in V. 5 und V. 16 jeweils auf eine kurze Formel gebracht.

Womit Gott seine Feinde bestraft, damit erquickt er seine Heiligen (V. 5–14). Das Wasser des Nils hatte sich mit Blut gefärbt,[13] es war für die Ägypter ungenießbar geworden, so daß sie, die an sich Wasser in Fülle hatten, vom Durst gepeinigt wurden. Umgekehrt erquickte Gott sein Volk mit Wasser mitten in der wasserlosen Wüste. Gewiß, auch die Israeliten litten Durst, ehe das Wunder geschah und Wasser aus dem Felsen sprang. Aber dies war nur eine Prüfung, keine Strafe. (V. 9). Sie sollten daraus, daß sie selbst eine Zeitlang dürsten mußten, ermessen lernen, wie hart Gott ihre Feinde strafte. An ihnen handelt er als strenger Richter, während das, was seine Heiligen leiden, den Sinn einer väterlichen Warnung hat (V. 10). Die Tatsache, daß Gott in seiner überlegenen Weisheit so die Rollen vertauscht, daß die Plagen, die er über die Bedrücker seines Volkes verhängt, diesem zur Wohltat werden, muß nach der Meinung der Verfassers auch seinen Verächtern zu denken geben. Die Ägypter merkten jedenfalls, daß hier der Gott, auf den sich Mose berufen hatte, am Werk war.[14] Wie anders lernten sie auch sein Werkzeug (Mose) einschätzen (V. 14)! – Die zweite Lehre, die aus der Bestrafung der Ägypter zu ziehen ist, lautet wie folgt:

Womit man sündigt, damit wird man gestraft (V. 15–12,1). Die

[12] „auf ihr Gebet" (v. 4)? Vgl. dagegen 2. Mos. 17,21!

[13] Daß dies auf Grund des Befehls geschah, alle Erstgeburt der Israeliten zu töten (V. 6), steht allerdings nicht im biblischen Text.

[14] „Sie gewahrten den Herrn" (so wörtlich V. 13). „Herr" ist Eigenname (Jahwe).

Heuschreckenplage (2. Mos. 10,1 ff.),[15] mit der die Ägypter gestraft wurden, kam nicht zufällig über sie. Sie hing nach der Meinung des Verfassers damit zusammen, daß die Ägypter Gewürm und anderes unvernünftiges Getier göttlich verehrten. So bestand zwischen der Versündigung und der Bestrafung jene Entsprechung, die V. 16 zu einer allgemein gültigen Regel erhoben wird, nach der Gott bei seinen Gerichten verfährt. An sich hätte, so spekuliert der Verfasser, Gott kraft seiner Allmacht auch ein Heer von Bären, Löwen, feuerspeienden Drachen oder anderen furchtbaren Ungeheuern den Ägyptern zur Bestrafung auf den Hals schicken können. Ja ein Hauch seines Mundes hätte genügt, um sie zu vernichten (V. 17–20)! Aber der lebendige Gott setzt seine schrankenlose Allmacht nicht – wie er wohl könnte (V. 22) – zu gnadenloser Vernichtung ein. Ist schon die ganze Welt vor Ihm nicht mehr als ein Stäublein, ein Tautropfen (vgl. Jes. 40,55 ff. Hos. 6,4), so ist sie doch Seine Schöpfung, von Ihm mit allem, was lebt, erfüllt. Er bringt es nicht übers Herz, all das Leben, das er selbst geschaffen hat – wahrlich nicht im Haß, sondern in der Freude am Schaffen[16] – kurzerhand auszutilgen. Er ist „ein Gott, der das Leben liebt" (V. 26)! Dies ist der Grund, weshalb er seine Feinde nicht so straft, wie sie's verdienen, sondern Raum zur Umkehr gibt (vgl. Hesek. 18,23). Weil er ein Liebhaber des Lebens ist, darum ist seine Allmacht mit dem Erbarmen im Bunde. Dies wird auch in der Art, wie er seine Feinde straft, sichtbar. Dieses Erbarmen setzt ihrer Bestrafung Maß und Ziel (V. 20).

DIE LEHRE AUS DER VERSCHONUNG DER KANAANITER
12,2–27

(2) **Deshalb strafst du gelinde die, die fallen,**
zur Warnung mahnst du sie an ihren Fehltritt,
daß sie von ihrer Bosheit lassen möchten
und wieder zu dir, Herr, Vertrauen fassen.

15 Vermutlich ist in V. 15 (Schluß) auch an die Plage mit Fröschen (2. Mos. 7,26 ff.), mit Stechmücken (2. Mos. 8,12 ff.) und Stechfliegen (2. Mos. 8,16 ff.) gedacht.

16 Vgl. das schöne Wort Calvins: status mundi in laetitia Dei fundatus est (Der Bestand der Welt gründet in Gottes Freude).

(3) **Zwar waren dir verhaßt die Ureinwohner,**
die einst in deinem heiligen Lande wohnten,
(4) **weil sie durch Zauberei und Götzendienst**
und Kindermord so scheußlich sich befleckten.
(5) **Sie hielten Opferschmaus mit Menschenfleisch,**
in blutige Greuel furchtbar eingeweiht,
(6) **wobei die Eltern an der Kinder Seelen**[1]
mit ihrer eigenen Hand zu Mördern wurden,
so daß du bei dir selbst beschlossen hast,
durch unsrer Väter Hand sie auszutilgen,
(7) **damit ein würdig Volk von Gotteskindern,**
das Land, das dir so kostbar ist[2]**, bewohne.**

(8) **Doch auch mit diesen**[3] **gingst du schonend um:**
Als Vortrupp[4] **hast du Wespen ausgesandt**[5]**,**
daß sie dieselben nach und nach vertrieben,
(9) **obwohl's in deiner Macht lag, in der Schlacht**
sie den Gerechten in die Hand zu geben,
durch wilde Tiere oder durch ein scharfes Wort
mit einem Schlag die Frevler zu vernichten.
(10) **Allmählich richtend gabst du Raum zur Buße.**
obwohl du um den bösen Ursprung wußtest
und ihre angeborene Schlechtigkeit,
und daß ihr Sinn sich niemals ändern würde;
(11) **es war ja ein verflucht Geschlecht schon immer!**
Auch gingen sie nicht deshalb straffrei aus,
weil du vor irgendwem dich scheuen müßtest.
(12) **Denn wer darf fragen: Was hast du getan?**
Wer kann sich deinem Urteil widersetzen
wer aus dem Untergang von ganzen Völkern,
die du doch schufst, dir einen Vorwurf machen?
Wer ist befugt, als Anwalt aufzutreten
vor dir für Menschen, die voll Unrecht sind?
(13) **Es ist ja außer dir kein andrer Gott,**
der so wie du für alles Sorge trägt,
dem du des Urteils Recht beweisen müßtest.

1 wörtlich: hilfloser Kinder Seelen.
2 wörtlich: das unter allem am höchsten geschätzte Land.
3 Zusatz: als Menschen (weil ja auch sie Menschen waren).
4 wörtlich: als Vorläufer deines Heeres.
5 Vgl. 2. Mos. 23,28; 5. Mos. 7,20; Jos. 24,12.

(14) **Kein König, kein Gebieter ist befugt,**
dir Strafen, die du auflegst, vorzuhalten.
(15) **Du bist gerecht und mit Gerechtigkeit**
hast du seit eh und je das All regiert.
Den zu verdammen, der es nicht verdient,
das hältst du selber deiner Macht nicht würdig.
(16) **Sie ist der Quell deiner Gerechtigkeit:**
Weil du der Herr bist aller, schonst du alle.
(17) **Dem zeigst du deine Stärke, der bezweifelt,**
daß dein die Macht ist in vollkommner Fülle;
an dem, der darum weiß, strafst du den Trotz.
(18) **Weil du die Macht hast, läßt du Milde walten,**
übst du dein Regiment mit Nachsicht aus,
Denn stets kannst du das, was du willst, vollbringen.

(12,19) **Gelehrt hast du dein Volk auf solche Weise,**
daß menschenfreundlich sein soll der Gerechte.
Auch gabst du frohe Hoffnung deinen Kindern,
indem du Sündern Raum zur Umkehr gabst.
(20) **Wenn du die Feinde**[6]**, die des Todes schuldig,**
mit soviel Sorgfalt und mit Nachsicht straftest,
zur Umkehr ihnen Zeit und Raum gewährtest,
(21) **wie sorgsam**[7] **wirst du erst die Kinder richten,**
mit deren Vätern du den Bund geschlossen,
durch Eidschwur und Verheißung treu besiegelt!
(22) **Uns nimmst du, Herr, in deine Zucht — die Feinde,**
die trifft der Geißel Schlag zehntausendfach —
daß wir beim Richten deiner Güte denken
und, selbst gerichtet, auf Erbarmen hoffen.
(23) **Die Toren freilich, die im Unrecht leben,**
die läßt du ihre eigenen Greuel büßen.
(24) **Sie irrten zu sehr, über jedes Maß**[8]**.**
Für Götter hielten sie, was unter Tieren
sogar als scheußlich und verächtlich gilt;
getäuscht wie Kinder, die noch nichts verstehn.
(25) **Darum hast du sie, Herr, auch so bestraft,**
wie man des Unverstands der Kinder spottet.
(26) **Die freilich, welche solcher Warnung spotten,**
trifft ein Gericht, das Gottes würdig ist.

[6] wörtlich: die Feinde deiner Kinder (Söhne).
[7] wörtlich: mit welcher Genauigkeit.
[8] wörtlich: sie irrten noch über die Irrwege hinaus.

(27) **Da werden sie sich bitterlich beklagen,**
daß ihre Götter, die sie selbst erdacht,
sie also hart bestrafen, und erkennen,
daß Der, den sie zuvor nicht kennen wollten,
der wahre Gott ist einzig und allein!
Deshalb trifft sie das volle Maß der Strafe.

Nachdem der Verfasser den Auszug aus Ägypten, den Durchzug durchs Schilfmeer und den Wüstenzug Israels in Erinnerung brachte, leitet er mit Kap. 12,2 zum nächsten geschichtlichen Beispiel, der *Landnahme*, über und stellt Überlegungen über *das Verhalten Gottes gegenüber den Kanaanitern* an. Sie waren von Anbeginn ein „verfluchter Same" (V. 11).[9] Die schlimmsten Greuel und Frevel werden ihnen zur Last gelegt: Zauberei, Götzenanbetung, Kinderopfer, Menschenfresserei, blutige Kultbräuche.[10] Gott hatte an sich allen Grund, sie ohne Gnade restlos auszutilgen. Sie waren ihm, dem „Liebhaber des Lebens" (11,26), zutiefst verhaßt. Deshalb hatte er auch beschlossen, sie zu vertilgen, um das von Ihm erwählte, geliebte Land mit einem Volk von Gotteskindern zu besiedeln (V. 7). Aber dieser Beschluß wurde nicht durchgeführt. Überraschenderweise ging Gott mit dem verfluchten Volk der Kanaaniter schonend um.

Wiewohl allmächtig, ließ Er dennoch Milde walten (V. 8–18). Die Möglichkeiten die Gott zu Gebote standen, um diese schlimmen Ureinwohner des heiligen Landes auszurotten, werden in V. 9 aufgezählt. Wenn er sich mit der Wespenplage begnügt hat und sie allmählich zurückdrängte, so geschah dies in der Absicht, auch diesem heillos verderbten Volk Raum zur Umkehr[11] zu geben. (V. 10). Wieder liegt dem Verfasser daran, aus diesem geschichtlichen Beispiel eine *Lehre* zu ziehen. Daß Gott Milde walten läßt, ist nicht ein Zeichen von Schwäche. Nicht deshalb übt er Nachsicht, weil er sich vor irgendeinem irdischen Machthaber fürchten müßte oder weil ihn irgend ein Gebieter zur Rechenschaft ziehen dürfte, wenn er ein gnadenloses Gericht vollstreckt. Im Gebrauch Seiner Macht ist er an sich völlig souverän. Auf niemand braucht er Rücksicht zu nehmen, niemand ist

9 Vgl. 1. Mos. 9,25!
10 Zauberei und Kinderopfer sind bezeugt (vgl. 5. Mos. 18,9 ff.), die letzteren sind durch Ausgrabungen bestätigt. Von Menschenfresserei u. Blutmysterien bei den Kanaanitern erfahren wir nur hier.
11 Vgl. Hebr. 12,17.

befugt, ihm einen Vorwurf zu machen, auch wenn er ganze Völker dem Untergang preisgeben wollte. Das Recht ist in jedem Fall auf seiner Seite! Aber der Allmächtige ist kein Despot, der sich dadurch, daß ihm niemand dreinreden kann, zur Willkür verleiten läßt. Aus seiner Allmacht leitet er nicht die Ermächtigung zur Willkür ab, sondern – ganz im Gegenteil – die Verpflichtung zur Gerechtigkeit (V. 16). Es wäre unter seiner Würde, wenn er einen Schuldlosen verdammen wollte. Seiner Gerechtigkeit wäre aber auch damit noch nicht Genüge getan, wenn er nur jedermann vergelten würde, wie er's verdient. Gott ist gerecht d.h. er verhält sich bundesgemäß, so, wie es seinem Wesen entspricht (vgl. 2. Mos. 34,6). Darum verschont er auch die mit Strafen, die an sich ein vernichtendes Strafgericht verdient hätten. Gewiß, wenn Menschen seiner Allmacht spotten, sein Herrscherrecht mit trotziger Auflehnung bestreiten, dann bleibt es nicht aus, daß er an ihnen seine Stärke beweist (V. 17). Wer seine Geduld und Nachsicht mit Schwäche verwechselt, der muß sich sagen lassen, daß Gott in vollkommener Fülle über die Macht verfügt. Aber gerade deshalb[12] kann er es sich sozusagen leisten, bei seinem Regiment über Menschen und Völker Milde walten zu lassen.[13] Solche Milde – das will hier gezeigt werden – ist nicht eine Widerlegung, vielmehr ein Beweis seiner Stärke, eine Konsequenz seiner fraglosen Überlegenheit (18).

Die Lehre, die Gott selbst damit erteilt (V. 19–27). An erster Stelle will er seine Kinder, das Volk Israel, dadurch lehren, einer menschenfreundlichen Gesinnung sich zu befleißigen, wie er sie selbst an den Tag legt (vgl. 1,6; 7,23). Es kommt hinzu, daß Gott sein Volk dadurch in der Zuversicht bestärkt, an Ihm einen gnädigen Richter zu finden. Wenn er an seinen Feiden so viel Nachsicht übt, wird er gewiß auch seinen Kindern mit behutsamer Sorgfalt ihr Urteil sprechen[14]! Daß V. 21 nicht sagen will, daß Gott mit peinlicher Genauigkeit sie richten werde, geht aus dem Zusammenhang klar hervor. Sie, seine Kinder

12 Beachte das „Weil" in V. 18!

13 Daß diese „Milde" Gottes nicht nur sein Bundesvolk erfahren darf, daß sie allen Menschen und Völkern zugute kommt, ist eine deutliche Korrektur am partikularistisch mißverstandenen Erwählungsglauben. Hier berührt sich der Verfasser eng mit der Botschaft des Buchs Jona (vgl. Jon. 2,1; 4,2.6.11).

14 Ein Prophet wie Amos hat freilich aus der Erwählung Israels die umgekehrte Konsequenz gezogen (vgl. Am. 3,2): Gerade weil Gott Israel aus allen Völkern erwählt hat, sucht er dessen Missetat mit besonderer Strenge heim.

werden „erzogen“, die Feinde gegeißelt (V. 22). Muß er sie strafen, dürfen sie auch dann – mitten im Gericht – doch seines Erbarmens sich getrösten. – An zweiter Stelle will Gott die Toren warnen, die seine Milde auf Mutwillen ziehen (V. 23 ff.). Dabei ist an die heidnischen Völker gedacht, deren Abgötterei er zunächst relativ gelinde bestraft hat, weil sie unverständigen Kindern glichen, die mangels besserer Einsicht solch greuliche Torheit begingen und unreines Getier göttlich verehrten. Weh aber, wenn sie diese Nachsicht Gottes auf Mutwillen ziehen, anstatt sich ihrer Abgötterei zu schämen! Dann müssen sie erfahren, daß die Milde Gottes für *Spötter* nichts übrig hat. Sein Gericht wird sie mit schonungsloser Härte treffen. Umsonst werden sie sich dann bei ihren selbsterdachten Göttern über die strenge Bestrafung beklagen. Es muß an den Tag kommen, daß diese weder strafen noch retten können. Mit dem Gott Israels, dem allein wahren Gott, sind sie konfrontiert; dies müssen sie erkennen. Er zahlt ihnen ihren Spott heim, wie sie es verdienen. Unnachsichtlich werden sie bei dem vollen Maß ihrer Schuld behaftet.

DIE TORHEIT DES GÖTZENDIENSTES UND IHRE FOLGEN
13,1—15,19

(13,1) **Wie töricht sind doch von Natur die Menschen,**
die alle von Gott keine Ahnung hatten,
die aus dem, was man sieht, den Unsichtbaren[1],
die aus dem Werk[2] den Schöpfer nicht erkannten,
(2) **Die vielmehr Feuer, Wind, die flüchtige Luft,**
den Kreis der Sterne, die gewaltigen Wasser,
des Himmels Lichter für die Götter hielten,
die als Gebieter diese Welt regieren.
(3) **War's deren Schönheit, die sie so bezaubert,**
so hätten sie daraus erkennen müssen,
um wie viel besser der Gebieter ist,
der all die Schönheit seinem Werk verlieh[3].

1 wörtlich: den Seienden.
2 wörtlich: auf die Werke zwar achtend (obwohl sie seine Werke vor Augen hatten).
3 wörtlich: der Urheber auch der Schönen.

(4) War es die Furcht[4] vor ihrer Kraft und Wirkung,
so hätten sie daraus ersehen müssen,
um viel mächtiger Der ist, der sie schuf.
(5) Sind doch ein Gleichnis für des Schöpfers Größe,
ein Spiegel seiner Schönheit seine Werke[5]!
(6) Gleichwohl trifft diese nur geringer Tadel;
mag sein, daß sie Gott suchen, finden wollten
und auf dem Wege sich dann doch verirrten,
(7) verweilend beim Erforschen seiner Werke,
vom Anblick ihrer Schönheit ganz bezaubert.
(8) Hinwieder sind sie darum nicht entschuldigt,
(9) Denn wenn schon ihr Erkennen so weit reichte,
daß sie die Welt erforschten, wie geschah's,
daß sie den Herrn des Alls nicht schneller fanden?!

(13,10) Doch elend sind die, die auf tote Dinge,
auf Werk von Menschenhand ihr Hoffen stellen
und rufen Gold und Silber, Holz und Stein,
von Künstlerhand geformt, als Götter an[6]!
(11) Da sägt ein Schnitzer ein Stück Holz zurecht,
geschickt schält er ringsum die Rinde ab
und macht daraus, ein Meister seines Fachs,
ein Nutzgerät zum täglichen Gebrauch,
(12) und mit dem Holz, das bei der Arbeit abfällt,
bereitet er sein Mahl und sättigt sich.
(13) Jedoch ein Stück davon, an sich nichts nütze,
gekrümmt, mit Knoten vom Geäst durchwachsen,
nimmt er sich vor in seinen Mußestunden
und schnitzt mit aller Sorgfalt dran herum,
bis es dem Bildnis eines Menschen gleicht,
(14) ein andermal dem eines Tieres ähnelt.
Mit Mennig streicht er's an, mit roter Farbe
und übermalt die ganze Oberfläche.
(15) Dann macht er ihm ein würdiges Gehäuse,
stellt's an die Wand, befestigt es mit Eisen,

[4] wörtlich: das Entsetzen.
[5] wörtlich: denn aus der Geschöpfe Größe und Schönheit wird vergleichsweise ihr Schöpfer erkannt (durch einen Analogieschluß).
[6] wörtlich: Kunstgebilde aus Gold und Silber und Abbilder von Tieren oder unnütze Steine, von (eines Menschen) Hand in uralter Zeit (behauen).

(16) **vorsorglich, daß es nicht herunterfalle,**
wohl wissend, daß es sich nicht helfen kann —
es ist ja nur ein Bild, bedarf der Hilfe!
(17) **Doch beim Gebet für Habe, Weib und Kind**
schämt er sich nicht, sein Machwerk[7] anzureden;
(18) **Um Leibeskraft ruft er, was kraftlos, an**
um Leben das, was selbst kein Leben hat,
um Rettung, was sich selbst nicht raten kann,
um Reiseschutz, was nicht vom Fleck sich rührt.
(19) **Um den Erfolg in allem Tun und Handeln**
fleht er das an, was schlechthin nichts vermag[8].

(14,1) **So auch, wenn einer sich zur Seefahrt rüstet**
und durch die wilden Wogen fahren will,
ruft er ein Holz an, morscher als das Schiff,
das ihn bei dieser Ausfahrt tragen soll.
(2) **Denn dieses hat Trieb nach Erwerb erfunden**
und Künstlerweisheit hat es zubereitet.
(3) **Doch deine Aufsicht, Vater, führt das Steuer.**
Du bahnst ihm einen Weg durchs wilde Meer
und durch die Wogen einen sichren Pfad.
(4) **Und zeigst damit: Du kannst aus allem retten,**
auch den, der in der Seefahrt unerfahren.
(5) **Du willst, daß man der Weisheit Werke nütze[9].**
Deshalb vertraut der Mensch[10] geringstem Holze
sein Leben an, gewiß, daß es ihn rette.
(6) **Schon in der Urzeit, als die dreisten Riesen**
die Flut verschlang, hat sich die ganze Hoffnung
der Menschenwelt auf solch ein Floß geflüchtet.
Es trug hindurch, von Deiner Hand gesteuert,
den Samen für die kommenden Geschlechter.
(7) **Fürwahr gesegnet ist ein solches Holz[11],**
durch dessen Dienst Gerechtigkeit geschieht!
(8) **Verflucht dagegen ist, was Menschenhände**
aus einem Holz geschnitzt, mitsamt dem Meister!
Denn er nennt Gott, was doch vergänglich ist.

7 wörtlich: das Leblose.
8 wörtlich: das mit den Händen Kraftloseste.
9 wörtlich: daß die Werke deiner Weisheit nicht ungenützt bleiben.
10 wörtlich: die Menschen.
11 Die altkirchliche Auslegung sah in diesem „gesegneten Holz" einen prophetischen Hinweis auf Christi Kreuz.

Die Tatsache, daß sich sowohl die Ägypter (11,15) als auch die Kanaaniter (12,4) der Abgötterei in schlimmer Weise schuldig machten, nimmt der Verfasser zum Anlaß, sich ausführlich über *die Torheit des Götzendiensts und ihre Folgen* zu verbreiten. Daß Gott Menschen und Völker für solche Greuel büßen läßt und sich dabei die ganze Ohnmacht der selbsterdachten Götter erweist, ist in Kap. 12,23 ff. deutlich ausgesprochen. Insofern schließt sich diese scharfe Abrechnung mit dem Götzendienst und aller Greuel, die er im Gefolge hat (14,22 ff.), an das Bisherige an. Freilich, vom Wirken und Walten der Weisheit Gottes in der Geschichte Israels und seiner Feinde sollte ja eigentlich die Rede sein! Dazu will diese weitschweifige Schilderung des heidnischen Götzendiensts nicht so recht passen. Auf den ersten Blick sieht es so aus, als habe der Verfasser den Faden verloren. Gewiß bildet die Torheit der heidnischen Kulte und Götterbilder zu der Weisheit des einen, allgewaltigen, lebendigen Gottes, dessen weltüberlegene Majestät und dessen unwandelbare Treue Israel erfuhr, einen höchst lehrreichen Kontrast. Wollte der Verfasser dies verdeutlichen? Diese Antwort kann deshalb nicht befriedigen, weil er ja nicht nur die überlegene Weisheit des Allmächtigen preisen, vielmehr ihr Wirken und Walten in der Geschichte der Menschen und Völker aufzeigen will. Mit Strenge und mit Milde ist sie (bzw. Gott) am Werk, wie die Bestrafung der Ägypter und die Verschonung der Kanaaniter illustrierte. Freilich, es gibt auch ein *heimliches Gericht*, das Menschen und Völker erfahren müssen! Es besteht darin, daß sie Gott, dem sie die Anerkennung verweigern, dahingibt an ihre nichtigen Gedanken und ihre schändlichen Gelüste. Was der Apostel Paulus im Eingang des Römerbriefs (1,18–32) so gewaltig bezeugt hat, stimmt genau mit den Gedanken überein, die der Verfasser des Buchs Weisheit in Kap. 13–15 entfaltet. Es handelt sich also nicht um eine Abschweifung, wenn er so ausführlich über die Torheit der heidnischen Religiosität und die sittliche Zerrüttung, die damit verbunden ist, sich verbreitet. Was er aufzeigen will, ist die Tatsache, daß Gott in seiner Weisheit an den Menschen und Völkern, die Ihn nicht ehren, obwohl sie seine Schöpfermacht in seinen Werken vor Augen haben, ein Gericht vollzieht und zwar so, daß er sie dahingibt an ihre törichten Gedanken und schändlichen Gelüste. So verstanden fügt sich die breit ausmalende Schilderung des heidnischen Götzendienstes (13,1–15,19) in diesen 3. Hauptteil des Buches sinnvoll ein. Sie beginnt damit, daß die unentschuldbare Torheit derer aufgezeigt wird, die an Stelle des Schöpfers das Geschaffene vergöttern und verehren.

Was Gott erschuf, das halten sie für Götter (13,1–9). Des Schöpfers herrliche Werke hatten sie vor Augen: Feuer und Wasser, Wind und Luft, dazu den ganzen strahlenden Reigen der Gestirne. Aber anstatt von den Werken auf den Wirker, vom Sichtbaren auf den „Seienden“[12] zu schließen, verfielen sie auf den Wahn, daß die Elemente und Gestirne Götter seien. Begreiflich ist, daß sie deren Schönheit faszinierte, daß ihnen die Kräfte der Elemente einen gewaltigen Eindruck machten. Aber unbegreiflich und unentschuldbar ist, daß sie nicht erkannten: In all diesen Wunderwerken spiegelt sich die Herrlichkeit und Macht Dessen, der sie erschuf (vgl. Röm. 1,19 f.). Aus der Größe, Kraft und Schönheit des Erschaffenen hätten sie doch die Majestät des Schöpfers, seine „ewige Kraft und Gottheit“ (Röm. 1,20) erschließen können. Ist doch alles was er schuf, ein Abbild seines Wesens, ein Erweis seiner Wirklichkeit (V. 5). Der Tadel, den diese Vergötterer der Natur verdienen, wird zwar eingeschränkt (V. 6). Es war Verirrung, nicht bewußte Auflehnung! Aber daß sie auf die Erforschung der Natur so viel Fleiß verwandten und dabei so viele gültige Erkenntnisse zutage förderten, zeigt doch, daß ihr Versäumnis, nach dem Schöpfer des Erschaffenen zurückzufragen und Ihm die Ehre zu geben, unentschuldbar ist (V. 8 f.).

Auf tote Dinge stellen sie ihr Hoffen (V.10–19). Ist die Torheit dieser Menschen, die dem, was Gott schuf, göttliche Verehrung erweisen, zwar nicht entschuldbar, aber doch verständlich, weil sie die Schönheit seiner Werke bezaubert hat (V. 7), so kann man jene, die ein Werk ihrer eigenen Hände als Gott anbeten, nur bemitleiden. Wie elend sind sie dran (V. 10)! Tote Dinge, die sie selbst fabrizieren, sollen ihnen Hilfe und Rettung bringen. In anschaulicher Weise schildert der Verfasser, wie so ein von Menschenhand geschnitztes, bemaltes[13] Götterbild entsteht (vgl. Jer. 10,3 ff.; Jes. 44,9 ff.; Ps. 115,4 ff.) und entlarvt zugleich die Torheit dieses Unterfangens mit bitterer Ironie. Wie kann ein Gebilde von Menschenhand Hilfe schaffen, das man befestigen muß, damit es nicht wackelt und umfällt (V. 16)! Und doch ruft der

[12] Diese Bezeichnung des Schöpfers (V. 1) ist keine Anleihe bei den griechischen Philosophen, die Gott als (eigenschaftsloses) „Sein“ definierten (Philo). Sie will von 2. Mos. 3,14 her verstanden sein.

[13] Das Bestreichen der Götterbilder mit roter Farbe war in Ägypten üblich.

Hersteller dieses kraftlose, leblose, hilflose, bewegungsunfähige Gebilde seiner eigenen Hände um Kraft und Leben, Schutz und Rettung an. Muß man ihn nicht in all seiner Torheit noch bemitleiden?! – Die derbe, sarkastische Polemik trifft – das sei ausdrücklich vermerkt – alle Bilder, die sich Menschen selbst von Gott machen, auch wenn sie nicht aus Holz geschnitzt sind, sondern in Gedanken fabriziert werden. Unsere Vorstellungen von Gott können uns nichts helfen.[14] Sie sind genau so ohnmächtig wie die heidnischen Götterbilder.

Fortf. 29.2.

Das Widersinnige des Bilderdiensts (14,1–8) verdeutlicht der Verfasser am Beispiel des *Seefahrers.* Dieser ist bei seiner gefahrvollen Fahrt über das wilde Meer ganz besonders auf den Schutz und die Leitung des Allmächtigen angewiesen. „Deine Aufsicht, Vater, muß das Steuer führen!" (V. 3). So war es schon in der Urzeit,[15] als Noah und die Seinen, an deren Rettung die ganze Hoffnung auf ein Weiterbestehen des Menschengeschlechts hing, sich auf ein „Floß" flüchteten. Daß die Arche nicht unterging, lag daran, daß sie Gott selbst durch die Fluten gesteuert hat (V. 6). Wie könnte sonst ein Mensch, gar ein in der Seemannskunst Unerfahrener (V. 4) sich auf einem „Holz" auf das ungebahnte Meer hinauswagen, einem so zerbrechlichen Fahrzeug sein Leben anvertrauen! Noch viel mehr als auf dem Festland ist er dabei ganz auf Gottes Schutz und Leitung angewiesen. Gewiß, beim Schiffsbau ist der menschliche Erwerbstrieb das Motiv (V. 2); die bewundernswerte Kunst der Schiffsbauer ist dabei am Werk. Das Wagnis der Seefahrt ist auch durchaus dem Willen Gottes gemäß, will Er doch, daß der Mensch die Werke Seiner Weisheit (in diesem Fall: das Holz der Wälder und das Wasser der Meere) nütze (V. 5)! Aber völlig *widersinnig* ist es, wenn ein Seefahrer ein „Holz" (ein holzgeschnitztes Götterbild) anruft (V. 1), das noch brüchiger ist als das Holz, dem er sich bei der Fahrt übers Meer anvertraut. Verflucht sind beide, das Bildnis und sein Bildner, (V.9) der sich auf das Machwerk seiner Hände verläßt, wo ihn doch auf seiner Reise kein Andrer als der, der über Sturm und Wellen gebietet, schützen und ans Ziel geleiten kann. Ende

(9) Denn gleicherweise sind sie Gott verhaßt,
Der Frevler und sein frevelhaftes Tun.

14 „Was man vorstellen kann, das kann man auch wegstellen" (H. Gollwitzer). Nicht so den lebendigen Gott (vgl. Ps. 139,7 ff.)!

15 Die „Riesen" (1. Mos. 6,11) werden mit der Flutgeschichte in Verbindung gesetzt (vgl. Jud. 16,7).

(10) **Gestraft wird immer beides: Werk und Meister.**
(11) **Drum droht auch diesen Götzen das Gericht[16];**
denn Greuel sind sie in der Schöpfung Gottes,
ein Ärgernis und Fallstrick für die Menschen[17].
(12) **Denn sie ersinnen ist des Abfalls[18] Anfang**
und sie erfinden Ursprung des Verderbens[19].
(13) **So ist's ja nicht, daß sie von Anfang waren,**
so wenig sie in Ewigkeit bestehen.
(14) **Der Menschen Irrwahn brachte sie zur Welt,**
ihr jähes Ende ist deshalb beschlossen.
(15) **Da war ein Vater, der kam früh in Trauer**
und machte sich ein Bild von seinem Kinde,
dem früh dahingerafften, ehrte es,
obwohl es tot war, nun wie einen Gott,
und hat bei denen, die ihm untertan,
geheimen Kult und Weihen angeordnet.
(16) **Im Lauf der Zeit ist aus dem schlimmen Brauch**
ein streng beachtetes Gesetz geworden. —
(17) **Auch dies geschah, daß Herrscher ihre Bilder**
in Auftrag gaben und verehren ließen,
auf diese Weise auch den Fernen nah,
die sie von Angesicht nicht vor sich hatten.
Voll Eifer huldigten sie diesen Bildern,
als wäre der Verehrte gegenwärtig.
(18) **Gesteigert wurde dieser Kult bei denen,**
die ihn nicht kannten, durch der Künstler Ehrgeiz.
(19) **Gar mancher, um des Herrschers Gunst bemüht,**
verschönte noch sein Bild durch seine Kunst[20].
(20) **Der Menge, von dem Kunstwerk fasziniert,**
galt der als Mensch Geehrte nun als Gott.
(21) **Dies wurde dann den Menschen zum Verhängnis:**
sie beugten sich dem Zwang[21], der Tyrannei
und legten Stein und Holz den Namen bei,
der niemand zukommt außer Gott allein[22].

16 wörtlich: deshalb wird auch über die Götzenbilder der Heiden Heimsuchung kommen.
17 wörtlich: Anstoß für die Seelen der Menschen und Fallstrick für die Füße der Toren.
18 wörtlich: der Hurerei (im Sinn des Abfalls vom 1. Gebot).
19 wörtlich: des Lebens Verderben.
20 wörtlich: zwang durch Kunst die Ähnlichkeit auf das Schönere hin.
21 wörtlich: dem (als unabänderlich hingenommenen!) Schicksal.
22 wörtlich: den unmittelbaren Namen.

(22) **Ja nicht genug damit, daß sie im Irrtum,**
von Gott nichts wissend, keinen Frieden haben,
sie nennen diese Übel auch noch „Heil“.
(23) **Begehen Kindermord, geheime Kulte**
und wilde Schwelgerei nach fremdem Brauch,
(24) **bewahren weder Leben noch die Ehe;**
Der eine bringt den andern meuchlings um,
durch Ehebruch zerstören sie einander.
(25) **Blutdurst und Mordlust herrschen allenthalben,**
Diebstahl, Betrug, Verderben, Treubruch, Aufruhr,
(26) **Meineid und Mißgunst, Undank[23], Selbstbefleckung,**
Unzucht, Zerrüttung, Geilheit, Ehebruch.
(27) **Denn Götzendienst ist aller Übel Anfang,**
der Ursprung aller Sünde und ihr Ende[24].
(28) **Sie rasen ja in wildem Freudentaumel,**
sie prophezeien, was verlogen ist,
ein Leben voller Unrecht führen sie,
auch mit dem Meineid sind sie schnell zur Hand.
(29) **Denn wer wie sie auf tote Götter traut,**
der muß beim Meineid keine Strafe fürchten.
(30) **Für beides aber wird Gericht sie treffen,**
daß sie, den Götzen hörig, Gott mißachtet
und daß sie falschen Eid geschworen haben,
als Menschen, denen nichts mehr heilig war.
(31) **Denn nicht ein Machtbeweis der falschen Götter,**
doch sicherlich die wohlverdiente Strafe
folgt solchem schlimmen Unrecht auf dem Fuß.

Noch einmal unterstreicht der Verfasser, daß er mit der scharfen Verurteilung des Götzendienstes (14,8) durchaus nicht nur seine persönliche Meinung ausgesprochen hat. Beide, das Götzenbild und sein Bildner, sind Gott verhaßt. (V. 9) Beide verdienen sein Strafgericht (V. 10) und müssen es erleiden.[24] Daß die *Bilderverehrung* in der heidnischen Religiosität so eine zentrale Rolle spielt, ist kein verzeihlicher Irrtum, der allenfalls derben Spott verdient. „Greuel“ sind diese Götterbilder, die die Schöpfung Gottes besudeln, „Fallstricke“, durch welche die Menschen ins Verderben stürzen! Dies wird im Folgenden (V. 22–31) begründet und aufgedeckt.

[23] wörtlich: Beunruhigung der Guten, Vergessen der Wohltaten.
[24] Spätestens beim Endgericht (vgl. Jes. 2,18; Jer. 10,15).

Der Ursprung des Bilderdiensts (V. 12–21). Wie kamen die Menschen eigentlich auf diesen Irrwahn, Bilder von Menschenhand göttlich zu verehren? Die Frage hat deshalb besonderes Gewicht, weil mit dem Ersinnen und Erfinden solcher Götterbilder der Abfall von dem wahren Gott recht eigentlich begann, der dann die sittliche Verderbnis der (heidnischen) Völkerwelt im Gefolge hatte (V. 12). Der Verfasser beantwortet diese Frage mit dem, was er darüber gehört, gelesen, wohl auch selbst beobachtet hat. Er greift *zwei Beispiele* aus dem Leben heraus: a) Ein *Vater* macht sich in der Trauer um ein frühverstorbenes Kind ein Bild desselben, wohl zunächst, um ihm ein pietätvolles Andenken zu bewahren. Aber aus dem In-Ehren-Halten wird ein Verehren, das er dann auch von seinen Hausgenossen und allen, die ihm unterstellt sind, fordert. Das Beispiel macht Schule, wird allgemeiner Brauch und der Brauch wird zum alle verpflichtenden Gesetz (V. 15–16). b) Ein *Herrscher* läßt ein Bild von sich machen, um sich auch bei den weitentfernten Untertanen stets in gebührende Erinnerung zu bringen. Natürlich muß es ein imposantes Bild sein! Er gibt es bei einem Künstler in Auftrag, der sein Handwerk versteht und seinen Ehrgeiz drein setzt, dieses Bildnis so zu gestalten, daß es dem Herrscher schmeichelt und ihm dessen Gunst einbringt. Bewundernd bestaunen die Untertanen das prächtige Bild und das Bild wird zum Idol, der abgebildete Herrscher wird als Gott verehrt. Da dies den Herrschern durchaus wohlgefiel und sie erkannten, wie sehr dies der Durchsetzung ihres Herrscherwillens zustatten kam, kam es dahin, daß sie solche göttliche Verehrung ihres Bildes nicht nur gefördert, sondern streng gefordert haben. Dem Zwangsbefehl des Tyrannen beugte sich die Menge; damit war der Herrscherkult als Institution installiert (V. 17–21). Beide Beispiele sind so anschaulich erzählt, daß man den Eindruck gewinnt: der Verfasser hat diese Vorgänge beobachtet und miterlebt.[25] Das Schlimme daran ist, daß bei dieser Bilderverehrung die Kreatur vergöttert wurde. Den Namen „Gott“, der allein dem Schöpfer gebührt, auf ein Gebilde von Holz oder Stein anwenden – welch ein Raub an Gottes Ehre!

Die Folgen des Bilderdiensts (V. 22–31). Sie sind den Götzendienern selbst nicht bewußt. Sie wähnen, im „Frieden“, in einer heilen Welt

25 Das gilt auf jeden Fall im Blick auf den Herrscherkult, der im Ptolomäerreich sowohl für den verstorbenen wie den lebenden Herrscher feste Sitte war.

zu leben (V. 22). Aber in Wirklichkeit wird an ihrer ganzen Lebensführung erschreckend deutlich, daß solche Abgötterei ein „Fallstrick" ist (V. 11). Zum Kult gehört das Opfer, zum Opfer der Opferschmaus. Schon hier tut sich die Quelle des Verderbens auf: Kinder werden gemordet, Orgien gefeiert. Die Zuchtlosigkeit greift über auf alle Lebensgebiete. Mord, Ehebruch, Diebstahl und alle nur denkbaren Laster,[26] mit denen Menschen sich selbst besudeln und einander bitterbösen Schaden zufügen können, sind an der Tagesordnung und zerrütten das Zusammenleben (23–26). So schlimm rächt sich diese abgöttische Bilderverehrung. Die harte Wahrheit, daß sie „Ursprung des Verderbens" ist (V. 12) wird durch die Erfahrung erschütternd bestätigt (V. 27). Wieder greift der Verfasser ein *Beispiel* heraus, um deutlich zu machen, wie die sittliche Verderbnis die Folge der Abgötterei ist: Am Umgang mit der Wahrheit wird dies besonders deutlich. Im Rauschzustand der Ekstase fragt man nicht mehr: Was ist wahr? Hemmungslos werden Lügen prophezeit! Unter Berufung auf die leblosen Götterbilder scheut man sich nicht, betrügerische Meineide zu schwören. Sie können ja dem, der sich auf sie beruft, nicht gefährlich werden (V. 28–30). Freilich der lebendige Gott – der wird, die solches tun, dabei behaften (V. 31)! – Auch Paulus hat die heidnische Sittenverderbnis mit dem Abfall von Gott begründet (vgl. Röm. 1,24–32). Dreimal gebraucht er dabei das Wort: Dahingegeben! Genau dies steht auch in der Schilderung von der Verderbtheit der Götzendiener, wie sie hier im Buch Weisheit gegeben wird, deutlich zwischen den Zeilen. In dieser Zerrüttung aller menschlichen Beziehungen vollzieht Gott selbst sein heimliches Gericht.

(15,1) **Du aber, unser Gott, bist treu und gütig,**
regierst das All mit Langmut und Erbarmen.
(2) **Auch wenn wir fehlen, sind wir dennoch dein,**
als Leute, die um deine Stärke wissen.
Wir wollen zudem nicht der Sünde dienen,
wir wissen ja: Dir sind wir zugezählt.
(3) **Dich kennen und um deine Macht zu wissen,**
ist Heil, die Wurzel der Unsterblichkeit[27]**.**

26 Einige Angaben in diesem „Lasterkatalog" (V. 25) sind nicht mit Sicherheit zu deuten.

27 wörtlich: denn dich kennen ist volle Gerechtigkeit und um deine Macht wissen ist Wurzel der Unsterblichkeit.

(4) **Uns hat das nicht auf falschen Weg geführt,**
was Menschenkunst und Bosheit sich erdachte,
worauf die Maler unnütz Müh verschwenden:
Ein Bild, mit bunten Farben angemalt.
(5) **Nur Toren können sich darin vergaffen,**
ist's doch ein unbeseeltes, totes Ding.
(6) **Verrucht und keiner bessren Hoffnung wert**[28]
sind, die dies machen, wünschen und verehren.
(7) **Da formt ein Töpfer aus dem weichen Ton,**
indem er ihn mit vieler Mühe knetet,
Gefäße für den täglichen Gebrauch,
die einen, daß sie reinen Zwecken dienen,
zum Gegenteil die andern, gleichermaßen,
wobei er nach Belieben selbst entscheidet,
wozu man, was er formt, verwenden soll.
(8) **Und dann — mit übel angewandter Mühe —**
macht er vom selben Ton ein Bild von Gott[29]**.**
Er, der doch selbst vor kurzem von der Erde
genommen ward und bald dahin zurückkehrt,
wenn ihm die Seele[30] **abgefordert wird.**
(9) **Doch ihn bekümmert's nicht, daß er davon muß**
und nur ein kurz bemessnes Leben hat.
Mit Gold- und Silberschmieden um die Wette
geht er ans Werk, ahmt auch Erzgießer nach
und sucht im Bildermachen[31] **seinen Ruhm.**
(10) **Ach, Asche ist sein Herz und seine Hoffnung**
geringer noch als Erde, und sein Leben —
es ist geringer noch an Wert als Lehm.
(11) **Denn er erkannte Den nicht, der ihn schuf**
und der ihm eine Seele[32] **eingehaucht**
und ihm den Lebensodem eingeblasen.
(12) **Das Leben dünkte ihm ein Scherz zu sein,**
ein Possenspiel, daraus Gewinn zu schlagen.
Man muß, so sagt er sich, woher auch immer,
aus allem, auch dem Bösen, Vorteil ziehen.

[28] wörtlich: Liebhaber des Bösen und solcher (nichtigen) Hoffnungen würdig.
[29] wörtlich: einen nichtigen Gott.
[30] wörtlich: das Darlehen der Seele.
[31] wörtlich: darin, daß er Trugbilder formt.
[32] wörtlich: eine tätige Seele.

(13) Ein solcher Mensch weiß sehr wohl[33], daß er sündigt,
wenn er so aus demselben Erdenstoff
zerbrechliche Gefäße macht und Bilder[34].

(15,14) Ach, alle sind sie töricht und elender
als eines Kindes Seele, all die Feinde,
die, Herr, dein Volk gewaltsam unterdrückt.
(15) Denn all die Götzen, die die Heiden kennen,
die hielten sie auch allesamt für Götter,
obwohl sie ihre Augen nicht zum Sehen
und ihre Nase nicht zum Atemholen,
die Ohren nicht zum Hören brauchen können,
die Finger ihrer Hände nicht zum Tasten
noch ihre Füße, um darauf zu treten.
(16) Der sie gemacht hat, ist ja doch der Mensch,
dem selbst der Geist auch nur geliehen ist,
der deshalb keinen Gott je schaffen kann,
der auch nur ihm, dem Menschen, ähnlich wäre.
(17) Als Sterblicher kann er nur Totes schaffen
mit Hilfe seiner ungeweihten Hände.
und überragt doch das, was er verehrt[35],
denn er hat Leben — jenes nicht!
(18) Ja sogar Tiere der geringsten Art,
die im Vergleich die allerdümmsten sind,
verehren sie[36], als ob sie Götter wären.
(19) Schön sind sie auch nicht, daß das Auge
an ihnen einen Gefallen finden könnte,
wie dies bei Tieren sonst wohl möglich ist.
Sie existieren nicht zu Gottes Lob,
sein Segen ist von ihnen längst gewichen[37].

Die Nichtigkeit des Bilderdiensts (15,1–13). Was für eine hoffnungslose Sache die heidnische Bilderverehrung ist, wird in diesem Abschnitt vor Augen gestellt. Zunächst im Kontrast zu der Erkenntnis und Anbetung des lebendigen Gottes, die der herrliche Vorzug Israels ist, des Gottes-

[33] wörtlich: besser als alle.
[34] Götterbilder!
[35] wörtlich: ist vollkommener als die von ihm verehrten Dinge (Götterbilder).
[36] die Feinde deines Volkes (vgl. V. 14).
[37] wörtlich: sie sind dem Lob und Segen Gottes entflohen (Anspielung auf den Fluch, mit dem nach 1. Mos. 3,19 die Schlange belegt wurde).

volks, dem sich Gott als der Schöpfer des Alls geoffenbart hat und an dem er sein Erbarmen und seine Treue beweist. Um diesen Gott wissen, Ihn erkennen und anerkennen, Ihm dienen ist „die Wurzel der Unsterblichkeit" (V. 3). Dies wurde bereits deutlich, als der Verfasser das Geschick des Gerechten mit dem der Gottlosen verglichen hat (1,15). Auf dem Hintergrund der heidnischen Abgötterei soll und darf das Bundesvolk als ganzes sich besonders glücklich schätzen, daß ihm Gott selbst den Weg zum Leben, ja zum ewigen Leben kundgetan hat. (V. 1–3). Wie zwecklos und völlig hoffnungslos ist dagegen der heidnische Götterkult! Hier kniet der Mensch vor dem unbeseelten, toten Gebilde seiner eigenen Hände. Im Unterschied zu Kap. 13,11 ff. ist es diesmal nicht das aus Holz geschnitzte Götterbild, dessen Ohnmacht der Verfasser schildert. Mit Bedacht illustriert er die Nichtigkeit des Bilderdiensts diesmal an dem Machwerk des Töpfers (V. 7–9). Aus demselben Material, aus dem er Gefäße für den täglichen Gebrauch herstellt, formt er – im Wetteifer mit den Gold- und Silberschmieden – ein Götterbild. Er, der selbst nur aus Erde gebildet ist und wieder zu Erde werden muß (vgl. 1. Mos. 3,19; Pred. 12,7), setzt seine Hoffnung auf einen „Gott", der aus demselben Stoff gemacht ist. Was gibt es da zu hoffen, zumal er ja diesem Gebilde aus Ton keinen Lebensodem einhauchen kann, wie ihm dies selbst von seinem Schöpfer widerfahren ist (V. 11)! „Ach, Asche ist sein Herz" (vgl. Jes. 44,20)! Dadurch, daß er seinen Schöpfer nicht erkannt hat, sich vielmehr an dieses leblose Tonbild klammert, als ob dies ihm helfen könnte, ist sein Erdendasein vollends entwertet, jedes Sinns und jeder Hoffnung beraubt (V. 10 f.). Im Grunde weiß er dies auch. Das Leben, das er auf dieser Erde zubringt, dünkt ihm nicht mehr zu sein als ein „Spiel", bei dem es nur darauf ankommt, für sich selbst einen möglichst großen Profit herauszuschlagen. Warum nicht Götterbilder fabrizieren, wenn man an diesem Geschäft verdienen kann! Die innere Verlogenheit des Geschäfts, das da betrieben wird, hat der Verfasser mit scharfem Blick erkannt. Schonungslos wird sie aufgedeckt (V. 12 f.).

Der Greuel des Bilderdiensts (V. 14–19). Mit Schaudern wendet sich der Verfasser von den so heillos Verblendeten ab, die nicht nur mit ihren selbsterdachten, selbstfabrizierten Göttern hilfloser dran sind als ein (neugeborenes) Kind, sondern überdies das Volk, das den lebendigen Gott kennt und ihm angehört, feindselig bekämpften und noch immer unterdrücken. Bei diesen „Feinden" ist an die Ägypter gedacht, von denen dann in Kap. 16,1 ff. wieder ausführlich die Rede ist. Nicht genug damit, daß sie zu ihren eigenen Göttern auch die anderer Völker übernahmen (V. 15), die – von sterblichen Menschen erdacht und hergestellt – doch allesamt tote, völlig ohnmächtige Gebilde sind (vgl. Ps. 135,15 ff.). Sogar Tiere,[38] ja die unvernünftigsten, besonders häßlichen, verehren sie, als ob sie Götter wären! Mit welch einer Verblendung straft Gott die Menschen, die mit ihrer Weisheit Gott in seiner Weisheit nicht erkannten (1. Kor. 1,20)!

DIE MACHTFÜLLE, MIT DER GOTT STRAFT UND LOHNT
16,1—29

(16,1) Drum wurden sie auch nach Gebühr gestraft,
gequält durch eine Menge Ungeziefer.
(2) Hingegen[1] tatst Du wohl an deinem Volk,
hast sein Begehren wunderbar gestillt,
indem Du Wachteln ihm zur Speise gabst.
(3) So kam's, daß Jene zwar nach Nahrung suchten,
jedoch den Hunger unterdrücken mußten,
vom Anblick des Geziefers[2] angewidert,
dagegen diese, kurz nur Mangel leidend,
sogar noch ganz besondre Kost erhielten.
(4) Die Unterdrücker mußten Mangel leiden,
der unabwendbar war, damit dein Volk
des Zeuge sei, wie sie gepeinigt wurden.
(5) Auch hast Du Einhalt deinem Zorn geboten,
als sie von wilden Bestien überfallen,
vom Biß der Schlangen schier vernichtet wurden.
(6) Zur Warnung wurden sie nur kurz erschreckt;
sie hatten ja ein Zeichen der Errettung,
das sie an dein Gebot[3] erinnern sollte.
(7) Wer dort den Blick hinwandte, ward errettet,
zwar nicht durch das, was er dabei erschaute,
wohl aber, Herr, durch dich, den Retter aller.
(8) Auch unsren Feinden hast Du so gezeigt,
daß du der Retter bist von allem Übel.

[38] vgl. Röm. 1,23!

[1] anstatt dieser Züchtigung.
[2] wörtlich: des ihnen Zugesandten.
[3] wörtlich: das Gebot deines Gesetzes.

(9) Denn jene tötete der Biß der Fliegen[4],
es gab kein Mittel, das sie heilen konnte;
sie hatten solche Pein ja auch verdient.
(10) Doch deine Söhne wurden von den Zähnen
der Schlangen, die Gift spritzten, nicht besiegt.
Denn dein Erbarmen kam[5] und heilte sie.
(11) Die rasche Rettung sollte dazu dienen,
sie anzustacheln, an dein Wort zu denken,
damit sie nicht, versinkend im Vergessen,
für deine Wohltat unempfänglich würden.
(12) Denn weder Kraut noch Pflaster heilte sie,
vielmehr dein Wort, o Herr, das alles heilt.
(13) Denn Du gebietest über Tod und Leben,
führst an des Todes Pforten und herauf.
(14) Der Mensch jedoch, wenn er aus Bosheit tötet,
ruft das entflohne Leben[6] nicht zurück,
macht nicht mehr los[7] die hingeraffte Seele.

(16,15) Wer könnte je aus Deiner Hand entfliehen?
Fürwahr, dies steht in keines Menschen Macht[8].
(16) Die Gottlosen, die Dich nicht kennen wollten,
bekamen deines Armes Kraft zu spüren[9],
verfolgt vom Regen, Hagel und Gewittern,
(17) Und was besonders seltsam war, das Feuer
gewann im Wasser, das doch löscht, an Kraft.
Denn die Natur kämpft mit für die Gerechten.
(18) Bald war gezähmt die Flamme, daß die Tiere,
verzehrt vom Feuer — da war kein Entrinnen! —
die aufgeboten waren, nicht verbrannten;
die Feinde deines Volkes sollten merken:
Gott ist es, der uns mit Gericht verfolgt.
(19) Bald lodert die Flamme so gewaltig
im Wasser, wie sonst nie ein Feuer brennt,
um alles, was im Lande[10] wuchs, zu fressen.

4 wörtlich: die Bisse der Heuschrecken und Stechfliegen.
5 Sinn: trat dazwischen, kam zu Hilfe.
6 wörtlich: den entflohenen Lebenshauch.
7 ergänze: aus ihren Banden.
8 V. 15 lautet: Deiner zu entfliehen, ist unmöglich (hier scheint ein Halbvers ausgefallen zu sein).
9 wörtlich: sie wurden gegeißelt.
10 wörtlich: im ungerechten Lande.

(20) **Doch dein Volk labtest Du mit Engelspeise**
und gabst ihm unermüdlich Himmelsbrot,
dran jeder Lust fand, welches jedem schmeckte.
(21) **Dein Wesen hast Du deinen Kindern offenbart**
an dieser süßen Speise, die dem Wunsche
des, der sie aß, je nach Geschmack entsprach.
(22) **Als Blitz und Hagel, Feuer, Regengüsse**
der Feinde Früchte trafen, sie verzehrten,
nur Schnee und Eis hielt da dem Feuer stand.
(23) **Jedoch, daß die Gerechten Nahrung hätten,**
vergaß das Feuer seine eigne Kraft.
(24) **Denn Dir, dem Schöpfer, muß die Schöpfung dienen.**
Sie steigert sich zur Züchtigung der Bösen
und mildert sich zum Wohltun an den Frommen.
(25) **Deshalb hat sie auch damals sich gewandelt,**
und dir, der alle nährt[11], nach Wunsch gedient,
(26) **daß deine Söhne, die Du liebhast, lernten:**
Das, was den Menschen nährt, sind nicht die Früchte[12],
Dein Wort vielmehr erhält, die Dir vertrauen.
(27) **Denn, was das Feuer nicht verzehrte, schmolz,**
wenn es ein flüchtiger Sonnenstrahl erwärmte,
(28) **daß man draus lerne, Dir den Dank, o Herr,**
noch ehe die Sonne aufgeht, darzubringen,
im ersten Morgenlicht vor dich zu treten.
(29) **Denn wer nicht dankt, des Hoffnung schmilzt wie Reif**
ja, sie verrinnt wie Wasser, das nichts nütze.

Nach der breit ausgeführten Schilderung der Torheit des Götzendiensts, an die Gott die heidnischen Völker dahingibt, wendet sich der Verfasser wieder der Betrachtung der *Straf- und Wundertaten Gottes* zu, von denen – laut biblischem Bericht – der Auszug des Gottesvolks aus Ägypten begleitet war (vgl. 11,1–12,1). Daß er gerade bei diesem Abschnitt der Geschichte Israels verweilt, die doch so viele Beispiele dafür bot, wie Gott straft und errettet, tötet und lebendig macht (1. Sam. 2,6), ist sicher nicht zufällig. Diese „Errettung aus dem Sklavenhause" (vgl. 2. Mos. 20,2) war der erste, gewaltige Machterweis des Gottes der Väter, der sich damit als Herr der Geschichte erwies. Von Geschlecht zu Geschlecht hat man sich dieser furchtbaren und herrlichen Taten erinnert, mit denen dieser „Exodus" (Auszug) begleitet war

11 wörtlich: deiner allnährenden Gabe.
12 modern gesprochen: ihr Gehalt an Kalorien.

(vgl. Jes. 63,11 ff.; Ps. 136,10 ff.). Was damals geschah, war nicht ein geschichtliches Beispiel unter anderen. Der Bundesschluß am Sinai (2. Mos. 19,1 ff.) war ja mit dieser Errettung aufs engste verknüpft. Die Existenz Israels als Bundesvolk, seine Gewißheit, mit dem allein wahren, wirklichen Gott im Bunde zu sein – dafür wurde durch dieses erste Eingreifen des Allmächtigen in sein leidvolles Geschick (vgl. 2. Mos. 3,7 ff.) für alle Zeiten der Grund gelegt. Kein Wunder, daß der Verfasser an diesen Geschehnissen das Walten Gottes (bzw. der Weisheit) in der Geschichte illustriert! Dabei mag auch dies eine Rolle spielen, daß andre Weltmächte wie Assur und Babel – für die prophetische Predigt ebenfalls Typen gottfeindlicher Weltmacht – längst vergangen waren, als er sein Buch verfaßte. Als Diasporajude, der selbst in *Ägypten* lebte, war er für diese biblischen Berichte begreiflicherweise besonders hellhörig. Was er darüber dachte und niederschrieb, sollte seine Glaubens- und Volksgenossen, die mit ihm im heidnischen Lande lebten, trösten und ihre Unterdrücker warnen[13]! Nachdem in Kap. 15,14 auf diese „Feinde" des Gottesvolks und ihren besonders abstoßenden Götzendienst bereits Bezug genommen wurde, verweilen die Schlußkapitel ganz bei dem Machtbeweis des lebendigen Gottes an den Ägyptern. Wieder[14] werden die Ereignisse als bekannt vorausgesetzt. Das Überlieferte wird – in seltsam gekünstelter Sprache[15] – ausgedeutet, in der Absicht, daraus eine Lehre zu ziehen; manches wird phantasievoll ausgeschmückt und ins Groteske gesteigert. Aber die Grundwahrheiten, die der Verfasser als Ertrag seiner Überlegungen herausstellt und vorlegt, sind deutlich und gültig.

Die Machtfülle mit der Gott straft und lohnt (V. 1–29). Daß beides in seiner Macht steht, Strafen und Wohltun, wird an den Plagen, die über die Ägypter kamen, und an den Wohltaten, die an den Israeliten geschahen, illustriert. Dabei arbeitet der Verfasser mit der Wirkung des Kontrasts, einem Stilmittel, das er besonders liebt und schon bei der Schilderung des Unterschieds zwischen den Gottlosen und dem Gerechten (2,1 ff.) wie in Kap. 10 f. ausgiebig verwendet hat.

13 Daß nach 2000 Jahren die Ägypter wiederum als Todfeind Israels in Aktion treten würden, konnte er freilich nicht ahnen. Um so mehr mag dies dem heutigen Leser dieser Kapitel zu denken geben.

14 wie in Kap. 10,1—11,14.

15 Um der besseren Lesbarkeit willen wurde der holprige Text geglättet und in rhythmische Form gebracht.

Der Plage stellt er jeweils die Wohltat gegenüber. Wurden die Ägypter durch Frösche geplagt, so wurde Israel mit Wachteln gespeist (V. 1–4). Wurden die Israeliten durch das rettende Zeichen der ehernen Schlange, die Mose auf Gottes Befehl aufrichtete (4. Mos. 21,8 f.) von den Bissen der Giftschlange geheilt, so wurden die Ägypter durch die Bisse der Stechfliegen[16] getötet (V. 5–10). Mußten diese erleben, wie die Erträgnisse ihrer Felder durch Feuer (Blitze) und Hagel vernichtet wurden (2. Mos. 9,13 ff.) wobei das Feuer bald gezähmt wurde, um die zur Bestrafung entbotenen Tiere (Heuschrecken, Stechfliegen) nicht zu töten, bald zur gewaltigen Flammenglut gesteigert wurde, die alles, was wuchs, verzehrte (V. 18 f.), so speiste Gott sein Volk mitten in der Wüste mit „Himmelsbrot"[17], mit „Engelspeise" (V. 16–20), die auch im Feuer nicht zerschmolz (4. Mos. 11,8). Was für gegensätzliche Möglichkeiten stehen Gott zu Gebot, um strafend und segnend, richtend und rettend in das Naturgeschehen einzugreifen! Daß er sich dabei seines Wortes bedient (V. 12), ist dem Verfasser besonders wichtig. Sein schöpferisches Machtwort (vgl. Ps. 33,9) war auf dem Plan! Mit diesem Wort vermochte Er auch der Sonne zu gebieten, (V. 27) mit einem flüchtigen Strahl das Manna zu zerschmelzen, das im Feuer nicht schmolz, obwohl es doch dem Reif ähnlich sah (2. Mos. 16,14). In alledem wurde die *Machtfülle* Gottes offenbar. Die Kräfte der Schöpfung sind ihm untertan. Sie gehorchen seinem Schöpferwort. Er setzt sie ein, wann und wie Er will. Ihre Wirkung wandelt sich je nach der Absicht, die Er damit verfolgt. Dieser Gott ist weder der erste Urheber einer Weltmaschinerie, die sich nach dem unabänderlichen Kausalgesetz bewegt (Deismus), noch ist er identisch mit den Kräften, die in der Natur wirksam sind (Pantheismus). Er ist ganz Herr seiner Schöpfung! Das ist gut biblisch gedacht. Der Verfasser denkt nicht daran, der griechischen Naturphilosophie in dieser Hinsicht irgendwelche Konzessionen zu machen. Eindringlich bezeugt er, daß es das *Wort*[18] Gottes ist, durch das Gott die Schöpfung bewegt und seine Frommen am Leben erhält (V. 26), daß *Er* – er allein – über Tod und Leben gebietet (V. 13 f.)!

Ende Vor. 19.3.

16 Daß deren Stiche tödlich wirkten, ist wohl aus 2. Mos. 8,20; 10,17 erschlossen.

17 Daß diese süße Speise, in der die Kinder Israel Gottes Süßigkeit (Güte) schmecken sollten (vgl. Ps. 34,9) wunderbarerweise nach den verschiedensten Speisen schmeckte (V. 21), steht nicht im biblischen Text, ist aber rabbinische Tradition.

18 Vgl. 5. Mos. 8,3; Ps. 107,20.

DIE ANGST, MIT DER GOTT SEINE FEINDE SCHRECKTE
17,1—18,4

(17,1) **Groß ist und unbegreiflich dein Gericht!**
Wer's nicht gelernt hat, muß in Irrtum fallen.
(2) **So ging's den Frevlern, die der Meinung waren,**
sie dürften herrschen über Gottes Volk,
und nun in Finsternis gefangen lagen,
machtlos verschlossen in den eigenen Häusern
und von der ewigen Vorsehung verbannt.
(3) **Sie wähnten zwar, sie seien tief verborgen**
im Dunkel, und der Mantel des Vergessens
bedecke das, was sie geheim gesündigt,
und wurden doch zerstreut, in Schreck versetzt
und aufgescheucht durch Trug- und Wahngebilde.
(4) **Es schützte ihr Versteck nicht vor der Furcht:**
sie hörten schreckerregende Geräusche
und sahen, finstre, düstere Gestalten[1]**.**
(5) **Kein Feuer, noch so groß, gab da noch Licht.**
Auch der Gestirne strahlend helles Licht
war nicht imstand, die düstre Nacht zu bannen.
(6) **Was ihnen schien, war eitel Angst und Schrecken,**
ein Feuer, wie es sich von selbst entzündet,
und doppelt schrecklich dünkte sie der Anblick,
weil sie zuvor dergleichen nie gesehen.
(7) **Machtlos war da die Zauberkunst der Gaukler,**
das Wissen ward zum Spott, mit dem sie prahlten.
(8) **Die sich erkühnten, Angst und Schreck zu bannen,**
erkrankten selbst an lächerlicher Furcht.
(9) **Auch wo kein Grund zu Furcht und Schrecken war,**
vergingen sie vor Angst vor dem Geziefer,
das da herankroch, dem Gezisch der Schlangen.
Sie weigerten sich, in die Luft zu sehen,
der man doch nirgendwo entrinnen kann.
(10) **Da zeigt sich die Erbärmlichkeit der Bosheit,**
und wie sie selber sich ihr Urteil spricht:
Gepeinigt von dem eigenen Gewissen
muß, wer ihr dient, das Schlimmste stets befürchten.

1 wörtlich: beunruhigende Geräusche umtönten sie rings und düstere Gestalten mit finsteren Mienen erschienen.

(11) **Denn Furcht ist ja im Grunde der Verzicht**
auf den Gebrauch der Mittel des Verstandes.
(12) **Und wo die Hoffnung aus dem Herzen schwand,**
ist dies, daß einer keinen Rat mehr weiß,
noch schlimmer als die Ursach seiner Plage.
(13) **Doch jene, die in dieser Unheilsnacht,**
die da heraufstieg aus der Totenwelt,
im Schlaf dieselbe Ohnmacht fest umfing,
(14) **die wurden teils durch Phantasiegebilde**
in Schreck versetzt, teils lähmte sie Verzweiflung.
Urplötzlich überkam sie jähe Furcht.
(15) **Wen sie befiel, der war darin verwahrt**
auch ohne Ketten wie in einem Kerker[2]!
(16) **Ob einer Bauer oder Hirte war,**
ob er im Ödland Müh und Arbeit hatte,
ein jeder wurde von derselben Not gepackt,
da blieb ihm keine Wahl und kein Entrinnen.
Die eine finstre Fessel[3] band sie alle.
(17) **War's Windessausen, war es Vogelsang,**
der lieblich aus den dichten Zweigen schallte,
was es das Rauschen mächtiger Wasserströme,
war's das Gepolter einer Steinlawine,
(18) **war es der unsichtbare Lauf von Springern[4],**
war's wilder Bestien schauriges Gebrüll,
war's dessen Widerhall von Bergeswand —
In jedem Fall erstarrten sie vor Schrecken.
(19) **Die ganze Welt erstrahlte hell im Lichte**
ging ungehindert an ihr Tagewerk.
(20) **Nur über jenen lag die tiefste Nacht,**
ein Bild der Finsternis, die ihrer harrte;
viel mehr noch wurden sie sich selbst zur Last.

(18,1) **Doch deinen Frommen schien das hellste Licht;**
Und jene, die zwar ihre Stimmen hörten,
doch von Gestalt sie nicht erblicken konnten,
sie priesen glücklich, die nicht leiden mußten.

[2] wörtlich: in einem Kerker ohne Eisen.
[3] wörtlich: die e i n e Kette von Finsternis.
[4] Tiere, die sich im Sprung fortbewegen und keine kontrollierbare Wegspur hinterlassen.

(2) **Voll Dank, daß sie, die früher Unrecht litten,**
mit Schaden ihren Feinden nicht vergalten,
erbaten sie Verzeihung für die Zwietracht.
(3) **Du gabest ihnen eine Feuersäule**
zur Führung auf dem Weg ins Unbekannte,
als Sonne, die nicht stach, auf ihrem Zuge,
der ruhmesvoll in fremde Lande führte.
(4) **Denn jene waren's wert, des Lichts beraubt**
in tiefer Finsternis verwahrt zu werden,
weil sie gefangen hielten deine Söhne,
durch die die Menschheit des Gesetzes Licht,
das unvergängliche, empfangen sollte.

Der biblische Bericht von der Finsternis, die sich über Ägypten lagerte (2. Mos. 10,21 ff.) und die Bewohner des Landes in Angst und Schrecken versetzte, dient dem Verfasser als eindrucksvolles Beispiel, um auf einen weiteren, für die Art und Weise des göttlichen Gerichts bezeichnenden Tatbestand aufmerksam zu machen. Der Allmächtige bestraft seine Feinde nicht nur so, daß er sie mit äußerlichen Plagen heimsucht, daß Katastrophen über sie hereinbrechen, die jähes Entsetzen verbreiten. Auch darin kann sein Gericht bestehen, daß er die Menschen in einen Zustand der Angst versetzt, in dem sie „verschmachten vor Furcht und vor Warten der Dinge, die kommen sollen“ (Luk. 21,26). Dies wird am Beispiel der Ägypter in packender Weise illustriert[5].

Die Angst, mit der Gott seine Feinde schreckte (17,1–20). In undurchdringliche Finsternis wurden sie eingeschlossen. Alle Lichtquellen waren ausgelöscht. Nur das Feuer der Blitze durchzuckte die Nacht (V. 6) und ließ sie das Unheimliche dieser Verfinsterung noch mehr empfinden. Der Gedanke, sie könnten sich mit ihren Sünden in dieser Nacht vor dem Zugriff des göttlichen Zorngerichts verstecken (V. 3), gereichte ihnen nicht zum Trost. Unheimliche Geräusche und Gestalten schreckten sie[6]. Auch die Kunst ihrer Zauberer vermochte die schwarze Nacht nicht zu bannen. Im Gegenteil: Auch diese befiel lähmendes Entsetzen. Ihre Zaubersprüche blieben ihnen im Halse

5 Die „Umgestaltung der mosaischen Erzählung (2. Mos. 10,21 ff.) zu einem Bilde von apokalyptischem und eschatologischem Charakter“ (W.G. Kuhn) ist hier besonders deutlich (vgl. Offb. 16,10).

6 Das steht zwar nicht im biblischen Text, ist aber mehr als eine phantasievolle Ausschmückung. Sehr lebenswahr ist hier der Zustand der Angst geschildert.

stecken. Mit geschlossenen Augen saßen sie da, wobei Ungeziefer und Schlangen auf sie zukrochen. Sie alle hatten das Gefühl, unentrinnbar verloren zu sein (V. 9). Nicht besser erging es denen, die in dieser unheimlichen Nacht der Schlaf umfing, der ein Abbild und Vorspiel der Ohnmacht ist, die den Menschen in der Totenwelt als sein Los erwartet. Sie wurden durch schlimme Träume und Phantasiegebilde erschreckt. Gefangen waren sie alle im *Kerker der Angst*. Wie kann dieser Kerker die Menschen einschließen, ohne daß es dazu der Ketten bedarf (V. 13–15)! Auch diejenigen, die ihrer Arbeit nachgehen wollten[7], die Bauern, die Hirten, die Tagelöhner, wurden in einen Zustand der Angst versetzt, in dem sie von überall her Unheil witterten (V. 16–20). War es nur die Nacht, die ihr Land einhüllte, während die übrige Welt im Licht der Sonne lag, daß sich die Ägypter alle, vom König bis zum geringsten Knecht, so sehr fürchteten? Der eigentliche Grund ihrer Angst lag tiefer. Das eigene böse Gewissen war's, das sie gepeinigt hat (V. 10)! Eine ernste Wahrheit wird hier aufgedeckt: Der, den sein Gewissen verklagt, muß dem, was auf ihn zukommt, mit Angst entgegensehen, er muß stets das Schlimmste befürchten. Mit Vernunftgründen ist dieser Angst nicht beizukommen[8]. Sie vernichtet die Hoffnung. Ratlos blickt der Geängstete dem kommenden Tag entgegen, und diese Angst ist das eigentlich Schlimme, nicht etwa das Unglück, das ihm widerfuhr und das doch nur die vordergründige Ursache seines Erschreckens war.

Das Licht, das seinen Frommen strahlte (18,1–4). Der Finsternis, die sich um die Ägypter lagerte, stellt der Verfasser das Licht entgegen, das Gott in Gestalt der Feuersäule seinem Volk Israel leuchten ließ. Als „feuerflammende Wolkensäule" (so wörtlich) leitete sie das Volk auf seiner Wanderung ins Unbekannte (vgl. 2. Mos. 13,21 f.). Wieder wird damit der Kontrast zwischen Strafe und Wohltat herausgestellt[9]. Der Schlußvers betont noch einmal, daß und warum die Ägypter es wahrlich verdient hatten, des Lichts beraubt zu werden. Das Volk hielten sie gefangen, durch das die Menschheit das unvergängliche „Licht des Gesetzes"[10] empfangen sollte!

[7] Nach 2. Mos. 10,23 war dies allerdings nicht möglich. Aber es wäre schulmeisterlich, dem Verfasser daraus einen Vorwurf zu machen. Es geht ihm nicht um den geschichtlichen Verlauf, sondern um das Phänomen der Angst.
[8] Dies ist der Sinn von V. 11, den man nicht als eine Definition der Furcht mißverstehen darf.
[9] V. 2 ist ausschmückende Zutat.
[10] Vgl. Sir. 24,23; Bar. 4,1.

DIE MITTLER, DIE GOTTES GERICHT VOLLSTRECKTEN UND ABWANDTEN
18,5–25

(18,5) **Doch jene, die bei sich beschlossen hatten,**
die Kindlein deiner Heiligen zu töten
— ein einz'ges nur ward ausgesetzt, gerettet —
beraubtest Du zur Strafe ihrer Kinder[1].
Sie kamen alle um im wilden Wasser.
(6) **Zuvor war unsern Vätern angesagt,**
was sich in jener Nacht begeben sollte,
damit sie wüßten, was dein Eid verbürgte,
und darauf trauend guten Mutes wären.
(7) **Dies aber war's, was dein Volk da erhoffte:**
Heil den Gerechten, Untergang der Feinde!
(8) **Denn womit Du die Widersacher straftest,**
damit hast Du uns, deine Schar, erhöht.
(9) **Ganz im Verborgnen[2] brachten deine Söhne,**
die Du zum Heil erkoren hast, das Opfer,
einmütig sich auf dein Gesetz verpflichtend,
in gleicher Weise Güter und Gefahren
als deine Heiligen hinfort zu teilen —
so sangen sie der Väter Lobgesänge.
(10) **Dazwischen klang das Wehgeschrei der Feinde,**
die bitterlich um ihre Kinder weinten.
(11) **Die gleiche Strafe litten Herr und Knecht,**
der Untertan genau so wie der König.
(12) **Desselben Todes starben Ungezählte.**
Die überlebten, war viel zu wenig,
um all die vielen Leichen zu begraben.
Auf einen Schlag war ja der beste Teil
von ihrem Nachwuchs völlig ausgetilgt.
(13) **Denn das, was sie zuvor nicht glauben wollten**
auf Grund von ihren falschen Zauberkünsten,
bekannten sie beim Tod der Erstgeburt,
sie sahen ein: Dies Volk ist Gottes Sohn!
(14) **Als tiefe Stille alles Land umfing —**
— es war genau zur mitternächt'gen Stunde[3] —
da sprang dein allgewaltig Wort vom Himmel.

[1] wörtlich: der Menge ihrer Kinder.
[2] Im Innern ihrer Häuser.
[3] wörtlich: als die Nachricht hurtig ihre Mitte erreichte.

(15) **Es fuhr herab vom königlichen Thron**
in das dem Untergang geweihte Land —
ein harter Krieger, der als scharfes Schwert
dein strenges Wort, Herr, bei sich trug.
(16) **Er rührte an den Himmel, stand auf Erden,**
und wo er hintrat, wütete der Tod[4]**.**
(17) **Da wurden sie erschreckt durch Traumgesichte**
und jählings überfiel sie große Angst.
(18) **Halbtot brach einer da und dort zusammen**[5]**,**
sie taten kund, warum sie sterben mußten.
(19) **Aus ihren schlimmen Träumen wußten sie's;**
denn keiner sollte ja solch Schweres leiden,
der nicht zuvor den Grund erfahren hatte.

(20) **Auch die Gerechten focht er an, der Tod,**
ein großes Sterben gab es in der Wüste,
jedoch nicht lange währte da der Zorn.
(21) **Ein unbescholtner Mann trat in die Bresche**[6]**,**
Gebet und Opfer[7] **waren seine Waffen.**
Die trug er vor und trat dem Zorn entgegen
und setzte dem Verderben so ein Ziel,
und zeigte so, daß er Dein Diener sei.
(22) **Er schlug die Not nicht mit des Leibes Kraft,**
er siegte nicht mit der Gewalt von Waffen.
Den Züchtiger bezwang er mit dem Wort,
an Eid und Bund der Väter ihn erinnernd.
(23) **Als sich die Toten schon zu Haufen türmten,**
trat er ins Mittel, wehrte er den Zorn,
schnitt ihm den Weg zu den Lebendigen ab.
(24) **Auf seinem Leibrock**[8] **war die ganze Welt**[9]**,**
da war der Ruhm der Väter, in vier Reihen
von Edelsteinen deutlich eingraviert[10]**,**
auf seinem Diadem war Deine Ehre.
(25) **Davor wich der Verderber scheu zurück.**
So blieb es bei der einen Zornesprobe.

[4] wörtlich: erfüllte er alles mit Tod.
[5] wörtlich: der eine hier, der andre dort.
[6] wörtlich: Eilends machte sich ein untadliger Mann zum Vorkämpfer.
[7] wörtlich: sühnendes Rauchopfer.
[8] Ergänze: das bis zu den Füßen reichte.
[9] Die ganze Welt war auf seinem Gewand abgebildet.
[10] wörtlich: auf vier Reihen geschnittener Steine.

Der Tötung der Erstgeburt in Ägyptenland (2. Mos. 12,29 f.) stellt der Verfasser als Gegenbeispiel das große Sterben im Volk Israel gegenüber, von dem dieses nach der Empörung gegen Mose und Aaron in der Wüste betroffen wurde (4. Mos. 17,6 ff.). Insofern ein Gegenbeispiel, als die Ausrottung der Erstgeburt der Ägypter mitleidlos vollstreckt wurde, während dem Sterben unter den Israeliten gnädig Einhalt geboten wurde! Hier wie dort, beim Vollzug der Strafe wie beim Gewähren der Verschonung, trat ein *Mittler* in Funktion. War es in Ägypten das allmächtige Wort, das als Krieger mit todbringendem Schwert vom Himmel sprang (V. 14 ff.), so war es im Lager Israels Aaron, der – zum Priester geweiht – in den Riß trat und die Plage abwandte (V. 21 ff.). Beides ist so plastisch geschildert[11], daß man unschwer erkennen kann: Dies, daß sich der allmächtige Gott in Gericht und Erbarmen solcher Mittler bedient, ist das Besondere, was der Verfasser hier aufzeigen will.

Der Mittler des harten Strafgerichts (V. 5–19). Zunächst ruft der Verfasser die Ereignisse jener unheimlichen Nacht in Erinnerung, in der der Würgengel Gottes alle Erstgeburt in Ägypten schlug vom Sohn des Königs bis zum Sohn der Magd (2. Mos. 11,5) und an den Häusern der Israeliten schonend vorüberging. Er sieht darin die Vergeltung dafür, daß der Pharao alle erstgeborenen Kinder des Gottesvolks umbringen ließ, wobei nur ein einziges, Mose, gerettet wurde[12]. Nach Gottes Willen und Ankündigung sollte in dieser Nacht dasselbe Geschehen die Rettung der Gerechten und die Vernichtung ihrer Feinde werden (V. 6 f.). So geschah's: Während die gnädig Verschonten die „Lobgesänge der Väter"[13] beim Passahmahl sangen, erfüllte das Wehgeschrei der Gestraften die schaurige Nacht. Die Zahl der Toten war so groß, daß die Überlebenden zu wenig waren, um sie alle zu bestatten[14]. Schrecklich wurde den Ägyptern klar, an wem sie sich vergriffen hatten. Sie mußten einsehen und bekannten es auch: Dieses Volk ist Gottes Sohn (vgl. 2. Mos. 4,22)! Hier könnte die Schil-

[11] Besonders in V. 14—17 beweist der Verfasser, wie sehr ihm die Gabe und Kraft des dichterischen Ausdrucks gegeben war. Um dieser *einen* Stelle willen kann man ihm viele gekünstelte, schwerfällig konstruierte Sätze zugute halten!

[12] Die Schlußzeile von V. 18 bezieht sich auf die Verfolger, die im Schilfmeer ertrunken sind.

[13] Zu diesem „Lobgesang" vgl. Matth. 26,30. Er bestand aus Ps. 113—118, (hier in die Zeit der Erzväter zurückprojiziert).

[14] Vgl. dagegen 4. Mos. 33,4.

derung jener unheimlichen Nacht zu Ende sein, aber nun deckt der Verfasser in V. 14–16 in der Form einer unheimlichen Vision den Hintergrund des Geschehens auf. Es war das „allgewaltige Wort", das da zur Stunde der Mitternacht als todbringender Krieger vom Himmel sprang! Die Erinnerung an den Pestengel drängt sich auf, den David nach der Volkszählung erblickte: „Er sah den Engel des Herrn stehen zwischen Himmel und Erde und ein bloßes Schwert in seiner Hand ausgereckt über Jerusalem" (1. Chron. 21,16). Aber es ist ja nicht ein Engel, es ist der „Logos" Gottes, Sein Wort, das da zum Streit gerüstet vom Himmel herabfährt und das tödliche Gericht vollstreckt. Es muß auffallen, wie sehr hier dieses „Wort" personifiziert wird, auch wenn man die dichterische Sprache dieser Verse in die Waagschale legt. Von dem Begriff des „Logos", wie ihn Philo gebraucht (im Sinn von „Weltvernunft") ist dieses „Wort" meilenweit entfernt. Solch eine Richtergestalt begegnet uns dagegen in der Johannes-Apokalypse (19,11 ff.): Die Vision des Weltrichters, aus dessen Mund ein „scharfes Schwert" geht, daß er „damit die Völker schlüge", steht mit dieser Stelle in einem deutlich erkennbaren Zusammenhang. „Wort Gottes" – das ist sein Name (Offb. 19,13)! Dieser Einklang ist nicht zufällig, auch wenn man V. 14 nicht als eine direkte Weissagung auf den als Richter der Völker kommenden Christus deuten darf. Er hängt mit der Grundwahrheit zusammen, die das Alte wie das Neue Testament bezeugt: Das „Wort" ist der *Mittler*, dessen sich der allmächtige Gott als Vollstrecker seines Gerichts wie seines rettenden Erbarmens bedient. – Noch einmal schildert der Verfasser die schreckliche Angst, die die Feinde des Gottesvolks in jener Nacht überfiel (V. 17 ff.). Was ihnen durch schlimme Träume zuvor angesagt war, trat ein. Sie erkannten, wer hier sein Gericht vollzog, auch wenn sie den „Krieger" nicht wahrnahmen, der da mit dem Richtschwert gegürtet so drohend und todbringend zwischen Himmel und Erde stand!

Der Mittler der gnädigen Verschonung (V. 20–25). Im Gegensatz zu dem Todesurteil, das die Erstgeburt in Ägypten traf und dem niemand Einhalt gebieten konnte, widerfuhr den „Gerechten", als die hier die Israeliten bezeichnet werden (V. 20), daß dem großen Sterben in ihrer Mitte gewehrt wurde, von dem in 4. Mos. 17,6 ff. berichtet ist. Auch hier trat ein Mittler in Funktion. Ein „unbescholtener Mann" trat in die Bresche (V. 6), warf sich als „Vorkämpfer" dem Zorngericht entgegen und wandte es ab: Aaron bezwang den

Verderber (V. 25), genauer gesagt; dieser wich zurück, als ihm der Diener Gottes (V. 21) im heiligen Schmuck seiner priesterlichen Insignien entgegentrat. So bekamen die Israeliten nur eine „Probe" des göttlichen Zorns zu spüren. Freilich von einer zauberhaften Banngewalt der Priestertracht und Priesterwürde Aarons oder einer magischen Beschwörung des Verderbers konnte hier nicht die Rede sein. *So* wandte Aaron die Strafe ab, daß er den „Züchtiger" (Gott) an den Eid und Bund erinnerte, den er den Vätern geschworen hatte, und damit an seine Treue appellierte. Daß er dies kraft seines Amtes tun durfte und dadurch das Gericht zum Stillstand brachte, zeigt, was der Verfasser hier deutlich machen will: Gott greift nicht unmittelbar in die Geschicke der Völker bzw. Seines Volkes ein. Wie im Gericht so bedient er sich auch bei dessen gnädiger Abwendung eines Mittlers. Das tiefe Geheimnis, daß Gott selbst seinem eigenen Zorn in den Arm fällt, wird darin offenbar.

DIE ZEICHEN, AN DENEN GOTTES WALTEN SICHTBAR WURDE

19,1—21

(19,1) **Doch für die Frevler gab es kein Erbarmen,**
sie mußten bis zuletzt den Zorn erleiden.
Er[1] sah es ja voraus, wie's kommen würde.
(2) **Daß sie den Auszug selber erst erlauben,**
sie[2] sogar eilends aus dem Lande weisen,
dann aber, eines Andern sich besinnend,
die Ausgezogenen verfolgen würden.
(3) **Noch waren mit der Trauer sie beschäftigt**
und klagten an den Gräbern ihrer Toten,
da faßten sie den widersinn'gen Plan,
wie Flüchtende die Deinen zu verfolgen,
die sie inständig bittend fortgetrieben.
(4) **So nahm denn das Verhängnis seinen Lauf,**
es lehrte sie vergessen, was geschehen,
damit sie voll und ganz erfüllen sollten,
was ihrem Strafmaß noch an Plagen fehlte.

[1] Gott.
[2] die Kinder Israel.

(5) **Sie sollten eines selt'nen Todes sterben,**
indes dein Volk auf nie geahntem Wege ging.
(6) **Die ganze Schöpfung wurde umgestaltet,**
jeweils im Dienst der göttlichen Befehle,
um Deine Kinder unversehrt zu bergen.
(7) **Man sah die Wolke, die das Heer bedeckte,**
das trockene Land[3], wo vorher Wasser war,
den freien Weg, der aus dem Roten Meer,
das grüne Feld, das aus der Flut auftauchte.
(8) **Drauf zogen sie hindurch, das ganze Volk,**
von Dir[4] beschirmt und große Wunder schauend.
(9) **Wie Rosse und wie Lämmer auf der Weide,**
so hüpften sie umher nach ihrer Rettung
und brachten Dir, Herr, ihren Lobpreis dar.
(10) **Noch dachten sie daran, was sie erlebt**
zur Zeit der Knechtschaft in dem fremden Lande:
Die Erde zeugte Mücken statt Geflügel[5],
der Fluß spie Frösche aus statt Wassertiere.
(11) **Hernach, als sie nach leckrem Mahl gelüstet,**
da sahen sie Wachteln, eine Art von Vögeln,
die ihnen neu war, aus dem Meer aufsteigen.
(12) **In Scharen kamen sie, sie satt zu machen.**

(13) **Nicht ohne Zeichen kamen auch die Strafen,**
wie jene Sünder sie mit Recht verdienten;
durch Blitz und Donner[6] zuvor angekündigt.
Sie zogen sich's durch eigne Bosheit zu,
weil sie die Fremden gar so heftig haßten.
(14) **Denn Andere[7] hatten völlig Unbekannte,**
nach ihrer Ankunft nicht bei sich beherbergt.
Doch diese[8] zwangen Fremde zu dem Frondienst,
die ihnen Gutes, nie ein Leid getan[9].
(15) **Ja mehr noch! Während jene ihre Gäste**
von vornherein feindselig aufgenommen
— wofür sie ihrer Strafe sicher sind[10] —

[3] wörtlich: die Emporhebung des Landes.
[4] wörtlich: von Deiner Hand.
[5] wörtlich: anstatt von (nutzbringenden) Tieren.
[6] wörtlich: durch starke Blitze.
[7] gemeint sind die Leute von Sodom.
[8] die Ägypter.
[9] sie machten ihre fremden Wohltäter zu Sklaven.
[10] wörtlich: wofür ihre Bestrafung kommen wird!

(16) **ward ihnen hier ein festlicher Empfang.**
Sie[11] **gaben ihnen teil an ihren Rechten,**
um sie dann um so schrecklicher zu plagen.
(17) **Mit Blindheit wurden drum auch sie geschlagen,**
wie jene an der Türe des Gerechten,
zu der sie, ganz in Finsternis gehüllt,
vergeblich irgend einen Zugang suchten.

(19,18) **Aus alledem ist deutlich zu erschließen;**
auf welche Weise sich die Elemente wandeln:
Wie Klang und Rhythmus bei dem Harfenspiel,
obwohl die Töne stets dieselben bleiben.
(19) **Verwandelt wurden Land- in Wassertiere,**
Die schwimmen konnten, wechselten ans Land.
(20) **Das Feuer nahm im Wasser zu an Kraft,**
das Wasser vergaß seine Kraft zum Löschen[12]**.**
(21) **Ja Flammen, die das zarte Fleisch von Mücken**[13]**,**
die sie umschwärmten, nicht verzehren durften,
vermochten nicht das Himmelsbrot zu schmelzen,
das an sich leicht zerschmolz wie Eiskristalle.

Den Abschluß des geschichtlichen Rückblicks, der mit Kap. 10,1 begann und von Kap. 11,2 an sich mit der Geschichte Israels befaßte, bildet der *Durchzug durchs Schilfmeer*, durch das Gott seinem Volk einen Weg bahnte und das seinen Verfolgern zum Grab wurde (2. Mos. 14 f.). In V. 2–5 erinnert der Verfasser daran, wie die Ägypter ihr Entschluß, die Kinder Israel ziehen zu lassen, gereute und wie sie, noch mit der Trauer um ihre Toten beschäftigt, den Entschluß faßten, ihnen nachzujagen, um sie zur Rückkehr zu zwingen, nicht ahnend, daß sie damit in ihr eigenes Verderben rannten. Was an diesem geschichtlichen Beispiel gezeigt werden soll, ist aber nicht dies, wie Gott die Feinde seines Volkes mit Verblendung straft; dies ist nur ein Nebengedanke. Ein Fingerzeig ist V. 6, dessen Aussage dann in V. 18–21 noch deutlicher entfaltet wird: Mit einer die Schöpfung umgestaltenden Macht greift Gott souverän in die Geschichte ein. Dies wurde freilich bereits in Kap. 16, 24 ff. deutlich dargelegt.

11 die Ägypter
12 Vgl. 16,17 ff.
13 wörtlich: das Fleisch leicht vergänglicher Tiere (vgl. 16,20 ff.).

Das Besondre, was in diesem Schlußkapitel gezeigt werden soll, zeigt V. 13: „Nicht ohne Zeichen kamen auch die Strafen". An solchen *Zeichen* wird sichtbar, daß es der eine, allmächtige Gott, der über seine ganze Schöpfung gebietet, Er und kein anderer ist, der die Geschichte lenkt und sich mit seiner ganzen Macht und Treue zu seinem Bundesvolk bekennt.

Die Zeichen die das Gottesvolk sehen durfte (V. 6–12). Da war die *Wolke*, die sich schützend zwischen das Heer Israels und das der Ägypter stellte (2. Mos. 14,19 f.), das trockene *Land*, wo vorher Wasser war, der gangbare *Pfad*, auf dem sie hindurchziehen konnten, das grüne *Feld*, das aus der Flut auftauchte. Wie befreit jubelten sie, als sie die rettende Macht ihres Gottes so sichtbar erlebt hatten! Sie gedachten der Strafzeichen, durch die Gott die Ägypter gezwungen hatte, sie ziehen zu lassen, und durften auf dem Wüstenzug neu erleben, wie die *Wachteln* angeflogen kamen, damit sie ihren Hunger nach Fleisch stillen konnten.

Die Zeichen, die Gott vor den Feinden seines Volkes tat (V. 13). Auch die Strafen, die Er über die Ägypter verhängte, kamen nicht ohne „Zeichen", die anzeigen sollten, wer hier eingriff mit richtender Gewalt. Freilich, so bedrohlich diese Zeichen waren, weder der Pharao noch sein Volk erkannten sie, sie wurden nicht gewahr, wer hier zum Schlag ausholte. Sie waren mit Blindheit geschlagen (V. 17), wie einst die Leute von Sodom. In einer etwas verzwickten Erörterung vergleicht der Verfasser das Maß der Verschuldung, deren sich die Sodomiter schuldig machten, mit dem der Ägypter (V. 14–16). Aus zwei Gründen kommen dabei die Leute von Sodom noch besser weg: Sie verweigerten völlig Unbekannten (Lot und seinen Begleitern) die Herberge; ferner begegneten sie ihnen von vornherein mit feindseliger Ablehnung. Die Ägypter hingegen versklavten Fremdlinge, die ihnen nur gute Dienste geleistet hatten, und sie plagten sie bis aufs Blut, denen sie zunächst einen freundlichen Empfang bereitet hatten. Ihre Verblendung war deshalb doppelt verdient!

Die Macht Gottes, die Ihm dabei zu Gebot steht (V. 18–21) läßt sich aus diesen Zeichen erschließen. Souverän verwandelt und bewegt Er die Elemente der Natur, wie ein Harfenspieler, der seine Kunst versteht, beim Spiel Klangfarbe und Rhythmus der Töne wechselt, die er den Saiten entlockt. Worauf V. 19 anspielt, ist nicht recht ersichtlich, dagegen greift V. 20 f. deutlich auf das in Kap. 16,17 ff. Geschilderte zurück. Diese Macht der Verwandlung, mit der Gott das

Geschaffene in den Dienst seines geschichtsgestaltenden Willens stellt, wird in solchen „Zeichen“ sichtbar. Niemand hat das herrlicher als sein Bundesvolk erfahren.

ZUSAMMENFASSUNG
19,22

(19,22) **So hast Du, Herr, dein Volk auf alle Weise**
erhört, verherrlicht, hast es nie vergessen:
Sein Beistand allerorts, zu jeder Zeit.

Manche Ausleger haben ihr Befremden darüber ausgesprochen, daß das Buch so unvermittelt schließt. Aber man darf sich durch die Verseinteilung, die diesen *Schlußsatz* dem 19. Kapitel zuschlug, nicht irreführen lassen. Dieser 22. Vers hat ein besonderes, den ganzen 3. Hauptteil abschließendes Gewicht. An den „klassischen“ Beispielen aus der Frühgeschichte Israels, der Befreiung aus Ägypten, dem Durchzug durchs Schilfmeer und dem Wüstenzug hat der Verfasser aufgezeigt, wie Gott (bzw. seine Weisheit) mit richtender und rettender Macht in die Geschichte eingreift. Gewiß, von dem König Salomo ist nicht mehr die Rede. Aber daß in Kap. 6,1–9,18, wo dieser das Wort führt, ein literarisches Kunst- und Stilmittel angewandt wurde, ist ja eine Einsicht, die der Verfasser jedem seiner Leser zutraute. Man darf ihm deshalb dies, daß Salomo so völlig zurücktritt, nicht ankreiden. Was er zeigen wollte, ist gesagt: Mit herrscherlicher Allgewalt greift der lebendige Gott in die Geschichte ein. Darum lernet Gerechtigkeit, trachtet nach Weisheit, ihr Richter auf Erden! Laßt euch warnen, ihr Gottlosen! Werft euer Vertrauen nicht weg, ihr Gerechten! Als ein Gott, der aller Wunder mächtig ist, hat sich der Gott Israels in der Geschichte seines Bundesvolks bezeugt, das er nie und nimmer vergessen wird (vgl. Jes. 49,15). Er ist sein Beistand allerorts, zu jeder Zeit. Dessen sill sich jeder, der dieses Buch liest und der ernstlich bestrebt ist, auf dem Weg, den die Weisheit lehrt, zu wandeln, in allen Bedrängnissen getrösten.

DAS BUCH TOBIAS

Inhalt

EINFÜHRUNG

Über dieses liebenswerte Buch, das in früherer Zeit ein gern und vielgelesenes Volksbuch gewesen ist[1] und das ein Maler wie Rembrandt so reich wie kein anderes Buch der Bibel illustriert hat, könnte man als Leitwort den Psalmvers schreiben: „Erkennet doch, daß der Herr seine Heiligen wunderbar führt", (Ps. 4,4). Es erzählt von *Tobit*, einem gottesfürchtigen Mann aus dem Stamm Naphtali, der nach der Eroberung des Nordreichs und dem Fall der Hauptstadt Samaria (722) von dem assyrischen König Salmanassar nach Ninive deportiert wurde, und von seinem Sohn Tobias. Als „das Buch der Worte Tobits" (1,1) stellt es sich selber vor. Tatsächlich berichtet der fromme, betagte Tobit auch in Kap. 1,1–3,6 in der Ich-Form von seinem Ergehen. Aber im Folgenden (Kap. 3,7 ff.) nimmt der (uns unbekannte) Erzähler das Wort und berichtet ausführlich über die Reise des jungen Tobias, den sein Vater mit einem wichtigen Auftrag nach Medien schickt. Erst nach dessen glücklicher Heimkehr wird der alte Tobit wieder die Hauptfigur (12,1 ff.), doch so, daß in der dritten Person über ihn berichtet wird. Schon diese Beobachtung zeigt, daß es sich nicht um eine erlebte, sondern eine erdachte Geschichte handelt, in die auch an einzelnen Stellen märchenhafte Züge eingeflochten sind (6,1 f.; 7,11; 11,9 f.). „Sieht man auf den äußeren Hergang, so wird uns die Geschichte des *jungen Tobias* erzählt: der Aufbruch aus dem Elternhaus, der Weg in die Fremde – ein Weg, der durch Gefahren und Versuchungen führt; die Brautwerbung; endlich die glückliche Heimkehr, und dies alles unter Gottes starkem Schutz, geleitet von Gottes heiligem Engel. Sieht man dagegen auf das innere Geschehen, so ist es die Frömmigkeit des *alten Tobit*, um die es in diesem Buch

1 Von dieser Beliebtheit zeugt auch die Tatsache, daß das Buch Tobit, in seiner Urfassung wohl aramäisch geschrieben, in drei verschiedenen griechischen Rezensionen überliefert ist und ins Hebräische, Armenische, Lateinische, Syrische und Äthiopische übersetzt wurde. Fragmente des Büchleins in hebräischer und armenischer Sprache wurden neuerdings in der Höhle 4 von Qumran gefunden.

geht: die Lebensweisheit, die aus seinen Worten spricht, die Demut seines Duldens und Wartens, der Lobpreis, mit dem er in allem Gott die Ehre gibt“ (H.M. Rotermund). Richtiger wäre also, vom Buch Tobit zu sprechen, aber da Vater und Sohn im Grund denselben Namen tragen[2], mag es – mit Luther – beim „Buch Tobias“ bleiben.

Wann und von wem dieses Büchlein verfaßt wurde, läßt sich nur mutmaßen. Es atmet den Geist und die Frömmigkeit der Juden, die fern von Jerusalem in der Zerstreuung lebten, sorgsam darauf bedacht, sich nicht mit den heidnischen Völkern zu vermischen und das Gesetz und den Glauben ihrer Väter zu bewahren. Daß neben dem Engel Raphael, der den jungen Tobias als Reisegefährte begleitet, auch ein böser Dämon mit Namen Asmodäus (3,8) in der Erzählung eine Rolle spielt, geht deutlich auf persischen Einfluß zurück; die im nachexilischen Judentum zunehmend ausgestaltete Engel- und Dämonlehre hat dort ihren Ursprung. Die Qumranfragmente und die Tatsache, daß dem Verfasser der im Jahr 20 v. Chr. begonnene Prachtbau des herodianischen Tempels noch nicht bekannt war, sind der Beweis dafür, daß das Buch sicher in vorchristlicher Zeit entstanden ist. Man wird an das 2. Jahrhundert v. Chr. denken dürfen und als Ort seiner Niederschrift die Diaspora des Ostens ins Auge fassen, mit deren Verhältnissen der Erzähler vertraut ist. Woher er den Stoff zu seiner Erzählung nahm, läßt sich nicht mehr im Einzelnen nachweisen[3]. Sie ist wohldurchdacht und bei aller behaglichen Breite, mit der die einzelnen Szenen geschildert werden, doch geschickt und zielstrebig aufgebaut. Die Personen, insbesondere die Gestalt des frommen, erblindeten Tobias, sind mit liebevoller Anteilnahme an ihrem Geschick gezeichnet. Die Kunst, ihr Inneres und ihre ganze Wesensart in den Gesprächen, die sie miteinander führen, dem Leser vor Augen zu stellen, beherrscht der Verfasser bewundernswert. Die innige Liebe der betagten Eltern zu ihrem Sohn Tobias, wie sie bei seinem ergreifend geschilderten Abschied und bei seiner glücklichen Heimkehr zutage tritt, das starke Zusammengehörigkeitsgefühl der

[2] Vgl. die Anmerkung zu Kap. 1,1.

[3] Als außerbiblische Quelle ist uns nur die Geschichte und eine Anzahl Sprüche eines gewissen *Achikar* bekannt, die auf 11 im Jahr 1906/7 in Elephantine aufgefundenen Papyrusblättern aufgezeichnet ist. Unter dem Namen „Achiachar“ nimmt das Buch Tobit auf diesen Achikar mehrfach Bezug (1,21 f.; 2,10; 11,17; 14,10). Er hat unter den assyrischen Königen Sanherib und Asarhaddon als Priester und Ratgeber gewirkt.

Verwandten, die sich nicht nur durch die Blutsbande, sondern durch den gemeinsamen Glauben an den Gott ihrer Väter verbunden wissen, die gewissenhafte Treue gegenüber dem Gesetz, an dessen Gebote man sich auch im heidnischen Lande gebunden weiß, die Pietät gegenüber den Eltern und den Verstorbenen, die praktischen Beweise der Barmherzigkeit gegenüber Armen und Notleidenden, die Lauterkeit der Gesinnung und der Frömmigkeit, an der ein Mann wie der alte Tobit auch in Zeiten der Not und des Unglücks festhält – dies alles hebt diese Geschichte über das Niveau einer unterhaltsamen Novelle weit hinaus. Sie will belehren, erziehen, zum Festhalten am Glauben der Väter in Gottesfurcht und Treue zum angestammten Volk anleiten. Diesem Zweck dienen auch die eingeflochtenen Gebete, Psalmen (3,1 ff.; 3,11 ff.; 9,15 ff.; 13,1 ff.) und Weisheitssprüche (4,13 ff.; 12,6 ff.). Daß dem jungen Tobias ein Engel zum Gefährten gegeben wird, der dem Leser zwar mit Namen vorgestellt wird (3,16), aber erst am Ende als Bote Gottes sich zu erkennen gibt (12,15), gibt der Erzählung einen besonderen, geheimnisvollen Reiz. Sie ist ein bewegendes Dokument der Gottesfurcht und Gesetzestreue, wie sie die Zerstreuten Israels bis in die späte nachexilische Zeit geübt haben. Aber über ihre erzieherische Absicht und Wirkung hinaus will sie am Beispiel dieser Frommen zeigen, wie *gütig* der Herr denen begegnet, die Ihm ihr Leid klagen (3,1 ff.; 3,11 ff.), wie sorgsam er auf ihr Gebet und ihre Tränen achtet, wie *wunderbar* er die Fäden verknüpft und seine Frommen tröstet, geleitet und zusammenführt.

TOBITS GESCHICK UND GROSSES LEID
Kap. 1,1—2,14

(1,1) **Das Buch der Worte Tobits[1], des Sohnes Tobiels, des Sohnes Ananiels, des Sohnes Aduels, des Sohnes Gabaels aus dem Geschlecht Asiels aus dem Stamm Naphtali,** (22), **welcher gefangen weggeführt wurde in den Tagen Enemassars[2], des Königs der Assyrer, aus Thisbe, das rechts von Kades Naphtali in Galiläa liegt, oberhalb Aser[3].**

(1,3) **Ich, Tobit, wandelte auf den Wegen der Wahrheit und Gerechtigkeit alle Tage meines Lebens und erwies viele Wohltaten meinen Brüdern[4] und dem Volk, die mit mir ins Land der Assyrer gezogen waren.** (4) **Als ich noch, ein Jüngling, in meiner Heimat im Land Israel, weilte, war der ganze Stamm Naphtali, meines Ahnherrn, von dem Haus Jerusalems abgefallen, das aus allen Stämmen Israels erwählt war, daß alle Stämme daselbst opfern sollten; und dies, obwohl es doch der zur Wohnung des Höchsten geheiligte Tempel war und erbaut auf ewig für alle Geschlechter.** (5) **Alle Stämme, die mitabgefallen waren, opferten dem Baals-Kalb, so auch das Haus Naphtali, meines Ahnherrn.** (6) **Aber ich als einziger zog oft hinauf nach Jerusalem zu den Festen, wie sie ganz Israel aufgrund ewiger Satzung vorgeschrieben sind, mit den Erstlingen und Zehnten der Ernte[5] und der Schafschur.** (7) **Und ich gab sie den Priestern, den Söhnen Aarons, für den Altar; den Zehnten gab ich den Söhnen Levis, die in Jerusalem Dienst taten; den zweiten Zehnten[6] verkaufte ich und bestritt damit meine Reise und verzehrte ihn alljährlich in Jerusalem.** (8) **Und den Dritten[7] gab ich, welchen er gebührte, wie dies Debora, meines Vaters Mutter, geboten hatte, dieweil ich als Waise von meinem Vater hinterlassen war.** (8) **Als ich dann ein Mann geworden war, nahm ich Anna aus unsrem väterlichen Geschlecht zur Frau und zeugte mit ihr den Tobias.**

[1] Das Buch enthält die Worte Tobits, mit welchen er seine Geschichte (bzw. die seines Sohnes Tobias) beschrieb. Tobit ist, genau wie Tobias, griechische Namensform für das hebräische „Tobi“, Abkürzung für Tobijahu (d.h. Güte Jahwes vgl. 2. Chron. 17,9; Nehem. 2,10; Sach. 6,10). Luther — darin der Vulgata folgend — nennt Vater und Sohn Tobias.

[2] d. i. Salmanasser (727—23), allerdings führte erst dessen Nachfolger Sargon die Stämme des Nordreichs weg (722).

[3] Aser = Hazor (Jos. 19,27).

[4] aus dem Stamm Naphtali.

[5] wörtlich: der Erzeugnisse (des Bodens).

[6] Der Verkauf des zweiten Zehnten, der im 2., 4. und 5. Jahr zu entrichten war (vgl. 5. Mos. 12,17; 14,22—24), war ausdrücklich gestattet (vgl. 5. Mos. 14,25).

[7] Der dritte Zehnte (alle 3 Jahre zu entrichten) war zum Almosen für die Armen bestimmt (5. Mos. 14,28 f.: 26,12).

(10) **Und als wir gefangen nach Ninive weggeführt wurden, da aßen alle meine Brüder und alle aus meiner Verwandtschaft von den Speisen[8] der Heiden.** (11) **Ich aber hütete mich, davon zu essen,** (12) **weil ich Gottes eingedenk war mit ganzem Herzen.** (13) **Und der Höchste gab, daß ich vor Enemessar Gnade fand und auf ihn einen guten Eindruck machte[9], und so wurde ich sein Einkäufer[10].** (14) **Und ich reiste nach Medien und hinterlegte bei Gabael, dem Bruder des Gabrias, in Rages in Medien zehn Talente Silber.**

(15) **Als dann Enemessar starb, wurde Sennacherim[11] König an seiner Statt, und es kamen unruhige Zeitläufte[12], so daß ich nicht mehr nach Medien reisen konnte.** (16) **Ich hatte aber in den Tagen Enemessars meinen Brüdern viel Wohltaten erwiesen:** (17) **Mein Brot gab ich den Hungrigen und meine Kleider den Nackten und, wo ich einen aus meinem Volk verstorben und hinter die Mauer von Ninive geworfen fand, begrub ich ihn.** (18) **Und wenn der König Sennacherim einen hinrichten ließ, als er flüchtig aus Judäa zurückkam, bestattete ich ihn heimlich. Viele nämlich tötete er in seinem Zorn, und wenn dann die Leichname vom König gesucht wurden, so fand man sie nicht.** (19) **Es ging aber einer von den Leuten aus Ninive hin und zeigte mich beim König an, daß ich es sei, der sie insgeheim begrübe. Und ich versteckte mich; als ich aber erkannte, daß man mich zu töten suchte, fürchtete ich mich und floh außer Landes.** (20) **Und mein ganzes Vermögen wurde beschlagnahmt, und so blieb mir nichts übrig außer Anna, meiner Frau, und meinem Sohn Tobias.** (21) **Aber keine fünfzig Tage waren verstrichen, da töteten ihn[13] seine beiden Söhne, und sie entflohen in das Gebirge Ararat, und sein Sohn Sacherdon[14] wurde König an seiner Statt. Der setzte Achiachar[15], den Sohn meines Bruders Anael, über das ganze Geldwesen seines Reichs und über die gesamte Verwaltung.** (22) **Und Achiachar legte Fürsprache für mich ein; so konnte ich wieder nach Ninive zurückkehren. Achiachar aber war Mundschenk und Siegelbewahrer und Verwalter und Vorsteher des Geldwesens; Sacherdon hatte ihn zum zweiten Mann nach sich bestellt in seinem Reich. Er war aber meines Bruders Sohn.**

8 wörtlich: vom Brot.
9 wörtlich: er gab (mir) Gunst und Gestalt vor Enemessar.
10 d.h. sein Hoflieferant, der die Bedürfnisse für die königliche Tafel zu beschaffen hatte.
11 Im AT sonst Sanherib genannt.
12 wörtlich: seine Wege waren unbeständig (er unternahm viele Kriegszüge).
13 den König (er wurde von seinen Söhnen Adrammelech u. Sarezer ermordet).
14 Asarhaddon (681—668).
15 Achikar (s. Einführung).

(2,1) **Als ich nun in mein Haus zurückgekehrt war und mir meine Frau Anna und mein Sohn Tobias wiedergeschenkt waren, wurde am Pfingstfest, welches das heilige Fest der sieben Wochen[16] ist, mir zu Ehren ein festliches Mahl zugerichtet, und ich setzte mich nieder zum essen.** (2) **Und beim Anblick der vielen Speisen sprach ich zu meinem Sohn: Geh, und wenn du unter unsren Brüdern einen Bedürftigen findest, der des Herrn eingedenk ist, so bring ihn herbei; siehe, ich warte auf dich.** (3) **Und als er wiederkam, sprach er: Vater, einer von unsrem Volk liegt erdrosselt auf dem Marktplatz!** (4) **Da sprang ich auf, ehe ich noch etwas gekostet hatte, und brachte ihn in ein Haus, bis daß die Sonne unterging.** (5) **Und ich kehrte zurück, wusch mich und aß mit Trauern mein Brot** (6) **und gedachte der Weissagung des Amos, die da lautet:**

„Eure Feste sollen in Trauer verkehrt werden
und all euer Frohlocken in Klage[17]"

und ich weinte. (7) **Und als die Sonne untergegangen war, ging ich hin, grub ein Grab und bestattete ihn.** (8) **Die Nachbarn aber verlachten mich und sagten: Wieder fürchtet er sich nicht, um solcher Tat willen getötet zu werden. Er hat fliehen müssen, und schon wieder begräbt er die Toten!** (9) **Und in derselben Nacht, als ich vom Begräbnis heimgekommen war, legte ich mich neben der Mauer des Hofs schlafen, weil ich mich verunreinigt hatte, und mein Antlitz war unbedeckt.** (10) **Ich wußte aber nicht, daß in der Mauer Sperlinge nisteten. Und wie ich mit geöffneten Augen dalag, ließen die Sperlinge ihre Kotspritzer mir in die Augen fallen[18]. Da bildeten sich weiße Flecken in meinen Augen und ich ging zu den Ärzten, aber sie konnten mir nicht helfen. Achiarchos aber sorgte für meinen Unterhalt, bis er nach Elymais zog.**

(11) **Und meine Frau Anna spann Wolle in den Frauengemächern[19] und schickte sie den Herren[20], die zahlten ihr den Lohn aus und gaben ihr ein Böcklein dazu.** (13) **Als es aber zu mir kam, fing es an zu blöken, und ich fragte sie: Woher das Böcklein? Es ist doch nicht etwa gestohlen! Gib es den Herren zurück, denn es ist nicht recht, Gestohlenes zu verzehren.** (14) **Sie aber sprach: Als ein Geschenk wurde es mir zum Lohn hinzu gegeben. Aber ich schenkte ihr keinen Glauben und sagte, sie solle es den Herrn zurückgeben, und wurde rot vor**

16 Vgl. 3. Mos. 34,22; 5. Mos. 16,9 f.
17 Amos 8,10.
18 wörtlich: sie schissen mir etwas Warmes in meine Augen.
19 Oder: fertigte weibliche (Hand) Arbeiten an.
20 die diese Arbeit vergaben.

Zorn[21]. Sie aber antwortete und sprach zu mir: Was hast du nun von deinen Almosen und deinen rechtschaffenen Taten? Siehe, jetzt kommt's heraus, wie es um dich steht[22].

Im Rückblick auf sein bisheriges Leben erzählt der betagte Tobit im 1. Kapitel sein bewegtes Schicksal. Er stellt sich dem Leser in eigener Rede vor; dadurch erreicht der Erzähler, daß man diesen Lebensbericht mit besonderer Anteilnahme hört. Aus seiner Heimat Thisbe in Galiläa vertrieben befindet sich Tobit mit anderen Deportierten sowie mit seiner Frau Anna und seinem Sohn Tobias in der Stadt Ninive. Auch hier ist er bestrebt, wie von Jugend auf, auf den „Wegen der Wahrheit und der Gerechtigkeit" zu wandeln. Schon in der Zeit vor der Wegführung wußte er sich streng an das Gesetz gebunden; auch nach dem Abfall der zehn Stämme des Nordreichs hielt er dem Heiligtum Gottes in Jerusalem und seiner Priesterschaft die Treue, indem er den Zehnten entrichtete und seine jährliche Wallfahrt zum Tempel unternahm. Auch im heidnischen Lande war er streng darauf bedacht, sich vor aller Verunreinigung zu hüten. Seinen Glaubens- und Schicksalsgenossen wußte er sich besonders verbunden. Nicht nur, daß er Hungrige speiste, Nackte bekleidete (vgl. Jes. 58,7; Matth. 25,35 f.). Auch die Toten seines Volkes, die der König von Assur hinrichten und unbestattet liegen ließ, bestattete er mit eigenen Händen ungeachtet der damit verbundenen Gefahr. Was die äußeren Lebensumstände Tobits betrifft, erging es ihm in der ersten Zeit seines Aufenthalts in der Verbannung recht erträglich. Unter dem König Salmanassar, dessen Vertrauen er gewonnen hatte, kam er als dessen Einkäufer zu beachtlichem Wohlstand. Sicherheitshalber deponierte er einen Teil seines Vermögens bei einem gewissen Gabael, der in der Stadt Rages in Medien wohnte[23] – eine beiläufige Notiz, die für den Fortgang der Erzählung bedeutsam ist. Unter seinem Nachfolger Sanherib fiel er jedoch in Ungnade. Es wurde dem gewalttätigen Herrscher hinterbracht, was er an den Toten seines Volkes tat, wie er sie das Verbot des Königs mißachtend begrub. Seines Le-

21 wörtlich: errötete vor ihr.

22 wörtlich: alles ist erkannt, was dich betrifft. Schwerlich will die Frau Tobits damit sagen, seine ganze Rechtschaffenheit sei nur frommer Schein gewesen. Was — nach ihrer Meinung — an den Tag kommt, ist vielmehr dies, daß er Gott umsonst gedient hat (vgl. Hiob 2,9).

23 10 Tagemärsche östlich von der Hauptstadt Ekbatana gelegen. Heute liegt dort die Stadt Teheran.

bens nicht mehr sicher mußte Tobit außer Landes fliehen; sein Vermögen wurde konfisziert. Zwar wurde ihm nach dem Ende Sanheribs und seiner kurzen Schreckensherrschaft durch die Fürsprache seines Neffen, des angesehenen Achiachar, die Rückkehr nach Ninive gestattet. Aber kurz nach seiner Rückkehr traf ihn neues, schweres Leid.

Bei dem festlichen Mahl, das ihm am Pfingstfest in seinem Haus bereitet wurde[24], wird Tobit gemeldet, daß ein Mann aus seinem Volk erdrosselt auf dem Marktplatz liegt. Alsbald steht er auf und trägt den Toten in sein Haus, um ihn nach Untergang der Sonne zu bestatten. Was ihn dazu bewegt, an dieser Pflicht, die er sich selbst auferlegt hat, ungeachtet des Spottes der Nachbarn und der damit verbundenen Gefahr festzuhalten, ist nicht nur das Gefühl der Pietät. In bußfertiger Trauer beugt er sich unter das Gericht, das nach der Weissagung des Propheten Amos über sein Volk gekommen ist (2,5 f.). Aber seine Tat wird ihm schlecht gelohnt! Er bezahlt sie mit dem Verlust seines Augenlichts[25]. Da in der Folgezeit auch die Unterstützung durch Achiachar, den Sohn seines Bruders wegfällt, kehrt die Armut in seinem Haus ein. Seine Frau Anna muß mit ihrer Hände Arbeit die Familie ernähren. Tobit ist mißtrauisch, ob es dabei auch gewiß mit rechten Dingen zugeht. Hat sie am Ende das Böcklein gestohlen, das sie eines Tages mitbringt? Es kommt zwischen den Eheleuten, die bisher in Frieden und Eintracht lebten, zu einem scharfen Wortwechsel[26]. Verbittert angesichts des unverdienten Leids, das über die Familie gekommen ist, hält Anna dem erblindeten, verarmten Tobit vor, wie schlecht sich seine Rechtschaffenheit bezahlt gemacht hat. Die Erinnerung an die Frau Hiobs drängt sich auf, die in ähnlicher Weise ihrem Mann vorhielt, welch schlimmen Lohn ihm sein Festhalten an Gott eingetragen habe (Hiob 2,9). Auch hier steht die Frage zwischen den Zeilen: Hältst du noch immer fest an Gott?

24 zur Feier seiner Heimkehr und der Wiedervereinigung mit Weib und Kind.

25 Wie es zu dieser Erblindung kam, wird in Kap. 2,9 f. geschildert. Daß sich Tobit dadurch, daß er den Vogelkot wegwischen wollte und dabei die Augen rieb, eine Augenentzündung zuzog, die zur Erblindung führte, ist durchaus denkbar. Aber solche medizinischen Erwägungen sind hier genau so wie bei der später berichteten Heilung durch Fischgalle (11,10 f.) fehl am Platz.

26 Daß diese Armut eine „Haderkatze" ist, wie der Volksmund sagt, bewahrheitet sich.

ZWEI GEBETE AUS TIEFER NOT

Kap. 3,1—16

(3,1) **Da war ich sehr betrübt und weinte und betete in meinem Schmerz also:** (2) **Gerecht bist du, Herr, und alle deine Werke und all deine Wege sind Erbarmen und Wahrheit, und wahrhaftiges und gerechtes Gericht übst du in Ewigkeit.** (3) **Gedenke meiner und blicke gnädig auf mich herab! Strafe mich nicht nach meinen Sünden und nach meinen Vergehen und denen meiner Väter, die vor Dir gesündigt haben.** (4) **Denn sie haben deinen Geboten nicht gehorcht und so gabst du uns dahin zum Raub und ins Gefängnis und in den Tod und zum Spottlied aller Völker, unter die wir zerstreut sind.** (5) **Und nun geschieht es zu Recht, daß so viele Gerichte über mich ergehen um der Sünden willen, die ich und meine Väter begangen haben, denn wir haben deine Gebote nicht befolgt, und wandelten nicht in Wahrheit vor Dir.** (6) **Tu an mir nach deinem Wohlgefallen. Befiehl, daß mein Geist hinweggenommen werde, daß ich abscheide und zur Erde werde, denn für mich ist es besser, zu sterben als am Leben zu bleiben. Denn ich mußte mitanhören, wie ich verleumdet und geschmäht wurde, und mein Schmerz ist groß. Befiehl, daß ich von solcher Not befreit werde und nun an den ewigen Ort gelange. Wende dein Antlitz nicht ab von mir!**

(3,7) **An demselben Tag widerfuhr es Sara, der Tochter Raguels, zu Ekbatana in Medien, daß auch sie geschmäht wurde von den Mägden ihres Vaters —** (8) **denn sie war schon sieben Männern zur Frau gegeben worden, aber Asmodäus**[1]**, der böse Geist, hatte sie getötet, ehe sie noch eheliche Gemeinschaft mit ihr gepflogen hatten — und sie sagten zu ihr: Bist du von Sinnen, daß du deine Männer umbringst? Schon sieben hast du gehabt und nach keinem von ihnen bist du genannt.** (9) **Was schlägst du uns? Wenn sie schon sterben mußten, geh mit ihnen! Nie und nimmer möchten wir einen Sohn oder eine Tochter von dir sehen!** (10) **Als sie das hörte, wurde sie sehr traurig, so daß sie sich erhängen wollte. Aber sie sprach: Ich bin die einzige Tochter meines Vaters. Wenn ich dies tue, so gereicht es ihm zur Schande, und ich bringe sein Alter mit Herzeleid in die Grube.** (11) **Und sie betete am**

1 Asmodäus — entweder aus dem Hebräischen zu erklären („Zerstörer") oder, was wahrscheinlicher ist, aus dem Persischen („böser Geist") — ist im Judentum jener Zeit eine Bezeichnung dämonischer Macht (im Talmud weiter fortgebildet u. mit dem Satan identifiziert).

Fenster[2] und sprach: Gepriesen seist du, Herr, mein Gott, und gelobt sei dein heiliger und ehrwürdiger Name in Ewigkeit! Preisen sollen dich alle deine Werke ewiglich! (12) Und nun, Herr, habe ich meine Augen und mein Antlitz dir zugewandt. (13) Befiehl, mich abzurufen von der Erde, daß ich nicht länger hören muß, wie man mich schmäht. (14) Du weißt, Herr, daß ich rein bin von jeglicher Sünde mit einem Manne (15) und daß ich meinen Namen nicht befleckt habe noch den Namen meines Vaters im Lande meiner Gefangenschaft. Ich bin die einzige Tochter meines Vaters, und er hat sonst kein Kind, das ihn beerben könnte, noch einen nahen Verwandten, noch ist von diesem ein Sohn da, daß ich mich diesem zur Frau erhalten sollte. Schon sieben Männer sind mir gestorben; was soll mir das Leben? Gefällt es dir aber nicht, mir das Leben zu nehmen, so befiehl, daß man gnädig auf mich blicke und meiner sich erbarme, daß ich nicht länger solche Schmähung hören muß!

(16) Und der Herr erhörte das Gebet beider in Gegenwart der Herrlichkeit des großen Raphael (17) und derselbe wurde abgesandt, die Beiden zu heilen: dem Tobit die weißen Flecken wegzunehmen, und Sara, die Tochter Raguels, dem Tobias, Tobits Sohn, zur Frau zu geben und Asmodäus, den bösen Geist, zu fesseln, weil es Tobias zukam, sie zu besitzen. Zur gleichen Zeit kehrte Tobit zurück und ging in sein Haus und stieg Sara, die Tochter Raguels, herab aus ihrem Obergemach.

Tobit streitet sich nicht mit seiner aufgebrachten verbitterten Frau herum – er *betet!* Vor dem Gott seiner Väter schüttet er unter Tränen sein Herz aus (vgl. Ps. 62,9) und bittet ihn, daß er ihn von dieser Welt nehme. Er beklagt sich nicht über sein schweres Los. Er hadert nicht mit Gott, weil er ihm die Barmherzigkeit an jenem Toten, den er begrub, so übel gelohnt habe. Im Gegenteil! Sein Gebet beginnt mit dem Bekenntnis: Gerecht bist du, Herr! Mochte bei Tobits Bericht über seinen gottesfürchtigen Wandel in Kap. 1 vielleicht der Eindruck entstehen, er habe seine Frömmigkeit nicht ohne Selbstgefälligkeit ins Licht gestellt, so zeigt sich hier, wie weit er davon entfernt ist, sich darauf etwas zugut zu tun. Er beugt sich unter das Gericht, das Gott über sein Volk um seines Ungehorsams willen verhängt

[2] nach Jerusalem (vgl. Dan. 6,10). Vgl. 1. Kön. 19,4. – Der Gedanke, dem sinnlos gewordenen Dasein selbst ein Ende zu machen, liegt den Frommen des Altes Bundes völlig fern. Daß Gott Herr über Leben und Tod ist, wird unbedingt respektiert.

hat und nimmt auch sein persönliches Leid als verdiente Züchtigung aus der Hand des Herrn. Freilich, er ist es müde, sein Los noch länger zu ertragen, nachdem er zu nichts mehr nütze ist und überdies so bittere Worte über sich ergehen lassen muß. Deshalb die Bitte: Vergönne mir daß ich sterben darf[2]! Laß mich an den ewigen Ort[3] gelangen! (V. 6) Aus V. 17 geht hervor, daß der blinde Tobit dieses Gebet außerhalb seines Hauses gesprochen hat; niemand – außer Gott – sollte es hören.

Am selben Tag, ja zu derselben Stunde, schüttet *Sara*, die Tochter Raguels, ihr Herz aus vor dem Herrn (vgl. 1. Sam. 1,15). Auch sie ist in so großer Not und Betrübnis, daß sie nicht länger leben mag (V. 13). Bittere Schmähungen muß auch sie über sich ergehen lassen, nachdem sie sieben Männern schon zur Frau gegeben wurde und alle in der Hochzeitsnacht eines rätselhaften Todes gestorben sind. „Bist du von Sinnen, daß du deine Männer umbringst“[4]? so höhnen ihre Mägde; sie schieben Sara selbst die Schuld an der unheimlichen Häufung dieser plötzlichen Todesfälle[5] zu. Daß hier ein böser Dämon sein Werk getrieben hat, wird ja vom Erzähler nur dem Leser mitgeteilt. Auch Sara rechtet nicht mit Gott so wenig wie Tobit. Im Gegenteil, mit einem Lobpreis beginnt sie ihr Gebet. Im Blick auf die schlimmen Vorwürfe, die sie von ihren Mägden einstecken mußte, ruft sie den Allmächtigen zum Zeugen ihrer Unschuld an. Nach all dem, was ihr widerfahren ist, und angesichts der Tatsache, daß sie, einziges Kind Raguels, weder Geschwister noch Verwandte hat, die sie brauchen oder ihr beistehen könnten, stellt sie die verzweifelte Frage: Was soll mir das Leben? Sie sieht keine Zukunft vor sich, für die sich's noch länger zu leben lohnte, es sei denn daß Gott ihr unheimliches Geschick wendet und sich ihrer erbarmt. – Besser als durch viele Worte ist es dem Erzähler gelungen, die tiefe Betrübnis des Tobit und der Sara dadurch zu schildern, daß er sie ihre Not in wörtlicher Rede Gott klagen läßt. Die Demut und die Gottesfurcht dieser Gebete ist ergreifend. Dies mag den Leser, der sich an der kuriosen Geschichte von den 7 toten Freiern stößt, die aus der Welt der Sagen und Märchen stammt, mit diesem Bericht versöhnen.

[3] Damit sind nicht die „ewigen Hütten“ (Luk. 16,9) gemeint, auch nicht das Grab, vielmehr die Totenwelt (Scheol).

[4] wörtlich: ersticks t.

[5] Die Zahl sieben ist nicht zufällig gewählt. Die heilige Zahl ist zugleich die Unglückszahl, die auch im Bereich der Dämonen eine besondere Rolle spielt (vgl. Luk. 8,2; Apostelgeschichte 19,14).

Beider Gebet wird von Gott erhört. Man denkt an das Wort Luthers dabei: „Je tiefer einer ist, desto besser sieht ihn Gott". Raphael[6], einer der 7 Thronengel, wird mit dem Auftrag entsandt, den blinden Tobit zu heilen und dem bösen Dämon, der die Freier der frommen Sara umbrachte, das Handwerk zu legen. Denn der Sohn Tobits, der junge Tobias, soll Sara zur Frau bekommen und mit ihr glücklich werden. Mit der Eröffnung dieses göttlichen Plans ist für die folgenden Kapitel das Thema gestellt. Derr Allmächtige, der dieser Betrübten sich erbarmte, wird ihnen Trost und Hilfe zuteil werden lassen, wobei Raphael, sein unerkannter Bote, als Werkzeug fungieren wird. Durch Gottes Fügung wird es dahin kommen, daß Sara und Tobit, die zu gleicher Stunde Gott anriefen, sich Auge in Auge begegnen. Auf wunderbare Weise wird Tobias mit ihr zusammengeführt, überreich wird der erblindete, verarmte Tobit in den Tagen seines Alters getröstet.

DER AUFTRAG UND ABSCHIED DES TOBIAS
Kap. 4,1—5,23

(4,1) An jenem Tag erinnerte sich Tobit des Silbers, das er bei Gabael zu Rages in Medien hinterlegt hatte, (2) und sprach bei sich selbst: Ich habe mir den Tod gewünscht; warum rufe ich nicht meinen Sohn Tobias, daß ich's ihm anzeige, ehe ich sterbe? (3) Und er rief ihn und sprach: Kind, wenn ich sterbe, so begrabe mich und laß es an der Fürsorge für deine Mutter nicht fehlen[1]. Ehre sie alle Tage deines Lebens und tue, was ihr wohlgefällt, und betrübe sie nicht. (4) Gedenke, Kind, daß sie deinetwegen viele Gefahren ausgestanden hat, als sie dich unter dem Herzen trug. Wenn sie stirbt, so bestatte sie neben mir im gleichen Grabe. (5) Alle Tage gedenke, Kind, des Herrn, unsres Gottes und sei nicht gewillt, zu sündigen und seine Gebote zu übertreten. Übe Gerechtigkeit alle Tage deines Lebens und wandle nicht auf den Wegen des Unrechts. (6) Denn wenn du die Wahrheit tust, wird es dir wohlergehen in deinen Werken. (7) Und allen, die Recht tun, erweise Barmherzigkeit von deinen Gütern und dein Auge

6 Der Name Raphael bedeutet: Gott heilt. So als ein Bote, der die heilende Kraft Gottes zu den Menschen bringt, wird R. auch im apokryphen Buch Henoch (10,4) erwähnt.

1 wörtlich: vernachlässige deine Mutter nicht.

sei nicht mißgünstig, wenn du Almosen gibst. Wende dein Angesicht von keinem ab, der arm ist, so wird auch Gott sein Angesicht nicht von dir wenden. (8) **Hast du viel, so gib Almosen nach deinem Vermögen; hast du wenig, so scheue dich nicht, dem Wenigen gemäß Barmherzigkeit zu erweisen.** (9) **Denn so sammelst du dir einen guten Schatz auf den Tag der Not.** (10) **Denn Almosen geben errettet vom Tod und läßt nicht in die Finsternis eingehen.** (11) **Denn als ein gutes Opfer gilt vor dem Höchsten das Almosen aller, die es spenden. (12) Hüte dich, Kind, vor aller Hurerei und vor allem: nimm eine Frau aus dem Geschlecht deiner Väter. Nimm keine Fremde zur Frau, die nicht aus dem Stamm deines Vaters ist, denn wir sind Söhne der Propheten. Noah, Abraham, Isaak, Jakob, unsre Väter von altersher — gedenke, Kind, daß diese alle Frauen von ihren Brüdern nahmen und in ihren Kindern gesegnet wurden, und ihre Nachkommen werden das Land besitzen.** (13) **Und nun, Kind, liebe deine Brüder und wende dich nicht hoffärtigen Herzens ab von deinen Brüdern und von den Söhnen und Töchtern deines Volks, daß du dir nicht aus ihnen eine Frau nehmen solltest. Denn im Übermut lauert das Verderben und viel Ungemach, und Liederlichkeit hat Verlust und großes Elend zur Folge. Liederlichkeit ist die Mutter des Hungers.** (14) **Enthalte keinem Menschen seinen Lohn vor, der bei dir arbeitet, sondern zahle ihm denselben alsbald aus; denn wenn du Gott dienst, wird dir auch vergolten. Hab acht auf dich selbst, Kind, in allem, was du tust, und erzeige dich wohlerzogen in all deinem Wandel.** (15) **Und, was dir selbst zuwider ist**[2]**, das füge niemand zu. Trinke nicht Wein, bis du trunken bist und kein Rausch gehe mit dir auf deinem Wege!** (16) **Von deinem Brot gib dem Hungrigen und von deinen Kleidern den Nackten! Mit allem, was du im Überfluß hast, übe Barmherzigkeit, und dein Auge blicke nicht scheel, wenn du Almosen spendest.** (17) **Spende reichlich deine Speise beim Begräbnis der Gerechten**[3] **und gib nicht den Sündern.** (18) **Suche Rat bei jedem, der verständig ist, und verachte keinen Rat, der dir nützlich ist.** (19) **Und zu aller Zeit preise Gott den Herrn und erbitte von ihm, daß deine Wege gerade werden und alle deine Pfade und Anschläge wohl gelingen. Denn unter den Menschen ist guter Rat teuer**[4]**, Er aber, der Herr, gibt alles Gute und er erniedrigt, wen er will, wie's ihm gefällt. Und nun, Kind, denke an meine Gebote, und laß sie nicht ausgelöscht werden aus deinem Herzen. —** (20) **Und nun tu ich dir kund von den zehn Talenten Silbers, die ich bei Gabael, des**

[2] wörtlich: was du hassest.
[3] als Beitrag zu der Leichenmahlzeit (vgl. Jer. 16,7; Hesek. 24,17).
[4] wörtlich: denn alles Volk hat nicht Rat.

Gabrias Bruder, zu Rages in Medien hinterlegt habe. (21) **Fürchte dich nicht, Kind, weil wir arm geworden sind; vieles bleibt dir, wenn du Gott fürchtest und dich fernhältst von jeglicher Sünde und tust, was vor ihm gefällig ist.**

(5,1) **Und Tobias antwortete und sprach zu ihm: Vater, ich werde alles tun, was du mir geboten hast. Aber wie werde ich das Geld einziehen können, wo ich doch jenen Mann nicht kenne?** (3) **Da gab er ihm die Handschrift und sprach zu ihm: Such dir einen Mann, der mit dir reist, und ich will's ihm lohnen, solange ich lebe. Und reise und zieh das Geld ein!** (4) **Und er ging hin, einen Mann zu suchen, und fand den Raphael; der war ein Engel, er aber wußte es nicht.** (5) **Und er sprach zu ihm: Kann ich mit dir nach Rages in Medien reisen, und kennst du dich in dieser Gegend aus?** (6) **Der Engel sprach zu ihm: Ich will mit dir reisen und kenne den Weg, und bei Gabael, unsrem Bruder, habe ich schon genächtigt.** (7) **Und Tobias sprach zu ihm: Warte auf mich, ich will es meinem Vater mitteilen.** (8) **Er sprach zu ihm: Geh hin und säume nicht! Und er ging hinein und sprach zu seinem Vater: Siehe, ich habe einen gefunden, der mit mir reisen will. Er aber sprach: Rufe ihn zu mir, daß ich erkunde, aus welchem Stamm er ist, und ob er zuverlässig ist, mit dir zu reisen. (9) Und er holte ihn, und jener trat ein, und sie begrüßten einander.** (10) **Und Tobit sprach zu ihm: Bruder, aus welchem Stamm und welcher Familie bist du? Zeige mir's an!** (11) **Er spach zu ihm: Suchst du Stamm und Familie oder einen Lohndiener, der mit deinem Sohn reisen soll? Tobit sprach zu ihm: Ich wünsche, Bruder, deine Herkunft und deinen Namen zu erfahren.** (12) **Er aber sprach: Ich bin Asarja, des großen Ananias Sohn, von deinen Brüdern.** (13) **Er sprach zu ihm: Sei willkommen, Bruder, und zürne mir nicht, weil ich deinen Stamm und deine Familie zu erfahren suchte. Du bist, mein Bruder, aus guter und angesehener Familie.** (14) **Ich habe nämlich Ananias und Jonathan, des großen Simeon Söhne, kennen gelernt, als wir gemeinsam nach Jerusalem reisten, um anzubeten, und die Erstlinge und Zehnten alles Ertrags darbrachten; sie haben sich nicht durch den Abfall unsrer Brüder verführen lassen. Du bist von guter Herkunft**[5]**, Bruder.** (15) **Aber sage mir: Welchen Lohn soll ich dir geben? Eine Drachme für jeden Tag und wessen du sonst bedarfst, wie auch mein Sohn?** (16) **Und noch eine Zulage zu deinem Lohn, wenn ihr gesund zurückgekehrt seid?** (17) **Und sie wurden einig. Und er sprach zu Tobias: Mache dich fertig für die Reise und zieht glücklich eures Weges! Und sein Sohn machte sich reisefertig. Und sein Vater sprach zu ihm: Ziehe**

5 wörtlich: aus guter Wurzel.

hin mit diesem Mann! Aber der im Himmel wohnt, Gott lasse eure Reise gelingen und sein Engel geleite euch! So zogen die Beiden aus auf ihre Reise und des Jünglings Hund lief mit ihnen. — (18) **Anna, seine Mutter, aber weinte und sprach zu Tobit: Warum hast du unser Kind fortgeschickt? Ist er nicht die Stütze unsrer Hand, wenn er bei uns aus- und eingeht?** (19) **Mag das Geld nicht zum Geld kommen, sondern ein Lösegeld für unser Kind werden!**[6] (20) **Wieviel uns von dem Herrn zum Leben gegeben wird, das ist genug für uns.** (21) **Aber Tobit sprach zu ihr: Habe keine Sorge, Schwester. Er wird gesund wiederkommen, und deine Augen werden ihn wiedersehen.** (22) **Denn ein guter Engel wird mit ihm ziehen, und sein Weg wird glücklich sein, und gesund wird er heimkehren.** (23) **Da hörte sie auf zu weinen.**

Wer so wie Tobit zum Abschied von dieser Welt sich rüstet, tut recht daran, wenn er ordnet, was noch zu ordnen ist, und sein Haus bestellt. So erinnert sich denn dieser auch an dem Tag, an dem er Gott gebeten hat, daß er ihn von dieser Welt nehme, der Geldsumme, die er vor vielen Jahren bei Gabael im fernen Medien deponiert hat (1,14). Tobias wird diese zehn Talente Silber wohl gebrauchen können, nachdem Tobit selbst sein sonstiges Vermögen verloren hat und die Armut im Hause eingekehrt ist. Er beschließt, den Sohn nach Rages zu senden, damit er das hinterlegte Geld von Gabael zurückfordre. Das wird eine lange, weite Reise werden und, auf sein eigenes Ende gerüstet, ruft Tobit seinen Sohn zu sich, um ihm eine letzte väterliche Mahnung mit auf den Weg zu geben, für den Fall, daß er ihn nicht wiedersehen sollte. Diese Worte Tobits sind ein Vermächtnis, in dem der Erzähler seine eigene Erfahrung mit Gott und den Menschen ausspricht und weitergibt. Matthias Claudius, der Wandsbecker Bote, hat sie vor Augen gehabt, als er seinen unvergeßlichen Brief „An meinen Sohn Johannes“ schrieb.

Es ist eine schlichte, praktische Frömmigkeit, von der diese *Abschiedsworte Tobits* Zeugnis ablegen. Mit gefaßter Nüchternheit spricht er von seinem eigenen Sterben, persönlich schon ganz darauf gerüstet. Er, der so viele Tote seines Volkes bestattet hat, möchte von seinem Sohn – falls er dessen Heimkehr erlebt – begraben werden. Nach des Vaters Tod soll Tobias seine Mutter, solange sie lebt, ja in Ehren halten. Denn was die eigene Mutter an ihm getan hat, kann

6 Sinn: Anna will gern auf das Geld verzichten, wenn nur ihr Tobias wieder gesund heimkehrt!

er ihr nie genug danken sein Leben lang. Im Gehorsam gegen Gottes Gebote, auf Recht und Gerechtigkeit bedacht, soll der Sohn seinen Weg gehen, zufrieden mit dem, was ihm Gott an irdischem Gut gönnt und zuteilt, und freigebig gegenüber den Bedürftigen. Daß er mit Almosen nicht geize, legt ihm Tobit besonders ans Herz; denn solches Tun bleibt Gott nicht verborgen. Es gefällt ihm wohl und hat eine große Verheißung (V. 7–12). Die Mahnung, dem Hungrigen das Brot zu brechen, den Nackten zu bekleiden und ohne Hintergedanken aus dem eigenen Überfluß den Bedürftigen reichlich zu unterstützen, wird in V. 16 noch einmal mit Nachdruck eingeschärft. Almosen geben gilt dem Verfasser als besonders wichtiger Beweis einer nicht nur eingebildeten, sondern wirklich praktizierten Frömmigkeit. Gib's auch dann, wenn du selbst nicht aus dem Vollen schöpfen kannst, sondern dich mit Wenigem begnügen mußt (V. 8)! Zu der Kindespflicht gegenüber Vater und Mutter und der Fürsorgepflicht für die Armen und Hilfsbedürftigen treten Mahnungen, die sich mit der persönlichen Lebensgestaltung befassen. Hier ist es Tobit ein besonders wichtiges Anliegen, daß sein Sohn keine „Fremde", vielmehr eine Frau aus dem eigenen Volk und Stamm zum Weib nehme. Tobias soll bei der Wahl seiner Lebensgefährtin wissen, was er seiner Zugehörigkeit zum Volke Gottes schuldig ist. Daß das Mädchen, das er heimführt aus dem Stamm Naphtali sein soll, spricht für ein ausgeprägtes Stammesbewußtsein. Nicht nur der Zusammenhalt der Familie, auch die Erhaltung der Sippe und des Stammes ist Tobit (bzw. dem Verfasser) wichtig (V. 12). Im übrigen soll sich der Sohn vor einem liederlichen, unordentlichen Lebenswandel hüten, der in Armut und Schande hineinführt (V. 13). Dazu gehört auch, daß er seine Begierden zügeln lernt und sich nicht dem Rauschtrank ergibt (V. 15). In allem Handel und Wandel soll er sorgsam auf seine Schritte achten und sich als ein wohlerzogener Sohn seines Vaters erweisen. Dazu gehört, daß er niemand sein Recht verkürzt und den verdienten Lohn vorenthält[7]. Als Grundregel für den Umgang mit dem Nächsten stellt Tobit die Regel auf: „Was dir selbst zuwider ist, das füge niemand zu!"[8]. Sie nötigt den, der sie beachtet, dazu, sich in den Andern und seine Lage hineinzudenken, und weil das eigene Selbst genau weiß, was ihm wohl tut und was ihm weh tut, macht diese Überlegung klar, was es dem Andern schuldig ist. In wichtigen Entscheidungen, in denen

7 Vgl. 3. Mos. 19,13; 5. Mos. 24,14.
8 Vgl. Matth. 7,12; Luk. 6,31.

Tobias eines Rats bedarf, soll er solchen Rat bei einem Menschen suchen, der verständig ist und aus dem Schatz seiner Erfahrung heraus raten kann. Solcher Rat ist nicht zu verachten (V. 18). Aber das Wichtigste bleibt, daß er selbst mit täglichem Lobpreis vor Gott erscheint und Ihn, den allweisen, allgütigen Gott bittet, daß er seinen Knecht leite und ihm seinen Weg ebne und sein Vorhaben gelingen lasse. Dahinter steht die Erkenntnis, daß der Allmächtige seine Frommen kennt und es denen, die aufrichtig vor ihm wandeln, gelingen läßt, wie er denen, die nichts nach seinem Willen fragen, mit der Tat beweist, daß sie ihn nicht ungestraft verachten (V. 19). Eindringlich ermahnt der alte Vater zuletzt seinen Sohn, diese Weisungen, in denen sich die Erfahrung eines langen, in der Furcht Gottes gelebten Lebens zusammenfaßt, unauslöschlich in seinem Herzen zu bewahren. Jedermann tut wohl daran, diese Worte Tobits zu beherzigen. Keiner lernt daran aus sein Leben lang.

Erst am Ende seiner väterlichen Vermahnung kommt Tobit auf den konkreten Anlaß zu sprechen, die von ihm geplante Entsendung des Tobias in die Stadt Rages in Medien. Da der Leser weiß, um was es dabei geht, begnügt sich der Erzähler damit, diese geschäftliche Angelegenheit nur kurz zu streifen (V. 20). Tobias freilich, an sich voll guten Willens, schreckt vor dem Auftrag, allein solch eine weite Reise zu unternehmen, sichtlich zurück. Wie soll er diesen ihm unbekannten Gabael in der großen, ihm völlig fremden Stadt ausfindig machen? Das wird in der Tat nicht einfach sein und so hält es auch Tobit für gut und nützlich, daß sein Sohn für die Reise einen *Begleiter* anstelle und mitnehme (V. 3). Bei der Suche nach einem geeigneten Mann findet Tobias – anscheinend zufällig – *Raphael*, den Engel, der freilich als solcher weder an seinem Aussehen zu erkennen ist noch sich selbst als Gottesbote zu erkennen gibt[9]. Auch bei der Vorstellung im Hause Tobits, der sich sehr genau nach seiner Herkunft erkundigt (V. 10), gibt er nur zögernd (V. 11) und dann in verhüllter Form Bescheid: „Ich bin Asarja („Hilfe des Herrn“), des großen Ananias („der Herr erbarmt sich“) Sohn“, wodurch er freilich Tobits uneinge-

9 Bei den „Engeln“ der Bibel muß man die himmlischen Wesen (Cheruben) von den „Boten“ unterscheiden, die Gott zu den Menschen sendet. Jene werden geflügelt dar(vor)gestellt, hingegen wird über das Aussehen dieser Boten meist gar nichts ausgesagt. Nicht wie sie aussehen, vielmehr was sie sagen ist wichtig! Meist werden sie erst im Entschwinden als Engel erkannt.

schränktes Vertrauen gewinnt (V. 14). Rasch wird man sich über die Entlohnung des Begleiters einig (V. 15 f.); dann macht sich Tobias reisefertig und wird mit einem Segenswort des Vaters auf die Reise geschickt, ohne daß dieser ahnt, daß der Engel des Herrn, dessen Geleit er seinem Sohn erbittet, bereits an dessen Seite ist. Wann und wie wird sich Raphael zu erkennen geben? Auch Tobias weiß nicht, wer sein Wandergeselle in Wahrheit ist. Der *Aufbruch* spielt sich ganz im natürlichen Rahmen ab, was durch den hübschen Einzelzug, daß des Tobias Hund, vermutlich freudig bellend, mitläuft, noch unterstrichen wird. Freilich, der Mutter Anna ist es bei diesem Abschied schwer ums Herz. Sie denkt an die Gefahren der weiten Reise und bangt um den einzigen Sohn, die Stütze ihres Alters (V. 18 f.). Tobit hat alle Mühe, sie zu trösten. Er tut es nicht mit der belanglosen Redensart: Es wird schon gut gehen! Er weiß den Sohn unter Gottes allmächtigem Schutz und rechnet damit, daß ein guter Engel ihn begleiten und gesund wiederbringen wird. Wüßte die Mutter Anna, wie wunderbar diese Hoffnung bereits in der Person des Reisegefährten Gestalt gewonnen hat, würde auch ihr leicht ums Herz.

DIE REISE NACH RAGES
Kap. 6,1—19

(6,1) **Die sich aber auf den Weg gemacht hatten, kamen des Abends an den Fluß Tigris und nächtigten daselbst.** (2) **Der Jüngling aber stieg hinab, um zu baden. Da sprang ein Fisch aus dem Fluß und wollte den Jüngling verschlingen.** (3) **Der Engel aber sprach zu ihm: Greife den Fisch! Und der Jüngling griff den Fisch und warf ihn an Land.** (4) **Und der Engel sprach zu ihm: Schneide den Fisch auf und nimm Herz und Leber und Galle heraus und verwahre sie sorgfältig!** (6) **Und der Jüngling tat wie ihm der Engel geboten hatte; den Fisch aber brieten und verzehrten sie. — Und die Beiden zogen weiter ihres Wegs, bis sie in die Nähe von Ekbatana kamen.** (7) **Da sprach der Jüngling zu dem Engel: Bruder Asarja, was soll das Herz und die Leber und die Galle des Fisches?** (8) **Er antwortete: Das Herz und die Leber (damit hat es folgende Bewandtnis): Wenn jemand von einem Dämon oder bösen Geist geplagt wird, muß man sie vor demselben, es sei Mann oder Weib, räuchern. Dann wird er nicht mehr geplagt.** (9) **(Was) die Galle (betrifft), so muß man damit einen Menschen, der weiße Flecken in den Augen hat, bestreichen. Dann wird er geheilt.**

(10) Als sie sich aber Rages näherten, (11) sprach der Engel zu dem Jüngling: Bruder, heute werden wir bei Raguel übernachten. Er ist dein Verwandter und hat eine einzige Tochter mit Namen Sara. (12) Ich werde ihretwegen vorsprechen, daß sie dir zur Frau gegeben werde; denn dir kommt ihr Erbe zu, weil du der Einzige aus ihrem Geschlecht bist, und das Mägdlein ist schön und klug. (13) Und nun höre mir zu: Ich werde mit ihrem Vater sprechen, und wenn wir aus Rages zurückgekehrt sind, wollen wir Hochzeit feiern. Denn ich weiß, daß sie Raguel keinem andern Manne geben kann nach dem Gesetz Moses, andernfalls wird er des Todes schuldig[1]. Dir aber kommt es vor jedem anderen zu, (in diesem Fall) das Erbe zu empfangen. (14) Da sprach der Jüngling zu dem Engel: Bruder Asarja, ich habe gehört, daß das Mädchen schon sieben Männern gegeben wurde und alle im Brautgemach umgekommen sind. (15) Und nun bin ich der einzige Sohn meines Vaters und ich befürchte, ich werde, wenn ich hineingehe, sterben wie die andern vor mir; denn ein Dämon liebt sie, der niemand etwas zu leid tut, außer denen, die ihr sich nahen. Und so fürchte ich, daß ich sterben müßte und das Leben meines Vaters und meiner Mutter mit Jammer über mich zu Grabe brächte. Und einen anderen Sohn haben sie nicht, der sie bestatten könnte. (16) Aber der Engel sprach zu ihm: Gedenkst du nicht der Worte, die dir dein Vater geboten hat, daß du eine Frau nehmen sollst aus deinem Geschlecht? Und nun höre mich, Bruder! Sie wird deine Frau werden. Und wegen des Dämons mach dir keine Sorge, denn in dieser Nacht noch wirst du sie zur Frau bekommen. (17) Und wenn du hineingehst in das Brautgemach, so nimm Kohle vom Rauchwerk und lege etwas vom Herz und von der Leber des Fisches darauf und räuchre! Und der Dämon wird's riechen und die Flucht ergreifen und in alle Ewigkeit nicht zurückkehren. (18) Wenn du aber zu ihr gehst, so erweckt euch beide und rufet zu dem barmherzigen Gott um Hilfe, und er wird euch erretten und sich euer erbarmen. Fürchte dich nicht, denn sie war für dich bestimmt von Anfang an, und du wirst sie retten, und sie wird mit dir ziehen, und ich vermute, du wirst von ihr Kinder haben. (19) Als Tobias dies vernahm, gewann er sie lieb und seine Seele hing sehr an ihr.

Auf der Reise nach Rages in Medien widerfahren dem jungen Tobias seltsame Dinge. Da ist einmal das Erlebnis mit dem Fisch, der mit offenem Maul beim Bad im Tigris nach ihm schnappt und dem er

[1] Das Letztere geht aus der Vorschrift des Gesetzes (4. Mos. 36,6 f.) nicht hervor; es ist eine Verschärfung, die auf das Konto einer späteren Zeit zu buchen ist.

dann auf Weisung seines Reisegefährten Herz, Leber und Galle entnimmt. Die Lust am Fabulieren scheint dem Erzähler die Feder zu führen! Unbefangen nimmt er diese märchenhafte Züge auf[2], um den Faden der Handlung weiterzuspinnen. Der Kommentar, den der Engel Raphael, von Tobias als „Bruder Asarja" angeredet, dazu gibt, macht deutlich, wozu das alles dienen soll (V. 8 f.). Da ist zum andern die Eröffnung, daß Sara, Raguels Tochter, die Frau des Tobias werden soll. Irgendwie – frage nicht wie – hat dieser von dem Unglück gehört, von dem sie verfolgt ist; kein Wunder, daß er davor zurückschreckt und um sein Leben bangt. Aber mit bestimmten Worten, die ein geheimes Vorwissen verraten, zerstreut der Gefährte, den ihm Gott selbst mit auf die Reise gab, seine Besorgnis. Es wird alles zu einem guten Ende kommen! Dabei soll sich Tobias freilich nicht auf die zauberhafte Wirkung des Räucherns verlassen, das den bösen Dämon vertreibt (V. 17). Zum Gebet sollen er und die für ihn zur Frau bestimmte Sara ihre Zuflucht nehmen, um so Gottes rettendes Erbarmen zu erfahren (V. 18). Warum meldet Tobias nicht sein Wenn und Aber an? Wie soll man das verstehen, daß er die unglückliche Sara so herzlich liebgewinnt, obwohl er sie noch nie gesehen hat? Hier hat Gott selbst die Hand im Spiel, der nicht nur der Könige Herz lenkt wie Wasserbäche (Sprüch. 21,1), sondern auch da, wo es um die Begegnung und das Sichfinden der Geschlechter geht, seine geheimen Wunder tut[3].

DES TOBIAS VERMÄHLUNG MIT SARA
Kap. 7,1—9,6

(7,1) **Und sie kamen nach Ekbatana und gelangten zu dem Haus Raguels; Sara aber kam ihnen entgegen und hieß sie willkommen und sie begrüßten sie, und sie führte sie ins Haus.** (2) **Und Raguel sprach zu Edna, seiner Frau: Wie ähnlich ist der Jüngling meinem Vetter Tobit!** (3) **Und Raguel fragte sie: Woher seid ihr, Brüder? Sie antworteten ihm: Von den Söhnen Naphtalis, die in Ninive in Gefangen-**

[2] Zoologische und medizinische Überlegungen soll und darf man dabei nicht anstellen.

[3] Vgl. dazu Matthias Claudius in dem Gedicht „An Frau Rebekka": Ich war wohl klug, daß ich dich fand. Doch ich fand nicht. Gott hat dich mir gegeben. So segnet keine andre Hand.

schaft sind. (4) Da sprach er zu ihnen: Kennt ihr unsren Bruder Tobit? Sie sagten: Wir kennen ihn. (5) Er fragte sie: Geht's ihm wohl? Sie antworteten: Er lebt und ist gesund. Und Tobias sagte: Er ist mein Vater. (6) Da sprang Raguel auf und küßte ihn und weinte und segnete ihn und sprach zu ihm: Du bist eines guten und trefflichen Mannes Sohn. Und als er erfuhr, daß Tobit sein Augenlicht verloren hatte, war er betrübt und weinte. (8) Auch Edna, seine Frau, und seine Tochter Sara weinten und nahmen sie bereitwillig auf. (8) Sie schlachteten einen Bock von ihrer Schafherde und bewirteten sie aufs beste[1].

(9) Tobias aber sprach zu Raphael: Bruder Asarja, bring zur Sprache, wovon du unterwegs geredet hast, daß diese Sache erledigt werde! (10) Und derselbe trug die Sache dem Raguel vor. Und Raguel sprach zu Tobias: Iß und trink und sei guten Muts, denn dir steht es zu, mein Kind zu bekommen. Nur muß ich dir die Wahrheit kundtun: (11) Ich habe mein Kind sieben Männern gegeben, und jedesmal, wenn sie zu ihr eingingen, sind sie über Nacht gestorben. Aber jetzt laß dich dies nicht bekümmern[2]! (12) Tobias aber sprach: Ich werde hier nichts zu mir nehmen[3], bis ihr (sie mir) vorgestellt habt und (als Zeugen) vor mir steht. Da sprach Raguel: So nimm sie alsbald zu eigen nach dem Gesetz! Du bist ihr Bruder und dir soll sie gehören. Der barmherzige Gott aber geleite euch aufs beste! (13) Und er rief seine Tochter Sara und nahm sie bei der Hand und gab sie Tobias zur Frau und sprach: Hier ist sie, nimm sie hin nach dem Gesetz Moses und führe sie heim zu deinem Vater! Und er segnete sie. (14) Hierauf rief er Edna seine Frau, nahm ein Blatt und schrieb einen Ehevertrag und siegelte ihn. Und sie fingen an, das Mahl zu halten. (15) Dann rief Raguel seine Frau Edna und sagte zu ihr: Schwester, richte das andere Gemach zu und führe sie hinein! (16) Und sie tat, wie er gesagt hatte und führte ihre Tochter Sara[4] dort hinein; die aber weinte. Und sie fing die Tränen ihrer Tochter auf und sprach zu ihr: Sei getrost, Kind, der Herr des Himmels und der Erde gebe dir Freude anstatt dieser deiner Trauer. Sei getrost, Tochter!

(8,1) Als sie aber mit der Mahlzeit fertig waren, führten sie Tobias zu ihr. Er aber gedachte, als er hineinging, der Worte Raphaels und nahm Kohle vom Rauchwerk und legte das Herz und die Leber des Fisches darauf und räucherte. (3) Als aber der Dämon den Geruch roch, floh er bis in das obere Ägypten, und der Engel band ihn (da-

[1] wörtlich: setzen mehrere Speisen vor.
[2] wörtlich: doch für jetzt sei fröhlich.
[3] Vgl. 1. Mos. 24,33.
[4] wörtlich: sie.

selbst). (4) Wie nun die beiden (in dem Gemach) eingeschlossen waren, stand Tobias von dem Lager auf und sprach: Steh auf, Schwester, und laß uns beten, daß sich der Herr unser erbarme! (5) Und Tobias hob an und sprach: Gelobt seist du, Gott unsrer Väter, und gelobt sei dein heiliger und ruhmreicher Name in Ewigkeit! Es sollen dich preisen die Himmel und alle deine Geschöpfe! (6) Du hast Adam erschaffen und ihm Eva als Hilfe und Stütze zur Frau gegeben. Aus diesen ist das menschliche Geschlecht entsprossen. Du sprachst: Es ist nicht gut, daß der Mensch allein sei; wir wollen ihm eine Gehilfin schaffen, die ihm gleich sei. (7) Und nun, Herr, nicht aus böser Lust[5] nehme ich diese meine Schwester, sondern in lautrer Absicht[6]. Laß mich Gnade finden und mit ihr alt werden! (8) Und sie sprach mit ihm: Amen. (9) Und so schliefen sie die Nacht beieinander.

(10) Raguel aber stand auf, ging hin und grub ein Grab, weil er sich sagte: Auch dieser wird ja wohl sterben müssen! (11) Und Raguel begab sich in sein Haus (12) und sprach zu Edna, seiner Frau: Schicke eine von den Mägden hin und laß nachsehen, ob er lebt! Wo nicht, daß wir ihn begraben und es niemand erfahre. (13) Und die Magd ging hin und da sie die Tür auftat, fand sie die beiden schlafend. (14) Und sie kam heraus und tat ihnen kund, daß er lebe. (15) Da pries Raguel Gott und sprach: Gelobt seist du Gott, mit jeglichem reinen und heiligen Lobpreis, und loben sollen dich deine Heiligen und alle deine Geschöpfe, und alle deine Engel und deine Auserwählten sollen dich preisen in Ewigkeit! (16) Gepriesen seist du, daß du mich erfreut hast, und mir nicht widerfahren ist, was ich vermutet habe, daß du vielmehr nach der Fülle deines Erbarmens an uns getan hast. (17) Gepriesen seist du, daß du dich über die Zwei erbarmt hast, die beide einzige Kinder (ihren Eltern) sind. Erzeige ihnen Gnade, Herr, laß sie gesund bleiben und ihr Leben mit Freude und Erbarmen erfüllt sein bis ans Ende. (18) Er gab aber seinen Knechten Befehl, das Grab zuzuschütten.

(19) Und er richtete ihnen eine Hochzeit von vierzehn Tagen[7] zu. (20) Und bevor die Tage der Hochzeit zu Ende waren, beschwor Raguel den Tobias, daß er nicht von dannen ziehen solle, bis die vierzehn Hochzeitstage in voller Zahl begangen wären. (21) Dann möge er die Hälfte seiner Güter nehmen und wohlbehalten zu seinem Vater reisen; „Das Übrige aber, wenn ich und meine Frau gestorben sind."

5 wörtlich: wegen Hurerei (um der Unzucht zu frönen).
6 wörtlich: in (auf Grund von) der Wahrheit. — Das kann auch den Sinn haben: gemäß der der göttlichen Einsetzung der Ehe entsprechenden Ordnung.
7 doppelt so lang als üblich (vgl. 3. Makk. 6,40).

(9,1) **Und Tobias rief den Raphael und sprach zu ihm:** (2) **Bruder Asarja, nimm einen Knecht und zwei Kamele und ziehe nach Rages in Medien zu Gabael und hole mir das Geld und bring mir ihn selbst mit auf die Hochzeit.** (3) **Denn Raguel hat mich beschworen, nicht von hier wegzugehen,** (4) **und mein Vater zählt die Tage, und wenn ich lange säume, wird er sich sehr bekümmern.** (5) **Da reiste Raphael hin und übernachtete bei Gabael und überreichte ihm die Handschrift[8]; der aber brachte die Beutel mit den Siegeln und gab sie ihm.** (6) **Und sie brachen miteinander in der Frühe auf und kamen zu der Hochzeit. Und Tobias rühmte seine Frau.**

Tobias fand zwar kein Königreich wie Saul, der ausgegangen war, die Eselinnen seines Vaters zu suchen (1. Sam. 9,1 ff.), aber auch er wurde auf der Reise, die ihm sein Vater aufgetragen hatte, wider eigenes Erwarten reich beschenkt. In Ekbatana, der Hauptstadt Mediens, macht er sein Glück, wie man im Volksmund sagt. Aber der Erzähler leitet uns an, in diesem unverhofften Glück das Geschenk der Güte Gottes zu erkennen, der Gebet erhört und den Weg seiner Frommen zum Besten lenkt. Sara ist es, die die beiden Reisenden zuerst willkommen heißt (vgl. 1. Mos. 24,15), als sie am Hause Raguels angelangt sind. Nach der lebhaft geschilderten Begrüßungsszene, bei der die verwandtschaftliche Beziehung festgestellt wird und Raguel und seine Frau Edna („Wonne") mit Tränen in den Augen die traurige Nachricht von der Erblindung Tobits vernehmen (V. 2–8), ist es Tobias, der seinen Begleiter dazu drängt, sich unverzüglich für ihn als *Brautwerber* zu verwenden (V. 9). Offensichtlich hat ihn die persönliche Begegnung mit Sara in dem Entschluß bestärkt, Raguel um ihre Hand zu bitten. Daß dieser, nicht die Tochter, dazu sein Ja geben muß, darf den Leser nicht verwundern; es entspricht der patriarchalischen Ordnung der Familie, die in jener Zeit und noch lange hernach unbestritten war. Raguel hat nichts einzuwenden, im Gegenteil: Man gewinnt den Eindruck, er wäre froh, seine Tochter, die schon so viel Unheil ins Haus brachte, auf eine gute Art los zu werden und endlich versorgt zu wissen. Aber er sieht sich doch genötigt, wahrheitsgemäß davon zu berichten, daß sie schon sieben Freier hatte, die in dem Brautgemach ums Leben gekommen sind. Erst nachdem Tobias feierlich bei seinem Entschluß beharrt, führt ihm Raguel

8 den Schuldschein (bzw. die Hinterlegungsurkunde).

seine Tochter zu und der *Ehevertrag*[9] wird aufgesetzt und abgeschlossen (V. 15). Von der etwas herzlosen Art, mit der Raguel den Fall behandelt, hebt sich das Verhalten der Mutter Edna deutlich ab: Sie leidet mit ihrer vom Unglück verfolgten Tochter, die das Brautgemach mit Weinen betritt, fängt ihre Tränen auf und versucht sie, so gut sie's kann, zu trösten (V. 16).

Tobias freilich ist zuversichtlich und hat auch Grund dazu, ist ihm doch ein Mittel in die Hand gegeben, den männermordenden Dämon zu vertreiben. Er tut nach Raphaels Geheiß (8,1) und tatsächlich ergreift der böse Geist beim Geruch des beizenden Rauchs die Flucht[10]. So kurios dies für unsre Ohren klingt, so wenig legt doch der Erzähler selbst darauf das entscheidende Gewicht. Dem *Gebet*, zu dem Tobias mit Sara sich vereinigt, gibt er breiten Raum, um daran zu zeigen, wie gottesfürchtige Eheleute ihren gemeinsamen Weg beginnen sollen. Mit der Anrufung Gottes und dem einmütigen Lob seines Namens stellen sich die beiden unter den Schutz des Allmächtigen, der in seiner weisen, gütigen Schöpferabsicht die eheliche Verbindung von Mann und Frau gewollt und geordnet hat (1. Mos. 2,18). Daß die eheliche Verbindung von Mann und Frau nicht auf das Triebleben, sondern auf diese Ordnung des Schöpfers gegründet ist – daran wird der Leser durch dieses Gebet mit Ernst und Nachdruck erinnert. Die Art, wie Tobias die Lauterkeit seiner Gesinnung bezeugt und Gottes gnädiges Geleit für den gemeinsamen Weg erfleht, will zeigen, worauf es ankommt, wenn die Ehe von Gott gesegnet werden soll. Die erzieherische Absicht des Verfassers kommt hier besonders deutlich zum Vorschein; ein Geschlecht wie das unsre, das weithin nicht mehr weiß, was die Ehe ist und sie auf eigene Faust statt in der Furcht Gottes beginnt, tut wohl, darauf zu hören und daraus zu lernen!

Die wunderbare, gnädige *Bewahrung*, die Tobias und Sara in dieser Nacht erleben durften, versteht sich nach der unheimlichen Serie von Todesfällen wahrlich nicht von selbst. Das wird an dem Ver-

[9] Zum erstenmal hören wir hier in der Bibel von einem schriftlich aufgesetzten Ehekontrakt. In früherer Zeit hatte man sich mit dem durch Geschenke bekräftigten mündlichen Gelöbnis begnügt (vgl. 1. Mos. 24.53; 34,12).

[10] Daß er floh „bis in das obere Ägypten“, ist schwerlich geographisch gemeint. Sinn: Er suchte das Weite, floh dahin „ wo der Pfeffer wächst“ (wie man bei uns im Volksmund sagt).

halten Raguels deutlich gemacht, der auch diesmal das Schlimmste befürchtet hat. Vorsorglich hat er bereits ein Grab ausgehoben, um im Notfall den Toten möglichst rasch und heimlich zu bestatten. Aber der Knecht Raguels kann das Grab ruhig wieder zuschütten (V. 18)! Denn weder Sara noch Tobias ist ein Leid geschehen. Da kann auch Raguel, in seinem Kleinglauben beschämt, nur aus vollem Herzen in den Lobpreis des Allmächtigen einstimmen und das Erbarmen Gottes rühmen. Mit festlichem Aufwand wird die *Hochzeit* gefeiert (V. 19); der eigentliche Zweck der Reise nach Medien scheint darüber fast in Vergessenheit zu geraten. Aber Tobias ist sich bewußt, was er seinem alten Vater versprochen hat und schuldig ist. Er ahnt, daß dieser sich um seine Rückkehr Sorgen macht und sie sehnsüchtig erwartet. Da ihn der Brautvater unter keinen Umständen von der Hochzeitsfeier beurlauben will, bittet er seinen Reisegefährten, sich doch dieser Sache anzunehmen und sie in Ordnung zu bringen (9,1 ff.). Ohne irgendwelche Komplikationen bringt Raphael die Geldsumme bei und Gabael, bei dem sie deponiert war, als Gast auf die Hochzeit mit (9,1–6).

DIE GLÜCKLICHE HEIMKEHR
Kap. 10,1—11,19

(10,1) **Sein Vater Tobit aber zählte jeden einzelnen Tag; als nun die Frist für die Reise abgelaufen war und sie nicht kamen,** (2) **sprach er: Sind sie etwa zurückgewiesen worden[1]? Oder ist Gabael gestorben und gibt ihm keiner das Geld?** (3) **Und er wurde sehr bekümmert.** (4) **Sein Frau aber sprach zu ihm: Umgekommen ist das Kind, deshalb bleibt es so lange aus. Und sie fing an, ihn zu beweinen, und sprach:** (5) **Es tut mir leid, Kind, daß ich dich, das Licht meiner Augen, habe ziehen lassen!** (6) **Aber Tobit sprach zu ihr: Sei still, sorge dich nicht, er ist gesund!** (7) **Sie antwortete: Schweige, täusche mich nicht, mein Kind ist umgekommen! Und sie ging Tag für Tag hinaus auf die Straße, auf der sie fortgezogen waren. Bei Tag aß sie nicht, bei Nacht hörte sie nicht auf, ihren Sohn Tobias zu beweinen, bis die vierzehn Tage der Hochzeit vorüber waren, welche ihn Raguel dort zuzubringen genötigt[2] hatte.**

[1] Andre Lesart: aufgehalten worden.
[2] wörtlich: beschworen.

(8) Tobias aber sprach zu Raguel: Laß mich ziehen; denn mein Vater und meine Mutter hoffen nicht mehr, daß sie mich wiedersehen. (9) Sein Schwiegervater aber sprach: Bleibe bei mir! Ich will zu deinem Vater senden, daß man ihm über dein Ergehen berichte. Aber Tobias sprach: Nein, sende vielmehr mich zu meinem Vater! (10) Da stand Raguel auf und gab ihm Sara, seine Frau und die Hälfte seiner Habe, Knechte, Vieh und Geld. (11) Und er segnete sie und entließ sie mit den Worten: Wohlergehen lasse es euch der Gott des Himmels, bis daß ich sterbe! (12) Und zu seiner Tochter sprach er: Ehre deine Schwiegereltern, sie sind nun deine Eltern. Möchte ich ein gutes Gerücht von dir hören! Und er küßte sie. (13) Und Edna sprach zu Tobias: Geliebter Bruder, der Herr des Himmels bringe dich zurück, und verleihe mir, deine Kinder von Sara, meiner Tochter, zu sehen, daß ich mich freue vor dem Herrn. Und siehe, ich vertraue dir meine Tochter an zu treuen Händen[3], betrübe sie nicht! (14) Darnach zog Tobias von dannen, Gott preisend, daß er seinen Weg so wohlgeordnet hatte, und er segnete Raguel und seine Frau Edna.

(11,1) Im Verlauf der Reise geschah es, daß sie nahe bei Ninive waren. Da sprach Raphael zu Tobias: (2) Weißt du nicht, Bruder, wie du deinen Vater verlassen hast? (3) Wir wollen deiner Frau voraus-eilen und das Haus (für den Empfang) bereit machen. (4) Nimm aber die Galle von dem Fisch zur Hand. Und sie machten sich auf den Weg und der Hund lief ihnen hinter her. (5) Anna aber saß und schaute auf dem Weg nach ihrem Sohn aus. (6) Und sie sah ihn kommen und sprach zu seinem Vater: Siehe, dein Sohn kommt und der Mann, der mit ihm reiste! (7) Und Raphael sprach: Ich weiß, dein Vater wird seine Augen auftun. (8) Du streiche alsdann die Galle in seine Augen, und, wenn's ihn beißt, wird er sie reiben und die weißen Flecken werden abfallen, und er wird dich erblicken. (9) Anna aber lief voraus und fiel ihrem Sohn um den Hals und sprach zu ihm: Ich habe dich wiedergesehen, mein Kind, von nun an will ich (gerne) sterben. Und sie weinten beide. (10) Auch Tobit kam heraus zur Tür, er stieß aber an; da lief der Sohn herzu, (11) ergriff seinen Vater und strich die Galle auf seines Vaters Augen und sprach: Sei getrost, Vater! (12) Als sie ihn schmerzten, rieb er seine Augen, und die weißen Flecken schuppten sich von seinen Augen ab. (13) Als er nun seinen Sohn erblickte, fiel er ihm um den Hals und weinte und sprach: (14) Gelobt seist du, Gott, und gelobt sei dein Name ewiglich und gepriesen seien alle deine heiligen Engel! Denn du hast mich gezüchtigt und hast dich meiner erbarmt, siehe ich sehe meinen Sohn Tobias. (15) Und sein Sohn ging

[3] wörtlich: als ein Unterpfand.

voll Freude hinein und erzählte seinem Vater, welch große Dinge ihm in Medien widerfahren waren.

(16) **Und Tobit ging hinaus, seiner Schwiegertochter entgegen, voll Freude und Gott preisend, bis ans Tor von Ninive. Und die ihn gehen sahen, verwunderten sich, daß er wieder sehen konnte, und Tobit bekannte vor ihnen, daß Gott sich seiner erbarmt habe.** (17) **Als sich Tobit seiner Schwiegertochter Sara näherte, segnete er sie und sprach: Sei willkommen, Tochter! Gelobt sei Gott, der dich zu uns geführt hat, und dein Vater und deine Mutter.** (18) **Und Freude herrschte bei allen seinen Brüdern in Ninive.** (19) **Es kamen auch Achiachar und Nasbas[4], seines Bruders Sohn, herzu, und die Hochzeit des Tobias wurde mit Freuden sieben Tage gefeiert.**

Mit Schmerzen wird Tobias daheim erwartet. Besonders seine Mutter Anna ist untröstlich, daß er so lange ausbleibt und befürchtet das Schlimmste. Die innige Liebe, die die alten Eltern mit ihrem einzigen Sohn verbindet, weiß der Erzähler herzbeweglich zu schildern (10,1–7). Daß Tobias spürt, wie sehr sie sich um ihn sorgen, ist dem wirklichen Lebens abgelauscht. Vergeblich nötigt ihn Raguel, noch länger zu bleiben, wie dies orientalische Höflichkeit dem Gast des Hauses gegenüber gebietet. Tobias stellt dieser Nötigung ein entschlossenes Nein entgegen (V. 9 f.). So wird er von seinen Schwiegereltern mit seiner Frau entlassen und die Mitgift ist reich (V. 10). Der Vater gibt der Tochter, die Mutter dem Schwiegersohn ein Wort der Mahnung mit auf den Weg (V. 12 f.), und die ganze Art, wie diese Frommen voneinander *Abschied* nehmen, unterscheidet sich wohltuend von den belanglosen Redensarten, wie sie heutzutage bei ähnlichen Anlässen meist gewechselt werden. Man spürt ihren Worten ab, in welch enger Bindung an den lebendigen Gott sie ihre Tage zubringen, wie sie auf Ihn bauen und trauen. Welch ein Verlust, daß wir es heutzutage völlig verlernt haben, einander beim Abschied so zu segnen, wie es hier geschieht!

Über die *Heimreise* verliert der Erzähler nicht viel Worte; er versteht sich auf die Kunst des Weglassens. Raphael, seines Auftrags eingedenk (3,16), macht Tobias den Vorschlag, mit ihm zusammen vorauszueilen. Denn mit sehenden Augen soll Tobit seine Schwieger-

4 Da Nasbas sonst nicht erwähnt wird, Achiarchar andererseits als Neffe Tobits eingeführt wird (1,22), hat man schon vermutet, Nasbas sei Zweitname von Achiarchar.

tochter begrüßen dürfen! Ehe jedoch Tobias genaue Anweisungen bekommt, wie er verfahren soll (V. 4), erfahren wir, wie die Mutter Anna Ausschau hielt, wie sie die Ankömmlinge entdeckt und erkennt und dies voll Freude Tobit meldet (V. 5 f.). Offensichtlich hat sich der Verfasser diese Szene des Heimkommens und der Begrüßung besonders lebhaft vorgestellt; sie ist mit besonderer Liebe geschildert. Mit der Freude dieses Wiedersehens ist Anna ihr letzter, größter Wunsch erfüllt (V. 9). Beide, Mutter und Sohn, sind zu Tränen gerührt. Auch der erblindete Vater eilt herbei. In der Aufregung verfehlt er die Tür[5]. Aber schon ist Tobias zur Stelle, um seine Blindheit nach dem Rezept Raphaels zu heilen. Daß dieses seltsame Rezept tatsächlich hilft, ist genau so unerklärlich wie die Heilung des Blindgeborenen, den Jesus mit dem Befehl, seine Augen zu waschen, an den Teich Siloah schickte, nachdem er einen Teig aus Erde und Speichel auf seine Augen gelegt hatte (Joh. 9,6 f.). Man darf nicht fragen, wie so etwas möglich war. An dem erblindeten Tobit ist ein *Wunder* geschehen; der Erzähler selbst läßt sich auf keine Erklärung ein. Tobit, der seinen Sohn nicht nur begrüßen, sondern am Tag seiner Heimkehr wider Erwarten wiedersehen darf und ihm weinend vor Freude um den Hals fällt, kann darüber nur Gott loben und Sein Erbarmen rühmen (V. 13)[6]. Dann erst vernimmt er aus dem Mund des Tobias den Bericht über die Reise, auf der so unverhoffte Dinge geschehen sind.

Sara blieb, wie aus V. 16 deutlich wird, unterdessen mit dem Gesinde und Vieh[7] am Stadttor von Ninive zurück. Der alte Tobit tut ihr die Ehre an, sie dort persönlich abzuholen, um sie feierlich willkommen zu heißen und in das Haus zu geleiten, das nun ihr Zuhause werden soll. Daß er das Haus verlassen, wieder sehen und unter die Leute gehen kann, erregt Aufsehen. Freudig bekennt Tobit, wem er die Heilung verdankt (V. 16). Auch die „Tochter", die er nun in hohem Alter noch bekommen hat, nimmt er als Gabe Gottes an und auf. Mit feinem Taktgefühl läßt der Erzähler Sara selbst in dieser Szene schweigen. Um so größer ist die Mitfreude aller Glaubens- und Stammesgenossen Tobits; daß sie als „Brüder" bezeichnet werden,

[5] In den Radierungen, mit denen Rembrandt das Buch Tobit illustriert hat, ist diese Szene, wie der alte Tobit mit zitternder Hand nach dem Türgriff tastet und ihn verfehlt, besonders ergreifend dargestellt.

[6] Vgl. Luk. 15,20.

[7] Vgl. 10,10.

unterstreicht ihren engen Zusammenhalt. Und zum zweitenmal wird, wie zuvor im fernen Ekbatana, nun im Elternhaus des Tobias die Hochzeit gefeiert.

DER GEFÄHRTE DES TOBIAS GIBT SICH ZU ERKENNEN
Kap. 12,1—22

(12,1) **Und Tobit rief Tobias, seinen Sohn, und sprach zu ihm: Sieh, Kind, nach dem Lohn für den Mann, der mit dir gekommen ist; man muß ihm auch etwas zulegen.** (2) **Er antwortete: Vater, ich leide keinen Schaden, wenn ich ihm die Hälfte von dem abtrete, was ich mitgebracht habe.** (3) **Denn er hat mich gesund wieder zu dir gebracht und hat meine Frau geheilt und hat mein Geld beigebracht und desgleichen hat er dich geheilt.** (4) **Da sprach der Alte: Das steht ihm zu.** (5) **Und er rief den Engel und sprach zu ihm: Nimm die Hälfte von allem, was ihr mitgebracht habt, und zieh hin mit Frieden!**

(6)**Da rief dieser die Beiden beiseite und sprach zu ihnen: Lobet Gott und preiset ihn, gebt ihm die Ehre und rühmet ihn vor allen, die da leben, um deswillen, was er an euch getan hat! Recht und billig**[1] **ist's Gott zu preisen und seinen Namen zu erhöhen, damit daß ihr die Werke Gottes mit Rühmen verkündet und nicht zögert, ihm zu danken.** (7) **Eines Königs Geheimnis verbergen, ist gut, aber die Werke Gottes offenbaren, ist rühmlich. Tut ihr, was gut ist, wird euch nichts Böses widerfahren.** (8) **Gut ist Gebet mit Fasten und Almosengeben und mit Gerechtigkeit. Besser weniges mit Gerechtigkeit, als viel mit Unrecht! Besser ist's, Barmherzigkeit erweisen als Schätze aufhäufen.** (9) **Denn Wohltätigkeit rettet vom Tod, und sie reinigt von jeglicher Sünde**[2]**. Die Barmherzigkeit und Gerechtigkeit üben, werden mit Leben gesättigt werden;** (10) **die aber, die Sünde tun, sind ihres eigenen Lebens Feinde**[3]**.** (11) **Ich will nichts vor euch verbergen! Ich habe ja gesagt: Eines Königs Geheimnis verbergen, ist gut, aber Gottes Werke offenbaren, ist rühmlich.** (12) **Nun also: Als du gebetet hast und deine Schwiegertochter Sara, da habe ich euer Gebet**

[1] wörtlich: gut ist's.
[2] Vgl. 4,10.
[3] sofern sie es zerstören und Gottes Gericht auf sich laden (das sie als heimliches Gericht in der Selbstzerstörung bereits erfahren vgl. Röm. 1,24).
[4] wörtlich: das Gedenken eures Gebets. — Zu der Mittlerrolle des Engels beim Gebet vgl. Apostelgesch. 10,4; Offbg. 8,3 f.

vor den Heiligen gebracht, daß desselben gedacht wurde[4]. Und als du die Toten begraben hast, war ich dir gleichfalls zur Seite. (13) **Und als du nicht gezögert hat, aufzustehen und dein Mahl zu verlassen, um hinzugehen und die Toten zu bestatten, da blieb mir nicht verborgen, was du Gutes tatest, sondern ich war mit dir.** (14) **Und nun hat mich Gott gesandt, dich zu heilen und Sara, deine Schwiegertochter.** (15) **Ich bin Raphael, einer von den sieben heiligen Engeln[5], welche die Gebete der Heiligen hinauftragen und zu der Herrlichkeit des Heiligen Zutritt haben.**

(16) **Da erschraken die Beiden und fielen auf ihr Angesicht, denn sie fürchteten sich.** (17) **Und er sprach zu ihnen: Fürchtet euch nicht. Friede sei mit euch! Preiset aber Gott in Ewigkeit!** (18) **Denn nicht aus eigener Gunst, sondern nach dem Willen unseres Gottes bin ich zu euch gekommen. Deshalb preiset ihn ewiglich!** (19) **Alle Tage ließ ich mich von euch sehen, und ich aß nicht und trank nicht, ihr habt vielmehr eine Erscheinung gesehen.** (20) **Und nun preiset Gott, denn ich gehe hinauf zu dem, der mich entsandt hat, und schreibt alles, was da geschehen ist, in ein Buch!** (21) **Und sie standen auf und sahen ihn nicht mehr.** (22) **Und sie priesen die großen und wunderbaren Werke Gottes und wie ihnen der Engel des Herrn erschienen war.**

Wie in der Josephsgeschichte erst am Ende das Geheimnis der göttlichen Führung erkannt wird (vgl. 1. Mos. 50,20), so wird auch in der Geschichte von Tobit und seinem Sohn Tobias Gottes wunderbares Walten erst jetzt enthüllt. Der Reisegefährte des Tobias, nur dem Leser bisher als Bote Gottes bekannt und vorgestellt, *gibt sich zu erkennen.* Bei der glücklichen Wiedervereinigung der alten Eltern mit ihrem Sohn und der Begrüßung der Schwiegertochter blieb er bescheiden im Hintergrund, wie dies der Rolle eines um Geld angeworbenen Begleiters entsprach. Nun aber, da er den reich bemessenen Lohn (V. 2 f.) in Empfang nehmen soll, kann er sein Geheimnis nicht länger verschweigen. Er ruft Vater und Sohn beiseite; die Neugier Unbeteiligter hat in dieser Szene nichts zu suchen. In feierlichen Worten fordert er sie zum Lobpreis auf; denn Gott, der sich des Rühmens würdig erwiesen hat, gebührt der „Lohn", nicht seinem Boten, der ja nur das Werkzeug *Seines* Plans, der Vermittler *Seines* Erbarmens im Begleiten und Führen, im Helfen und Heilen war.

[5] Die Zahl 7 ist die heilige Zahl im AT und NT. Besonders im letzten Buch der Bibel, der Offenbarung Johannis, spielt sie einen den ganzen Aufbau und Inhalt bestimmende Rolle.

In V. 7, der in V. 11 wiederholt wird, wird die Enthüllung, daß der Reisegefährte, der sich „Bruder Asarja“ nennen ließ, in Wahrheit Raphael, einer der „sieben heiligen Engel“ (V. 15) ist, angekündigt. Dazwischen sind einige Weisheitssprüche eingeflochten, die hervorheben, was zu einem Gott wohlgefälligen Wandel gehört und nötig ist: Beten, Fasten, Almosengeben (vgl. Matth. 6,1 ff.). Sie muten wie ein späterer Einschub an; doch ist auch denbar, daß der Erzähler die ihm so wichtige Ermahnung zu solcher Praktizierung der Frömmigkeit damit, daß er sie dem Boten Gottes in den Mund legt, noch einmal besonders unterstreichen wollte. Auch wird die eigentliche Eröffnung des Geheimnisses damit verzögert und eben dadurch die Spannung gesteigert. Erst nachdem Raphael auf die Funktion hingewiesen hat, die er an Tobit und Sara auf Grund ihrer gleichzeitigen Gebete (3,16) zu erfüllen hatte (V. 12), tut er kund, wer er in Wahrheit ist: Einer der heiligen Engel, die zwischen Gott und seinen Frommen als Mittler ihren Dienst tun. Mit Bestürzung nehmen Tobit und Tobias diese Eröffnung auf; man beachte, daß dieses Erschrecken nicht an der Gestalt, sondern an den Worten des Engels entsteht (vgl. Luk. 1,29). Der Bote Gottes hat sein einfaches Wanderkleid keineswegs abgeworfen und mit irgend einem überirdischen Lichtglanz vertauscht. Dennoch fallen die Beiden in heiliger Furcht auf ihr Angesicht, weil sie in der Gestalt des Engels die unmittelbare Nähe Gottes spüren (vgl. Richt. 13,20; Luk. 2,9). Durch seinen Zuspruch und Friedensgruß bezeugt ihnen Raphael Gottes Huld und fordert sie zugleich auf, Dem die Ehre zu geben, dem sie allein gebührt. Ehe er ihren Augen entschwindet, weist er sie noch einmal darauf hin, daß sie es in seiner Person nicht mit einem wirklichen Menschen zu tun hatten, sondern mit einem überirdischen Wesen, das sich in nur scheinbarer Menschengestalt vor ihren Augen sehen ließ[6]. Der Befehl, alles, was ihnen widerfahren ist, in ein Buch zu schreiben, erläutert nachträglich, wie Tobit dazu kam, seine Geschichte zu erzählen (1,1), damit auch Andere daraus erkennen möchten, wie geheimnisvoll und gnädig Gott seine Frommen führt und ihre Gebete aus der Tiefe des Leides erhört. In alledem erweist sich dieser Bote des Himmels als ein Zeuge und Werkzeug des Allmächti-

[6] Dies ist der Sinn der Aussage: ihr habt eine Erscheinung (ein Gesicht) gesehen (V. 19).

gen[7]: keine Ehre und Anbetung für sich selbst in Anspruch nehmend, kein Zwischenwesen zwischen dem Schöpfer und der Kreatur, vielmehr ganz von seiner dienenden Funktion geprägt und erfüllt. Wie sollten die Menschen, denen ein Diener des Höchsten sich so zu erkennen gab, etwas anderes tun als „die großen und wunderbaren Werke Gottes preisen" (V. 22)!

TOBITS LOBGESANG UND LETZTE WEISUNG
Kap. 13,1—14,15

(13,1) **Und Tobit verfaßte ein Freudengebet[1] und sprach:**
(2) **Gelobt sei Gott, der da lebt in Ewigkeit und sein Königtum,**
Denn er züchtigt und erbarmt sich,
Er führt in die Tiefe[2] und wieder empor,
und ist niemand, der seiner Hand entrinne.
(3) **Preiset ihn, ihr Söhne Israels, vor den Völkern,**
denn Er zerstreute uns unter sie.
(4) **Daselbst verkündet seine Majestät,**
erhöhet ihn vor allen Lebendigen,
dieweil Er unser Herr und Gott ist,
Er unser Vater in alle Ewigkeit.

[7] „Wo immer das Sein und Tun eines Engels wahrgenommen wird, da wird *Gottes* Wort gehört, das Geschehen seines Willens angeschaut, Dankbarkeit, Glaube und Gehorsam gegen *ihn* erweckt oder bestätigt oder wiedererweckt. Der Engel hat dann bloß gedient, Zeugnis abgelegt geholfen.. Es müßte ein Lügengeist gewesen sein, der da verweilt, der die Aufmerksamkeit, die Liebe und Verehrung, oder gar die Anbetung, auf sich selber gezogen, der den Menschen auch nur einen Augenblick mit sich selbst beschäftigt, der ihn verlockt hätte, in Verkehr und Gemeinschaft mit ihm selbst, statt durch ihn in Verkehr und Gemeinschaft mit Gott zu treten. Ein wirklicher Engel tut das gerade *nicht*. Es wird die Wahrheit, in der er wahrgenommen wird, immer die Wahrheit *Gottes* sein. Es wird das Werk, das er ausrichtet immer darin bestehen, daß die Majestät und Barmherzigkeit *Gottes* vom Menschen besser, ernsthafter, fröhlicher erkannt und anerkannt wird. Er kommt gerade darin zur Geltung und Ehre, daß ausschließlich *Gott* zur Geltung und Ehre kommt. Er kann selber gerade nur damit geehrt werden, daß der Mensch sich durch ihn von ihm selbst weg auf *Gott* verweisen läßt" (K. Barth, Kirchliche Dogmatik III, 3 S. 563).

[1] wörtlich: schrieb ein Gebet des Frohlockens.
[2] wörtlich: in die Unterwelt (Hades).

(5) **Er wird uns züchtigen um unsrer Ungerechtigkeit willen**
und wird sich wieder erbarmen und uns sammeln aus allen Völkern,
unter die ihr zerstreut wurdet.
(6) **Wenn ihr euch zu ihm bekehrt von ganzem Herzen**
und mit ganzer Seele, um vor ihm in Wahrheit zu wandeln[3],
dann wird er sich zu euch wenden
und sein Antlitz nicht mehr vor euch verbergen.
(7) **Alsdann schauet, was er mit euch tun wird**
und preiset ihn mit vollem Munde
und rühmet den Herrn der Gerechtigkeit
und erhebt den König der Ewigkeit[4].
(8) **Ich im Land meiner Gefangenschaft preise ihn**
und tue seine Macht und Majestät einem Volk von Sündern kund.
Bekehrt euch, ihr Sünder, und übet Gerechtigkeit vor ihm!
Wer weiß, ob er euch nicht annimmt und euch Barmherzigkeit erweist?
(9) **Ich erhebe meinen Gott**
und meine Seele (rühmt) den König des Himmels
und frohlocken wird sie über seine Majestät.
(10) **Alle sollen sagen und von ihm bekennen in Jerusalem:**
„Jerusalem, du heilige Stadt,
Er wird dich züchtigen um der Werke deiner Söhne willen
und wird sich wieder erbarmen der Söhne der Gerechten.“
(11) **Preise den Herrn aufs beste**
und rühme den König der Ewigkeit[4],
daß seine Hütte wieder in dir erbaut werde mit Freuden.
(12) **Daß er in dir die Gefangenen erfreue**
und Liebe in dir erweise den Elenden
von Geschlecht zu Geschlecht in alle Ewigkeit.
(13) **Viele Völker werden von ferneher kommen zu dem Namen des Herrn, unsres Gottes,**
Geschenke in ihren Händen haltend und Gaben für den König des Himmels.
Geschlechter ohne Zahl[5] werden dir ihren Lobpreis bringen.
(14) **Verflucht seien alle, die dich hassen,**
gesegnet seien alle, die dich lieben, in Ewigkeit.

[3] wörtlich: Wahrheit zu tun.
[4] wörtlich: der Äonen (vgl. 1. Tim. 1,16).
[5] wörtlich: Geschlechter von Geschlechtern.

**(15) Freue dich und frohlocke über die Söhne der Gerechten,
denn sie werden gesammelt werden und den Herrn der
Gerechten preisen.
O selig, die dich lieben,
sie werden sich über deinen Frieden freuen!
(16) Selig, die da getrauert haben ob all deiner Züchtigungen,
denn sie werden sich über dich freuen, wenn sie schauen all
deine Herrlichkeit,
und darüber fröhlich sein ewiglich.
(17) Meine Seele preise Gott, den großen König!
Denn Jerusalem wird gebaut werden mit Saphir und Smaragd
und seine Mauern mit Edelgestein
und die Türme und die Bollwerke mit lauterem Gold.
Und die Straßen Jerusalems werden mit Beryll gepflastert sein
und mit Karfunkel und Steinen aus Ophir.
(18) Und alle ihre Gassen werden sagen: Hallelujah! und lobpreisen
mit den Worten: Gepriesen sei Gott, der (dich) erhöht hat,
ewiglich!**

(14,1) Und Tobit endete seinen Lobgesang. (2) Achtundfünfzig Jahre alt war er, als er sein Augenlicht verlor, und nach acht Jahren wurde er wieder sehend. Und er übte Barmherzigkeit und fuhr fort, den Herrn, (seinen) Gott, zu fürchten und ihn zu preisen. (3) Er wurde aber sehr alt; da rief er seinen Sohn und dessen Söhne und sprach zu ihm: Kind, nimm deine Söhne! Siehe, ich bin alt geworden und bin dabei, aus dem Leben zu scheiden. (4) Ziehe nach Medien, Kind, denn ich bin von all dem überzeugt, was der Prophet Jona über Ninive gesagt hat[6], daß es zerstört werden wird — in Medien wird für eine gewisse Zeit mehr Frieden sein — und daß unsre Brüder, die noch im Land sind[7], aus dem guten Land zerstreut werden. Und Jerusalem wird wüste liegen und das Haus Gottes darin verbrannt werden und eine Zeit lang verwüstet sein. (5) Aber Gott wird sich ihrer wieder erbarmen und sie in das Land zurückführen, und sie werden den Tempel wieder aufbauen, freilich nicht wie der erste war, bis die Tage dieser Weltzeit[8] erfüllt sind. Darnach werden sie aus den Ländern, da sie gefangen lagen, heimkehren und Jerusalem herrlich aufbauen, und das Haus Gottes darin wird für alle künftigen Geschlechter als ein herrliches Bauwerk erbaut werden, wie solches die Propheten geredet haben. (6) Und alle Völker werden sich wahrhaftig dazu be-

[6] Vgl. Jon. 3,4.
[7] Die im Land Kanaan zurückgebliebenen Stämme Juda und Benjamin.
[8] wörtlich: die Zeitläufte des Äons.

kehren, Gott den Herrn zu fürchten, und werden ihre Götzenbilder vergraben, und alle Heiden werden den Herrn preisen. (7) **Und sein Volk wird Gott seinen Lobpreis darbringen, und der Herr wird sein Volk erhöhen, und freuen werden sich alle, die Gott den Herrn in Wahrheit und Gerechtigkeit lieben und Barmherzigkeit tun an unsren Brüdern.** (8) **Und nun, Kind, zieh fort aus Ninive! Denn es wird alles geschehen, was der Prophet Jona geredet hat.** (9) **Du aber halte das Gesetz und die Gebote und erweise dich wohltätig und gerecht, auf daß es dir wohl gehe.** (10) **Und begrabe mich mit Ehren und deine Mutter neben mir und bleibet nicht länger wohnen in Ninive.** (10) **Kind, sieh, was Haman dem Achiachar, seinem Ernährer, angetan hat, wie er ihn aus dem Licht in die Finsternis führte, und was er ihm alles angetan hat[9]. Und Achiachar wurde gerettet, jenen aber traf die Vergeltung und er stieg selbst hinab in die Finsternis. Manasse übte Barmherzigkeit und wurde aus der Schlinge des Todes errettet, die jener ihm gelegt hatte. Haman aber fiel in die Schlinge und ging zu Grunde.** (11) **Und nun, Kinder, sehet daraus, was Barmherzigkeit vermag und wie Gerechtigkeit errettet. — Und während er dieses sagte, verließ ihn seine Seele auf dem Lager. Er war aber hundertachtundfünfzig Jahre alt[10], und er[11] begrub ihn mit Ehren.**

(12) **Und als Anna starb, begrub er sie neben seinem Vater. Tobias aber zog fort mit seiner Frau und seinen Söhnen nach Ekbatana zu Raguel, seinem Schwiegervater.** (13) **Und er wurde alt in Ehren. Und er bestattete seine Schwiegereltern ehrenvoll und erbte ihre Habe und die seines Vater Tobit.** (14) **Und er starb hundertsiebenzwanzig Jahre alt zu Ekbatana in Medien** (15) **und hörte, noch bevor er starb, von dem Untergang Ninives, welches Nebukadnezar, auch Assuerus[12] (genannt), erobert hatte. Und er freute sich noch, bevor er starb, über Ninive[13].**

In den beiden Schlußkapiteln, von denen das erste im Stil des Psalmisten, das zweite im Stil des Chronisten abgefaßt ist, weitet sich der Horizont. Was Tobit in seinem persönlichen Leben und im Geschick seiner Familie erfuhr, daß Gott in die Tiefe führt und wieder empor

9 wörtlich: vergolten hat. — Worauf Tobit hier Bezug nimmt, ist im Einzelnen weder hier noch an anderer Stelle berichtet.
10 In drei griech. Handschriften, wird sein Alter mit 150, in der Vulgata mit 102 Jahren angegeben.
11 sein Sohn Tobias.
12 Andere übersetzen: Nebukadnezar und Ahasverus (= Kyaxares?)
13 über das Eingreifen der Weissagung und über den Untergang dieser Stadt, die so viel Furcht und Schrecken über die Völker im Orient gebracht hatte.

(V. 2), wie dies schon Hanna, die Mutter Samuels in ihrem Lobgesang bezeugte (1. Sam. 2,6 f.), wird hier in diesem Preislied Tobits auf das Volk als ganzes angewandt. Das ist die Summe seiner eigenen Erfahrungen mit dem lebendigen Gott, daß Er seine Auserwählten demütigt und tröstet, als strenger Richter und gütiger Erbarmer an ihnen handelt. Nicht als ob sich beides die Waage hielte! So streng das Gericht Gottes ist, so über die Maßen herrlich ist doch seine Gnade, die mit rettender Macht sich offenbart. Ein „*Gebet zum Frohlocken*" legt der Verfasser Tobit in den Mund, wobei deutlich wird, wie er selbst mit den heiligen Schriften Israels, mit Propheten und Psalmen vertraut ist und daraus zu seinen Lebzeiten Trost und Hoffnung schöpfte. Der Gattung nach handelt es sich um einen beschreibenden Lobpsalm, der dem Volk (bzw. dem Leser) vor Augen führt, wie der Gott Israels, der hier „König des Himmels"[14] genannt wird (V. 9.13), sein Volk zwar züchtigt, aber nicht im Elend umkommen läßt, vielmehr einer herrlichen Zukunft entgegenführt. In V. 2 ist das Thema genannt, das in zwei Strophen entfaltet wird: zunächst im Blick auf die Söhne Israels (V. 3–8), sodann im Blick auf die Stadt Jerusalem (V. 9–18).

Die *erste Strophe* (V. 3–8) wendet sich an die zerstreuten Söhne Israels, zu denen auch Tobit gehört. Sie werden aufgerufen, auch in der Verbannung nicht nur am Bekenntnis zu dem allein wahren Gott festzuhalten, sondern, was noch mehr ist, im fremden, heidnischen Lande seine Majestät zu verkündigen (V. 4), wie dies Tobit selbst in beispielhafter Weise tut (V. 8). Wohl hat Gott sein Antlitz verborgen (vgl. Jes. 54,8), aber wenn sich die Kinder, die er züchtigen mußte, von Herzen zu ihm bekehren (V. 6), wird er sie wieder sammeln und durch den sichtbaren Erweis seines Erbarmens bezeugen, daß er ihr Vater ist und bleibt in Ewigkeit (vgl. Jes. 63,16). Auch jetzt, da sie unter einem „Volk von Sündern"[15] wohnen müssen, steht ihnen diese Möglichkeit der Umkehr offen. Da ist keiner, der an der Barmherzigkeit Gottes verzweifeln müßte! Dies hat Tobit erfahren, darin sieht er Grund genug, mitten im Elend zu frohlocken.

[14] Diese Bezeichnung Gottes („König des Himmels") ist auffallend, weil sie sonst im Alten Testament nicht üblich ist.

[15] Bei diesem „Volk von Sündern" (V. 8) ist nicht an die abtrünnigen Söhne Israels gedacht, sondern an die Heiden, unter denen sie in der Verbannung leben müssen.

Die *zweite Strophe* (V. 9–18) befaßt sich mit dem Geschick und der Zukunft Jerusalems, der heiligen Stadt, der Tobit mit seiner alljährlichen Wallfahrt und seinen Opfergaben für den Tempeldienst die Treue gehalten hat, als er noch nicht aus der Heimat seiner Väter vertrieben war (1,6 ff.). Dabei setzt der Verfasser sich freilich über den geschichtlichen Ort, den er in seiner Erzählung Tobit zuwies, kühn hinweg. Er hat deutlich vor Augen, wie auch Jerusalem von Gott gezüchtigt wurde (V. 16), und richtet den Blick des Lesers auf die zukünftige Herrlichkeit, in welcher die Gottesstadt und das Heiligtum in ihrer Mitte erstrahlen wird (vgl. Jes. 62,1 ff; 65,18 ff.). Nicht nur daß die „Hütte" Gottes daselbst wieder mit Freuden aufgerichtet wird (V. 11), daß die aus der Gefangenschaft heimgeholten Bewohner sich dort der Gnadengegenwart ihres ewigen Königs getrösten können. Mehr noch: Der Tempel wird das Wallfahrtsziel vieler Völker werden, die sich zu dem allein wahren Gott bekehren und ihm ihre Geschenke darbringen[16]. Dieser Anblick wird für alle, die die heilige Stadt lieben und unter ihren „Züchtigungen" mitgelitten haben (V. 16) Grund ewiger Freude sein. In der gewissen Hoffnung, daß die Gottesstadt eine herrliche Zukunft hat, bezieht der Verfasser sogar ihre dann mit lauter Edelsteinen gepflasterten Gassen in das „Halleluja" ein (V. 18). Es versteht sich, daß man eine solche Schilderung, wie sie in V. 17 f. gegeben wird, nicht buchstäblich nehmen darf. Das Edelste und Schönste, was diese Erde in sich birgt, muß dem Verfasser dazu dienen, die unvorstellbare Schönheit der Gottesstadt zu preisen. Wie über die Maßen herrlich und wunderbar wird das sein, wenn sie Gott selbst mit seinem Glanz erfüllt (vgl. Offb. 21,10 ff.)! Muß uns diese freudige, von glühender Sehnsucht erfüllte Hoffnung auf die zukünftige Herrlichkeit Zions nicht beschämen, zumal wenn man bedenkt, in welch notvoller, dürftiger Zeit dieses Preislied verfaßt wurde? Wie wenige unter denen, die sich Christen nennen, ist ihr Bürgerrecht in Gottes ewiger Stadt heutzutage Anlaß zu solcher Freude und zu solcher Sehnsucht! DerVorwurf, hier werde in massiv-dinglicher Weise von dem zukünftigen Heil geredet, ist fehl am Platz. Denn erstens ist es die Sprache des Dichters, deren sich der Verfasser bedient; zweitens gilt sein Preislied nicht Jerusalem, sondern recht eigentlich dem lebendigen Gott, dessen Herrlichkeit

16 Vgl. Jes. 60,5 f.; Offbg. 21,24; auch schon Jes. 2,2 f.

sich in der vollkommenen Schönheit der Gottesstadt wiederspiegelt, drittens hätten wir ihm schwerlich etwas Neues gesagt, wenn wir daran erinnern, daß auch im Blick auf das zukünftige Heil Psalm 73,25 gilt und bedacht sein will: Wenn ich nur Dich habe, so frage ich nichts nach Himmel und Erde"!

An sich könnte die Erzählung von dem Geschick Tobits mit diesem Preislied ihren würdigen Abschluß finden. Aber der Erzähler weiß noch von einer *letzten Weisung* zu berichten (14,1 ff.), die Tobit vor seinem Ende seinem Sohn Tobias und dessen Söhnen gab, wobei seine väterliche Sorge um ihr ferneres Ergehen deutlich wird. Tobias soll mit den Seinen die dem Gericht Gottes verfallende Stadt Ninive verlassen und nach Medien ziehen, von wo seine Frau Sara stammt (V. 4; 8). Die Weissagung des Propheten Jona vom Untergang Ninives wird sich erfüllen, auch wenn die Stadt zu Lebzeiten Jonas noch einmal verschont wurde. Im Zusammenhang damit kommt Tobit auch auf das Schicksal Jerusalems zu sprechen; es ist eine Art Kommentar zu seinem Lobgesang, was er hier über dessen Wiederaufrichtung nach seiner Zerstörung zu sagen weiß (V. 5–7). Noch einmal ermahnt er, unter Bezugnahme auf ein abschreckendes Beispiel (V. 10) den Sohn zur Wohltätigkeit gegenüber den Bedürftigen (V. 9 u. 11), und es ist ein schöner Zug der Erzählung, daß er mit dieser Mahnung auf den Lippen, die er selbst so gewissenhaft befolgte, ohne Kampf und Schmerzen sterben darf (V. 11). Tobias, der ihn mit der Mutter Anna, die dem Vater bald nachfolgte, in Ehren begrub, siedelt dann in die Hauptstadt von Medien, Ekbatana, über und erreicht dort ebenfalls ein hohes Alter, so daß er das Eintreffen der Weissagung über den Fall von Ninive noch vor seinem Tod erlebt. Das alles ist einfach und schmucklos erzählt und erinnert an den Schluß des Hiobbuchs: „Und Hiob starb alt und lebenssatt". Wir sind im Alten Testament; noch fällt kein Licht vom Ostergeschehen her auf das Ende der Frommen. Genug, die Gnade eines langen Lebens zu erfahren, Kind und Kindeskinder zu sehen und auf das künftige Heil Zions hoffen zu dürfen! Aber es liegt ein tiefer Friede über diesem Ende. Wer die Führung Gottes in seinem Leben so wunderbar erleben durfte, von dem gilt dann gewiß bei seinem Ende auch das Wort, mit dem der 4. Psalm schließt: „Ich liege und schlafe ganz mit Frieden, denn allein du, Herr, hilfst mir, daß ich sicher wohne" (Ps. 4,9).

DAS BUCH JUDITH

Inhalt

EINFÜHRUNG

In dem Siegeslied der Debora, einem der ältesten poetischen Texte des Alten Testaments (12. Jahrh. v. Chr.), in dem der Sieg der Kinder Israel über die Kananäer und ihren Feldhauptmann Sisera gefeiert wird, wird auch die Tat einer Frau gerühmt: Jaël, die Frau des Keniters Heber, hatte dem flüchtigen Sisera in ihrem Zelt Aufnahme gewährt. Als er ermattet in Schlaf gesunken war, nahm sie einen Zeltpflock und Hammer, ging leise hinein und durchbohrte ihm die Schläfe (Richt. 4,17 ff.). Das prophetische Wort Deboras: „Der Herr wird Sisera in eines Weibes Hand geben" (V. 9) wurde durch diese Tat erfüllt und Jaël wird in ihrem Lied gepriesen, obwohl sie das Gastrecht verletzte und den gefürchteten Feind im Schlaf überwältigte:

Gepriesen sei unter den Frauen Jaël,
das Weib Hebers, des Keniters;
gepriesen sei sie im Zelt unter den Frauen!
Milch gab sie, als er Wasser forderte,
Sahne reichte sie dar in einer herrlichen Schale.
Sie griff mit ihrer Hand den Pflock
und mit ihrer Rechten den Hammer
und zerschlug Siseras Haupt
und zermalmte und durchbohrte seine Schläfe.

Richt. 4,24–26.

Diese Tat und ihr Widerhall im Richterbuch stand wohl dem Mann vor Augen, der die Geschichte von Judith und Holofernes erdacht und aufgezeichnet hat. Dies geschah rund 1000 Jahre später in der Makkabäerzeit[1]. Zwar stellt der ungenannte Erzähler die Tat Judiths

[1] Die Vermutung, daß das Buch in der ersten Hälfte des 2. Jahrhunderts v.Chr. entstanden ist, stützt sich auf die Beobachtung, daß es den Geist der Makkabäerzeit wiederspiegelt. Jerusalem wird vom Hohepriester und Hohen Rat regiert. „Ein kriegerischer Geist durchweht das Ganze" (Löhr).

so dar, als ob er von einer geschichtlichen Begebenheit berichten würde. Dabei mögen gewisse geschichtliche Erinnerungen an Feldzüge des persischen Königs Artaxerxes III. (359–338), der einen Feldherrn mit Namen Holofernes[2] und einen Eunuchen mit Namen Bagoas[3] gehabt haben soll, in der Erzählung verarbeitet sein. Aber aufs Ganze gesehen geht der Verfasser mit den geschichtlichen Tatsachen sehr freizügig um: Nebukadnezar (Nabuchodonosor genannt) ist Großkönig in Ninive, der Hauptstadt der Assyrer (die doch im Jahr 612 von den Babyloniern erobert und zerstört worden ist). Er soll von dort in einem großen Feldzug den Mederkönig Arphad bekriegt, die Stadt Ekbatana zerstört und dann gegen die Völkerstämme und Städte, die ihm die Heeresfolge verweigert haben, eine Strafexpedition durchgeführt haben, deren Kommando er seinem Oberfeldherrn Holofernes übertrug. Diesem und seinem gewaltigen Heer sollen die – erst vor kurzem aus der babylonischen Gefangenschaft zurückgekehrten – Juden in der (sonst nicht erwähnten) Bergfeste Betylua einen verzweifelten Widerstand geleistet haben, wobei dann Judith durch ihre kühne Tat die Rettung brachte. Von einem geschichtlichen Tatsachenbericht kann hier keine Rede sein. Auch der Stil des Erzählers verrät seine Freude an phantasievoller Ausschmückung. Er gibt die Reden der Hauptpersonen in epischer Breite wieder und versteht sich durchaus auf die Kunst spannender Erzählung. Offensichtlich ist mit der Geschichte, die er dem Leser vor Augen malt, eine bestimmte Absicht verknüpft. Sie soll den Glaubensmut seiner Zeitgenossen anfeuern! Der Herr und Gott Israels, der durch die List und Hand eines schwachen Weibes den mächtigen heidnischen Heerführer um Sieg und Leben brachte, lebt noch! Ihm ist es nicht schwer, durch viel oder wenig zu helfen (vgl. 1. Sam. 14,6 ff.). Im Vertrauen auf den Gott der Väter hat Judith ihren abenteuerlichen Plan erdacht und sich schutzlos ins feindliche Lager begeben. Bei aller Freude an der Schilderung ihrer Vorzüge – sie ist nicht nur gottesfürchtig und voll Glaubensmut, der das ganze Volk und seine Männer beschämt, sondern auch klug und bezaubernd schön – steht doch der Gedanke im Vordergrund, daß sie Werkzeug des Höchsten ist. Gott, der Gott Israels, gibt ihr die Kraft zu ihrer Tat und läßt ihre abenteuerliche List gelingen. Ihm gibt sie selbst die Ehre (16,1 ff.) – Ihm, der die

[2] Persisch: Orophernes.
[3] Vgl. 12,11 ff.

Mächtigen in ihrer Torheit fängt und die Schwachen mit Stärke umgürtet. Hat man diese Absicht der Erzählung erfaßt, so wird man sich an ihren geschichtlichen Ungereimtheiten nicht mehr stoßen. Daß sie nicht unter die kanonischen Bücher des Alten Testaments aufgenommen wurde, muß man allerdings gutheißen.

In älterer Zeit gab es Ausleger, die dieser frei erfundenen Erzählung mit Hilfe allegorischer Ausdeutung einen tieferen, geistlichen Sinn abgewinnen wollten. Auch Luther, keineswegs blind für die geschichtlichen Widersprüche, die darin enthalten sind, hat sich diese Deutung auf seine Weise zu eigen gemacht: „Etliche wollen, es sei keine Geschichte, sondern ein geistlich schön Gedicht eines heiligen geistreichen Mannes, der darin hab wollen malen und fürbilden des ganzen jüdischen Volkes Glück und Sieg wider alle ihre Feinde, gleichwie Salomo in seinem Hohelied auch von einer Braut dichtet und singet, und doch damit das ganze Volk Israel meinet; und wie St. Johannes in der Apokalypse und Daniel viel Bilder und Tiere malen, damit sie doch nicht solche Personen, sondern die ganzen christlichen Kirchen und Königreiche meinen ... Solche Meinung gefället mir fast wohl, und denke, daß der Dichter wissentlich und mit Fleiß den Irrtum der Gezeiten und Namen drein gesetzt hat, den Leser zu vermahnen, daß ers für ein solch geistlich heilig Gedicht halten und verstehen sollte ... Und mag sein, daß sie solch Gedicht gespielet haben, wie man bei uns die Passion spielet und anderer Heiligen Geschichte, damit sie das Volk und die Jugend lehreten ... Darum ist es ein fein, gut, heilig, nützlich Buch, uns Christen wohl zu lesen. Denn die Worte soll man verstehen, als rede sie ein geistlicher heiliger Poet oder Prophet“[4]. Die Namen werden bei dieser Art Auslegung als Chiffren gedeutet (Judith = Judäa, Bethylia = Jungfrau usw.) und der Triumph „Judiths“ über die heidnische Kriegsmacht und ihren Heerführer (Kap. 16) als eine Weissagung auf den endzeitlichen Sieg des Gottesvolks über seine Bedränger aufgefaßt. Aber diese Deutung ist gekünstelt. Der Verfasser ist weder Poet noch Prophet, sondern ein Weiser aus der Zeit der makkabäischen Freiheitskriege, der sein Erzählertalent in den Dienst der Glaubensstärkung seiner Zeitgenossen stellte, davon überzeugt, daß keine Übermacht der Feinde so groß ist, keine Lage so verzweifelt, daß der allmächtige

[4] EA 62,91.

Gott seinem Volk nicht durch einen Einzelnen, und wäre es ein Weib, das nicht zum Kämpfen geboren ist, Hilfe und Sieg verschaffen könnte. Dieses Ziel hat er mit seiner fesselnden Geschichte von Judith und Holofernes im Auge gehabt und keineswegs „auf dem Standpunkte einer gesunkenen und veräußerlichten Moralität“[5] in Szene gesetzt. In einer Zeit, da das Volk Israel sich wider eine Übermacht von Feinden um sein Heimatrecht im Land seiner Väter und seine politische Existenzberechtigung überhaupt mit Waffengewalt und Todesmut wehren muß, wird man auch eine Schrift wie das Buch Judith mit anderen Augen lesen.

Die Erzählung ist dramatisch aufgebaut und gliedert sich in folgende *Hauptteile:* In Kap. 1–7 wird geschildert, wie der gewaltige Nebukadnezar unter seinem Feldherrn Holofernes eine Streitmacht aussendet, um die Städte, Stämme und Völker zu bestrafen, die ihm bei seinem Kriegszug gegen Arphaxad, den König der Meder, die Heeresfolge verweigert haben. Auch die Kinder Israel sind davon betroffen. Sie leisten Widerstand, wobei die Bergfestung Betylua zum Brennpunkt des Kampfes wird. In Kap. 8–14 stellt der Erzähler dar, wie Judith in höchster Not das Werkzeug der göttlichen Errettung wird. Sie begibt sich ins feindliche Lager, berückt Holofernes durch ihre Schönheit und tötet ihn mit seinem eigenen Schwert. Die über diese Tat entsetzten Belagerer ergreifen die Flucht und werden aus dem Lande gejagt. In Kap. 15–16 bildet der Lobgesang Judiths bei der Siegesfeier den triumphierenden Schluß. Ein Höhepunkt ist das Gebet Judiths vor ihrer Tat (Kap. 9), in dem die Botschaft der Geschichte am deutlichsten zutage tritt (V. 9–11).

[5] so das doch allzu abschätzige Urteil von O. Zöckler, Die Apokryphen des AT. S. 186.

DIE STRAFEXPEDITION DES HOLOFERNES
Kap. 1,1–3,10

(1,1) **Im zwölften Jahr der Herrschaft Nebukadnezars, der in der großen Stadt Ninive über die Assyrer herrschte, in den Tagen Arphaxads, der über die Meder in Ekbatana herrschte** (2) **und rings um Ekbatana Mauern aus behauenen Steinen baute, drei Ellen breit und sechs Ellen lang, und die Mauer siebzig Ellen hoch und fünfzig Ellen breit machte** (3) **und ihre Türme hundert Ellen hoch auf ihre Tore setzte und ihr Fundament sechzig Ellen breit machte** (4) **und ihre Tore sechzig Ellen hoch und vierzig Ellen breit machte, damit seine gewaltige Streitmacht ausrücken und sein Fußvolk Aufstellung beziehen könne —** (5) **In jenen Tagen unternahm der König Nebukadnezar einen Kriegszug gegen den König Arphaxad in der großen Ebene, das ist die Ebene in der Gegend von Ragau[1].** (6) **Und es stießen zu ihm alle, die das Bergland bewohnten, sowie alle, die am Euphrat und am Tigris und am Hydaspes und im Gebiet Ariochs, des Königs der Elymäer, wohnten, und viele Völker taten sich zusammen zum Kampf wider die Söhne Cheleuls[2].** (7) **Und Nebukadnezar, der König der Assyrer, sandte (Boten) zu allen, die in Persien wohnten, und zu allen, die gen Westen wohnten, die Bewohner von Cilicien und Damaskus, vom Libanon und Antilibanon, und zu allen, die an der Meeresküste wohnten,** (8) **und zu denen, die unter den Völkern des Karmel und in Gilead wohnten und in der Ober-Galiläa und in der großen Ebene Esdrelom[3]** (9) **und zu allen, die in Samaria und seinen Städten und jenseits des Jordan bis hin nach Jerusalem wohnten, in Batane und Chellus und Kades und am Fluß Ägyptens[4], und in Taphnes und Ramesse und im ganzen Lande Gesem, bis über Tanis und Memphis hinaus, und zu allen Bewohnern Ägyptens bis an die Grenze von Äthiopien.** (11) **Aber alle Bewohner in all diesen Landen verachteten den Befehl Nebukadnezars, des Königs der Assyrer, und waren nicht gewillt, sich an seinem Kriegszug zu beteiligen; denn sie hatten keine Furcht vor ihm; er galt ihnen vielmehr soviel wie ein einzelner Mann, und so ließen sie seine Boten leer, mit Schande wieder abziehen.** (12) **Da ergrimmte Nebukadnezar sehr wider all dieses Land und schwor bei seinem Thron und seinem Königreich, Rache zu nehmen**

[1] wohl die östlich von Ekbatana gelegene Provinz, in der Rages lag (Tob. 1,14).
[2] In manchen Handschriften lautet der Name Cheleud (= Chaldäer).
[3] Ebene Jesreel.
[4] Der „Fluß Ägyptens“ ist nicht der Nil, sondern der Grenzfluß zwischen Palästina und Ägypten.

am ganzen Gebiet von Cilicien und Damaskus und Syrien und umzubringen mit dem Schwert auch alle Bewohner des Landes Moab und die Söhne Ammons und ganz Judäa und alle Bewohner Ägyptens bis zu den Grenzen der zwei Meere[5]. (13) **Und er zog zu Felde mit seiner Streitmacht wider den König Arphaxad im 17. Jahr und gewann die Oberhand in seinem Kriegszug und schlug in die Flucht Arphaxads ganze Macht und all seine Rosse und Wagen.** (14) **und eroberte seine Städte und drang vor bis nach Ekbatana und bezwang seine Türme und verwüstete seine Straßen und machte ihrer Pracht ein schmähliches Ende.** (15) **Er nahm den Arphaxad gefangen in den Bergen von Ragau und durchbohrte ihn mit seinen Wurfspießen und brachte ihn so um am selbigen Tag.** (16) **Dann kehrte er zurück nach Ninive mit seinem ganzen Gefolge, einer sehr großen Menge von Kriegsleuten, und daselbst ließ er sich's wohl sein und sie schmausten, er und sein Heer, 120 Tage.**

(2,1) **Im 18. Jahr, am 22. desselben Monats war im Palast Nebukadnezars, des Königs der Assyrer, davon die Rede, daß er sich an all dem Land rächen wolle, wie er gesagt hatte.** (2) **Und er rief alle seine Beamten und seine Großen zusammen und teilte ihnen das Geheimnis seines Plans mit, und daß er fest entschlossen sei, all diese Lande zu verderben,** (3) **und sie waren gleichfalls der Meinung, alles Fleisch sei zu vernichten, das dem Befehl seines Mundes nicht gefolgt sei.** (4) **Und es geschah, nachdem er seine Beratung abgeschlossen hatte, da berief Nebukadnezar, der König der Assyrer, den Holofernes zum Oberbefehshaber seiner Streitmacht, der nach ihm der Zweithöchste war, und sprach zu ihm:** (5) **So befiehlt der Großkönig, der Herr der ganzen Erde: Siehe, du sollst von mir ausziehen und Männer mit dir nehmen, die auf ihre Kraft vertrauen, Fußvolk rund 120 000 und 12 000 Rosse mit Reitern,** (6) **und sollst wider alles Land im Westen zu Felde ziehen, weil sie dem Befehl meines Mundes nicht gehorcht haben,** (7) **und du sollst ihnen gebieten, Erde und Wasser bereit zu halten[6]. Denn ich will in meinem Zorn über sie herfallen und ihr ganzes Gebiet mit den Füßen meiner Streitmacht bedecken und sie ihrer Plünderung preisgeben.** (8) **Ihre Erschlagenen sollen ihre Schluchten füllen und jeder Bach und Fluß soll von ihren Leichnamen zum Überlaufen voll werden.** (9) **Und ihre Gefangenen will ich bis an die Enden der ganzen Erde wegführen.** (10) **Du aber marschiere los und unterwirf mir ihr ganzes Gebiet! Sie werden sich dir**

[5] bezieht sich wohl auf die beiden Nilarme (Astaboras u. Astapus).

[6] Zum Zeichen der bedingungslosen Unterwerfung (nach Herodot u. Plutarch bei den Persern üblich).

ergeben und du sollst sie mir aufbewahren auf den Tag ihrer Bestrafung. (11) Gegen die Ungehorsamen aber gehe mit schonungsloser Strenge vor und gib sie allenthalben dem Tod und der Plünderung preis. (12) So wahr ich lebe und die Macht habe in meinem Reich: Ich habe gesprochen und werde es tun[7]! (13) Du aber übertritt keinen der Befehle deines Herrn, sondern erfülle sie genau, wie ich dir geboten habe, und säume nicht, sie durchzuführen!

(14) Da ging Holofernes hinaus von seinem Herrn und rief alle Gewaltigen und Feldherrn und Hauptleute der assyrischen Streitmacht (15) und zählte die zum Kriegszug auserwählten Männer, wie ihm sein Herr befohlen hatte, an die 120 000 und dazu 12 000 berittene Bogenschützen. (16) Und er ordnete sie, wie man ein Kriegsheer in Reih und Glied stellt. (17) Auch Kamele und Esel und Maultiere für ihr Gepäck nahm er mit, eine sehr große Menge, und Schafe, Rinder und Ziegen zu ihrem Unterhalt ohne Zahl (18) und eine Menge Lebensmittel für jeden Mann und sehr viel Silber und Gold aus des Königs Palast. (19) Und er rückte aus mit seiner ganzen Streitmacht, um vor dem König Nebukadnezar herzuziehen und das ganze Gebiet der Erde gegen Westen mit Wagen und Reitern und auserlesenem Fußvolk zu bedecken. (20) Zahlreich wie Heuschrecken und wie der Sand der Erde war der Troß, der hinterherzog; nicht zu zählen war die Menge. (21) Und er marschierte von Ninive aus drei Tagemärsche bis in die Ebene Bektileth[8] und verlegte sein Lager über Bektileth hinaus in die Nähe des Gebirges, das links vom oberen Cilicien liegt. (22) Dann nahm er seine ganze Streitmacht, das Fußvolk und die Reiter und seine Wagen, und zog von dort in das Gebirge. (23) Und er zerstreute Phud und Lud[9] und plünderte alle Söhne Rassis[10] und die Söhne Ismaels, die gegenüber der Wüste südlich vom Land der Cheläer[11] wohnen. (24) Dann überschritt er den Euphrat und durchquerte Mesopotamien und zerstörte alle befestigten[12] Städte am Fluß Abronas[13] bis zum Meer. (25) Er eroberte das Gebiet von Cilicien und erschlug alle, die ihm entgegentraten, und gelangte bis in die Gegend von Japhet[14], das südlich vor Arabien liegt. (26) Er umzingelte alle

7 wörtlich: werde solches tun mit meiner Hand.
8 Die Schreibung des Namens schwankt in den Handschriften. Geographische Lage vermutlich in der Nähe des Taurus.
9 Sprichwörtliche Redensart für weit entfernte, fremde Völker (vgl. Jer. 46,9; Hesek. 27,10; 30,5).
10 Ist damit Tarsus gemeint?
11 Unbekannter Beduinenstamm.
12 wörtlich: hohen
13 unbekannt.
14 östlich vom persischen Meerbusen.

Söhne Midians und verbrannte ihre Zelte und plünderte ihe Hürden. (27) Dann zog er hinab in das Gefilde von Damaskus zur Zeit der Weizenernte und steckte alle ihre Äcker in Brand und vernichtete ihre Herden und Rinder, plünderte ihre Städte und verwüstete ihre Felder und erschlug alle ihre jungen Männer mit der Schärfe des Schwerts. (28) Und Furcht und Zittern vor ihm befiel die Bewohner der Meeresküste in Sidon und Tyrus und die Bewohner von Sur[15] und Okina[16] und alle Bewohner von Jamnia[17] und die Einwohner von Asdod und Askalon fürchteten sich sehr.

(3,1) Und sie schickten Boten mit der Bitte um Frieden[18] zu ihm und ließen ihm sagen: (2) Siehe, wir die Knechte des Großkönigs Nebukadnezar, liegen vor dir, daß du mit uns tust, wie es dir gefällt. (3) Siehe, unsre Gehöfte und jede Ortschaft und jedes Weizenfeld, und die Herden und das Rindvieh und alle Hürden unsrer Zelte liegen vor dir, daß du damit tust, wie es dir gefällt. (4) Siehe, auch unsre Städte und die darin wohnen, sind deine Knechte; komm und verfahre mit ihnen, wie es deinen Augen gut dünkt. (5) Und die Männer kamen zu Holofernes und meldeten ihm diese Worte. (6) Da zog er mit seiner Streitmacht hinab an die Meeresküste und besetzte die festen Städte und hob aus ihnen auserlesene Männer aus, die mit ihm streiten sollten. (7) Und man empfing ihn allenthalben in der ganzen Umgegend mit Kränzen und Reigen und Pauken. (8) Er aber verwüstete ihr ganzes Gebiet und hieb ihre Haine[19] um, entschlossen, alle Götter auf Erden auszurotten, damit dem Nebukadnezar, ihm allein, alle Völker dienten und alle Zungen und alle Geschlechter ihn als Gott anriefen. (9) Und er kam gen Esdrelom, nahe bei Dothan, das gegenüber der großen Ebene von Juda liegt, (10) und schlug zwischen Gaiba[20] und Skythopolis[21] sein Lager auf, und blieb daselbst einen Monat lang, um den ganzen Troß seiner Streitmacht zu sammeln.

Wie sich an einem schwülen Sommertag die Wolken zusammenballen und eine Gewitterwand bilden, die drohend am Himmel steht, so zieht in Kap. 1–3 eine tödliche Gefahr wider die Kinder Israel und Jerusalem herauf. Ausführlich berichtet der Erzähler, wie Nebukadnezar, der sich als gewalttätiger Eroberer in der Geschichte einen Namen

15 unbekannt.
16 vermutlich Akko.
17 Jabne (2. Chron. 26,6), nördlich von Asdod.
18 wörtlich: mit Worten des Friedens.
19 die heiligen Haine, in denen die Altäre und Bilder ihrer Götter standen.
20 vermutlich = Gilboa.
21 = Beth-Shean (Jos. 17,11; Richt. 1,27).

machte[22], gegen Arphaxad, den König der Meder, und seine schwer befestigte Residenz Ekbatana einen Kriegszug unternimmt und die Völker, Stämme und Stadtstaaten, die in seinem politischen Einflußbereich liegen, auffordert, ihm Hilfstruppen zur Verfügung zu stellen. Wider Erwarten verachten die westlich gelegenen Völker seinen Befehl und verweigern die Waffenhilfe. Nun ist zwar Nebukadnezar stark genug, um auch ohne ihren Beistand den König Arphaxad vernichtend zu schlagen und dessen schwerbefestigte Hauptstadt Ekbatana zu bezwingen. Aber erbittert über diese Verweigerung von Hilfstruppen und erfüllt von dem Drang, sich als Herr über die ganze Erde (2,5) zu gebärden, beschließt er, an den Aufsässigen Rache zu nehmen (1,12). Nach errungenem Sieg und glanzvollem Siegesfest beruft der Großkönig einen Kriegsrat ein und gibt den Großen seines Reichs seinen Entschluß bekannt, eine *Strafexpedition* durchzuführen. Holofernes, der Zweithöchste in seinem Reich, bekommt den Auftrag, mit einer Streitmacht von 132000 Mann auszurücken und die Mißachtung seines Herrn blutig zu rächen (2,5–13). Ausführlich wird geschildert, wie dieser seine Truppen mobilisiert und, Furcht und Schrecken um sich verbreitend, den Befehl des allgewaltigen Königs von Babel ausführt (2,14–28). Die Selbstherrlichkeit Nebukadnezars wird in dessen wörtlicher Rede (2,5 ff.) ebenso treffend charakterisiert wie es dem Erzähler gelingt, durch die breite, detaillierte Schilderung dieser Strafexpedition (2,14 ff.) die Größe der Gefahr, die den Stämmen und Städten im heutigen Palästina droht, vor Augen zu stellen.

Angesichts der feindlichen Übermacht bieten die bislang noch verschonten Bewohner des Gebiets zwischen Tyrus und Askalon ihre freiwillige Unterwerfung an (3,1–5). Ohne noch auf bewaffneten Widerstand zu stoßen, zieht Holofernes der Meeresküste entlang von Norden nach Süden, besetzt die festen Städte, hebt Soldaten aus, um seine Streitmacht noch zu verstärken, und verwüstet, was ihm gefällt, nicht zuletzt die Kultstätten (V. 8). Der religiöse Hintergrund der babylonischen Welteroberungspolitik wird hier besonders deutlich: Nicht nur die Kinder Israel, die das nächste Opfer dieses Kriegszugs sein werden, sind tödlich bedroht. Ihrem Gott, dem wirklichen Herrn über die ganze Erde, ist hier der Kampf angesagt, die Vernichtung angedroht! Ehe Holofernes zu diesem letzten Schlag ausholt, schlägt

22 „Babel“ ist — nicht umsonst — auch im NT Typus der gottfeindlichen Weltmacht (vgl. 1. Ptr. 5,13; Offbg. 18,1 ff.).

er zwischen Dothan und Bethschean, südlich der Berge von Gilboa, ein Feldlager auf, um seinen Truppen eine Pause zu gönnen und seinen Troß zu sammeln. – Die Schreckenskunde von der erbarmungslosen Strafexpedition, die Nebukadnezar angeordnet hat, ist dem gewaltigen Heer unter dem Oberbefehl des Holofernes vorausgeeilt. So ist der Leser gespannt, wie sie von den allein noch nicht gedemütigten Kindern Israel aufgenommen wird, mit denen der Gott im Bunde ist, der in Wahrheit „Herr auf der ganzen Erde" ist (vgl. Ps. 24,1).

DER UNERWARTETE WIDERSTAND DER ISRAELITEN

Kap. 4,1—6,21

(4,1)Als die Kinder Israel, die in Judäa wohnten, all das hörten, was Holofernes, der Oberfeldherr Nebukadnezars, des Königs der Assyrer, den Völkern angetan hatte, und wie er alle ihre Heiligtümer geplündert und sie selbst der Vernichtung preisgegeben hatte, (2) da fürchteten sie sich gar sehr vor ihm und sie waren bestürzt wegen Jerusalems und des Tempels des Herrn, ihres Gottes. (3) Denn erst vor kurzer Zeit waren sie aus der Gefangenschaft zurückgekommen, und jüngst erst war das ganze Volk von Judäa versammelt gewesen, waren die Geräte und der Altar und der Tempel nach der Entweihung geheiligt worden. (4) Und sie sandten in das ganze Gebiet von Samaria und nach Kona[1] und Bethoron[2] und Belmain[3] und Jericho und nach Choba[1] und Aisora[4] und in das Tal Salem (5) und besetzten alle Gipfel der hohen Berge und umgaben die Ortschaften darauf mit Mauern und versorgten sie mit Lebensmitteln für den Kriegsfall; denn kurz vorher hatte man die Felder abgeerntet. (6) Jojakim aber, der damals Hohepriester in Jerusalem war, schrieb an die Einwohner von Betylua[5] und Betomasthaim[1], das gegenüber Esdrelom vor der Ebene nahe bei Dothan liegt, (7) sie sollten die Zugänge des Gebirges besetzen, weil durch sie der Zugang zu Judäa führte und es leicht war, den Zugang zu verwehren, da es ein Engpaß war für höchstens zwei Männer[6]. (8) Und die Kinder Israel taten, wie ihnen der Hohepriester Jojakim

[1] unbekannt.
[2] Beth-Horon (1. Makk. 3,16), 5 Stunden nordwestlich von Jerusalem.
[3] Ortschaft in der Nähe von Dothan (vgl. 7,3; 8,3).
[4] = Saron(?)
[5] Nur im Buch Judith erwähnt (vgl. 7,3; 8,3; 15,4), in der Nähe von Dothan.
[6] Mehr konnten nicht zugleich durch diesen Engpaß durch.

und der ganze Rat der Ältesten, die in Jerusalem ihren Wohnsitz hatten, geboten hatte. (9) Und sie schrien alle, Mann für Mann in Israel, zu Gott mit großer Inbrunst und demütigten sich in großer Angst. (10) Sie selbst und ihre Frauen und ihre Kinder und ihr Vieh und jeder Fremdling und Tagelöhner und erkaufte Knecht — alle legten sie Trauerkleider an. (11) Und alle, die Männer, die Frauen und die Kinder, die in Jerusalem wohnten, fielen nieder vor dem Tempel und bestreuten ihre Häupter mit Asche und breiteten ihre Trauersäcke aus vor dem Herrn. (12) Auch den Altar verhüllten sie mit einem Trauertuch, und so schrieen sie einmütig und inbrünstig zu dem Gott Israels, er möge ihre Kinder nicht zum Raub und ihre Frauen nicht zur Beute und die Städte ihres Erbes nicht zur Verwüstung und das Heiligtum nicht zur Entweihung und Beschimpfung, zum Gespött der Heiden dahingeben. (13) Und der Herr erhörte ihr Rufen und sah an ihre Not. Und das Volk fastete mehrere Tage in ganz Judäa und Jerusalem vor dem Heiligtum des Herrn, des Allmächtigen. (14) Und Jojakim, der Hohepriester, und alle, die vor dem Herrn standen, die Priester und Diener des Herrn, hatten die Lenden mit Sacktuch umgürtet und brachten so das tägliche Brandopfer und die Gelübde und die freiwilligen Gaben des Volkes dar. (15) Asche war auf ihren Kopfbinden, und sie schrien zum Herrn aus aller Kraft, daß er doch gnädig anschaue das ganze Haus Israel.

(5,1) Holofernes aber, dem Oberbefehlshaber der assyrischen Streitmacht, wurde gemeldet, daß sich die Kinder Israel zum Kampfe rüsteten und die Gebirgspässe abriegelten und alle hohen Berggipfel befestigten und in den Ebenen Verhaue aufstellten. (2) Da bekam er einen großen Zorn und rief zu sich alle Fürsten Moabs und die Feldherren Ammons und alle Statthalter der Meeresküste (3) und sprach zu ihnen: Tut mir doch kund, ihr Söhne Kanaans, was ist das für ein Volk, das im Gebirge wohnt, und was sind das für Städte, die sie bewohnen? Wie groß ist ihre Streitmacht und worin besteht ihre Kraft und Stärke? Wer ist über sie als König, als Heerführer eingesetzt? (4) Und wieso haben sie als einzige verschmäht, mir entgegenzukommen vor allen, die gegen Westen wohnen? (5) Da sprach zu ihm Achior, der Heerführer all der Kinder Ammon: Höre, mein Herr, die Rede aus dem Munde deines Knechts! Ich will dir die Wahrheit kundtun über dieses Volk, das dieses Gebirge nahe bei dir bewohnt, und keine Lüge soll aus dem Mund deines Knechts kommen! (6) Diese Leute sind Nachkommen der Chaldäer. (7) Vormals wohnten sie in Mesopotamien. Weil sie den Göttern ihrer Väter, die im Land der Chaldäer waren, nicht folgen wollten (8) und vom Weg ihrer Väter abwichen und den Gott des Himmels verehrten, einen Gott, den sie erkannt hatten, vertrieben sie die Chaldäer von dem Angesicht ihrer

Götter, und sie flohen nach Mesopotamien und blieben daselbst lange Zeit. (9) **Ihr Gott aber befahl ihnen, ihren Wohnsitz zu verlassen und in das Land Kanaan auszuwandern. Dort ließen sie sich nieder und wurden reich an Gold und Silber und sehr viel Vieh.** (10) **Dann zogen sie nach Ägypten hinunter, denn eine Hungersnot bedeckte das Land Kanaan; dort hielten sie sich auf, so lange sie Nahrung fanden, und wurden daselbst zu einer großen Volksmenge, daß man ihr Geschlecht nicht zählen konnte.** (11) **Da stand wider sie auf der König von Ägypten und überlistete sie, indem er sie nötigte, Ziegel herzustellen; man unterdrückte sie und machte sie zu Sklaven.** (12) **Da schrien sie zu ihrem Gott und dieser schlug das ganze Land Ägypten mit Plagen, für die es keine Heilung gab. Da trieben sie die Ägypter aus ihrem Lande**[7] **fort.** (13) **Und ihr Gott**[8] **trocknete das Rote Meer vor ihnen aus** (14) **und geleitete sie auf dem Weg zum Sinai und nach Kades Barnea und sie vertrieben alle, die in der Wüste wohnten.** (15) **Sie siedelten sich im Land der Amoriter an und rotteten mit ihrer Streitmacht die Hesboniter alle aus und überquerten den Jordan und nahmen das ganze Gebirge in Besitz,** (16) **und vertrieben vor sich her die Kananiter und die Pheresiter und die Jebusiter und die Einwohner von Sichem und alle die Gergesäer und wohnten daselbst lange Zeit.** (17) **Und so lange sie nicht sündigten vor ihrem Gott, war das Glück mit ihnen; denn der Gott, der mit ihnen im Bund ist, ist ein Gott, der Unrecht haßt.** (18) **Als sie aber abwichen von dem Weg, den Er ihnen geboten hatte, wurden sie durch viele Kriege auf lange hinaus zugrunde gerichtet und in ein fremdes Land gefangen weggeführt, und der Tempel ihres Gottes wurde dem Erdboden gleichgemacht, und ihrer Städte bemächtigten sich ihre Feinde.** (19) **Nun aber, nachdem sie sich ihrem Gott wieder zugewandt haben, sind sie aus der Zerstreuung, dahin sie zerstreut waren, heraufgezogen und haben Jerusalem, wo ihr Heiligtum ist, eingenommen und sich im Gebirge angesiedelt, weil es unbewohnt war.** (20) **Und nun, Herr und Gebieter, wenn Sünde in diesem Volk ist und sie wider ihren Gott sündigen, werden wir sehen, wie sie dadurch zu Fall kommen, und wir wollen hinaufziehen und sie bekriegen.** (21) **Wenn aber kein Unrecht in ihrem Volk ist, so ziehe doch mein Herr vorüber, daß nicht ihr Herr und ihr Gott den Schild über sie halte, und wir vor aller Welt zuschanden werden!** (22) **Als Achior mit dieser seiner Rede geendet hatte, murrte das ganze Volk, welches um das Zelt im Kreis herumstand, und die Großen des Holofernes und alle Bewohner der Meeresküste und Moabs sagten, man solle ihn**

[7] wörtlich von sich fort.
[8] wörtlich: der Gott.

niederhauen. (23) Denn (so sagten sie) wir fürchten uns nicht vor den Kindern Israel! Denn siehe, es ist ein Volk, in dem keine Macht und Kraft ist, starken Widerstand zu leisten. (24) Darum wollen wir hinaufziehen, und sie sollen zum Fraß werden für dein ganzes Heer, Gebieter Holofernes!

(6,1) Als der Lärm der Männer, die ringsum versammelt waren, sich gelegt hatte, sprach Holofernes, der Oberbefehlshaber der assyrischen Streitmacht, zu Achior vor all dem Volk aus anderen Stämmen und vor allen Söhnen Moabs: (2) Was fällt dir ein[9], Achior, und euch Mietlingen Ephraims[10], daß du unter uns heute in solcher Weise prophezeist und rätst, das Volk Israel nicht zu bekriegen, weil ihr Gott den Schild über sie halten werde? Wer ist Gott außer Nebukadnezar? Dieser wird seine Macht entsenden und wird sie vom Erdboden vertilgen, ohne daß ihr Gott sie zu retten vermag. (3) Wir aber, seine Knechte, werden sie schlagen wie einen Mann, und dem Ansturm unsrer Rosse werden sie nicht widerstehen können. (4) Wir werden sie damit überrennen[11], daß ihre Berge von ihrem Blut getränkt werden und ihre Gefilde mit ihren Leichen gefüllt werden, und sie werden nicht die Kraft in den Füßen haben, uns zu widerstehen, sondern vollständig zugrunde gehen, spricht der König Nebukadnezar, der Herr über die ganze Erde. So hat er's befohlen; die Befehle, die er erteilt hat, werden nicht vereitelt werden! (5) Du aber, Achior, du Mietling Ammons, der du dich mit solchen Worten ins Unrecht gesetzt hast[12], sollst mein Angesicht nicht mehr sehen vom heutigen Tag an, bis ich Rache genommen habe an dem Volk derer, die aus Ägypten (entlaufen sind). (6) Dann aber wird das Eisen meines Heeres und der Speer[13] meiner Trabanten dich durchbohren, und du wirst fallen unter ihren Erschlagenen, wenn ich zurückkomme. (7) Meine Knechte werden dich ins Gebirge wegbringen und dich in einer der Städte am Steilhang festsetzen, (8) und du sollst nicht umkommen, bis du mit Jenen zusammen dem Verderben überantwortet wirst. (9) Falls du aber in deinem Herzen die Hoffnung hegst, daß sie nicht mitüberwältigt werden, so brauchst du den Kopf nicht hängen lassen! Ich habe gesprochen, und keines meiner Worte wird hinfallen.

(10) Und Holofernes gab seinen Knechten, die in seinem Zelt standen, Befehl, den Achior zu ergreifen und ihn nach Betylua zu bringen und an die Kinder Israel auszuliefern. (11) Da ergriffen ihn dessen

9 wörtlich: Wer bist du, Achior.
10 damit sind die Leute gemeint, die für die Kinder Israel Partei ergreifen.
11 wörtlich: überfluten (andre Lesart: anzünden, verbrennen).
12 wörtlich: der du solche Worte gesprochen hast am Tag deines Unrechts.
13 Im Text steht: das Volk (vermutlich Schreibfehler).

Diener und führten ihn aus dem Lager in die Ebene und brachten ihn aus der Ebene ins Gebirge, und sie kamen zu den Quellen unterhalb Betyluas. (12) **Als sie die Männer der Stadt auf dem Gipfel des Berges erblickten, griffen sie zu ihren Waffen und gingen aus der Stadt heraus auf den Gipfel des Berges, und alle Schleuderer besetzten den Aufgang und bewarfen sie mit Steinen.** (13) **Jene aber, unter den Abhang des Berges sich duckend, fesselten den Achior und ließen ihn am Fuß des Berges liegen und kehrten zu ihrem Herrn zurück.** (14) **Da kamen die Kinder Israel aus ihrer Stadt herunter und leisteten ihm Beistand, banden ihn los und führten ihn nach Betylua und stellten ihn vor die Obersten ihrer Stadt; (15) dies waren damals Ozias, der Sohn Michas, aus dem Stamm Simeon, und Chabris, der Sohn Gothoniels, und Charmis, der Sohn Melchiels.** (16) **Und man rief alle Ältesten der Stadt zusammen, und alle ihre Jünglinge und die Frauen eilten herbei zu der Versammlung. Und sie stellten den Achior mitten unter ihr ganzes Volk. Und Ozias befragte ihn über das, was geschehen war.** (17) **Da gab er Antwort und teilte ihnen die Reden aus dem Kriegsrat des Holofernes mit und all die Worte, die er inmitten der Hauptleute der Assyrer gesagt hatte, und wie Holofernes geprahlt hatte gegen das Haus Israel.** (18) **Da fiel das Volk nieder und betete zu Gott, rief und sprach: Herr, Gott des Himmels, sieh an ihren Übermut und erbarme dich des Elends unsres Geschlechts und blicke gnädig auf das Antlitz derer, die dir geheiligt sind, an diesem Tag!** (20) **Und sie sprachen dem Achior Mut zu und lobten ihn sehr.** (21) **Ozias aber nahm ihn aus der Versammlung mit in sein Haus und bereitete den Ältesten ein Mahl. Und sie riefen den Gott Israels um Hilfe an die ganze Nacht hindurch.**

Mit großer Bestürzung – wie könnte es anders sein! – vernehmen die Kinder Israel die Kunde von dem Anmarsch des Holofernes und der blutigen Rache, die er im Schilde führt. Die Erinnerung an die Gefangenschaft in Babel, aus der sie erst vor kurzem zurückgekehrt sind, ist noch frisch, das dort Erlittene noch nicht vergessen. Der entweihte Tempel konnte erst kurz zuvor wieder für den Gottesdienst mit den hierzu nötigen Geräten ausgestattet und in Dienst genommen werden[14]. Der Gedanke, erneut mitsamt dem Heiligtum die Beute der Babylonier zu werden, mußte ihnen unter diesen Umständen besonders schrecklich sein. So ermannen sie sich zum *Widerstand* (4,4).

[14] Daß der Tempel völlig zerstört war und erst mühselig wieder aufgebaut werden mußte, bleibt hier außer Betracht.

Jojakim, damals Hohepriester in Jerusalem und als solcher zusammen mit dem Rat der Ältesten (Sanhedrin) zur Führung des Volkes in religiöser und poltischer Hinsicht berufen, ordnet die Abriegelung der Gebirgspässe an, über die der Weg nach Judäa führt (V. 6f.). Aber diese militärischen Maßnahmen sind – das weiß man wohl – auf die Dauer kein wirksamer Schutz gegen die vielfach überlegene Streitmacht, die da im Anzug ist. Angesichts der drohenden Gefahr schreit das ganze Volk einmütig und demütig zu Gott. Im Trauerkleid, mit Beten und Fasten rufen Männer und Frauen, Priester und Laien, Einheimische und Fremdlinge, kurz alle Stände und Lebensalter ihn um Schutz und Rettung an; sogar die Tiere werden mit Säcken und Zeichen der Trauer umhüllt (V. 10). Auch Jojakim und die Priester wissen: die Entscheidung über Rettung und Untergang fällt nicht an den Gebirgspässen, die man vielleicht eine zeitlang gegen die feindliche Übermacht abriegeln kann. Sie fällt an der Front der Büßer und Beter, denn sie ist letztlich in Gottes Hand. Er muß sich erbarmen, sonst sind wir verloren! In V. 13 läßt uns der Erzähler wissen, daß Gott dieses Rufen erhört und die Not des Volkes gesehen habe. Aber von dieser geheimen Erhörung zur sichtbaren Errettung kann im Handeln Gottes der Weg sehr weit sein. Da läßt sich nichts erzwingen.

Im 5. Kapitel führt der wohlüberlegte Szenenwechsel wieder ins Lager des Holofernes. Höchst erzürnt und erstaunt ruft dieser die Fürsten der Nachbarstämme Israels herbei, um von diesen zu erkunden, was das für ein Volk sei, das ihm, dem Unwiderstehlichen, solch einen wahnwitzigen Widerstand zu leisten sich erkühnt. (V. 2–4). Ein gewisser *Achior*, Heerführer der Ammoniter, gibt in einer langen, wohlgesetzten Rede die gewünschte Auskunft. Er berichtet Holofernes von dem wechselvollen Schicksal der Kinder Israel und greift dabei bis auf die Anfänge ihrer geschichtlichen Existenz zurück. Dabei gelingt es dem Erzähler nicht übel, die Geschichte des Bundesvolks so in kurzen Zügen wiederzugeben, wie sie sich in der Sicht eines heidnischen Nachbarführers darstellte (V. 5–19). Achior weiß, daß die Kinder Israel den „Gott des Himmels" verehren (V. 8), einen Gott, der sie mit starkem Arm aus Ägypten nach Kanaan geführt hat, und der doch nicht einfach Parteigänger seines Volkes ist, vielmehr „das Unrecht haßt" (V. 17). Es ist ein Volk, mit dem es eine besondere Bewandtnis hat: Waren sie ihrem Gott gehorsam, so waren sie unschlagbar; wichen sie ab vom Weg seiner Gebote, so gab er sie ihren Feinden preis. Unter diesen Umständen ist es nach Achiors Meinung nicht ratsam, sich unbedacht auf dieses Volk zu stürzen. Man muß klugerweise zuwarten, um irgendwie festzustellen, wie ihr Gott gegen diese Leute gesonnen ist, ob sie sich wider ihn versündigt haben oder ob sie auf seinen machtvollen Beistand zählen können. Im zweiten Fall ist Holofernes am besten beraten, wenn er sie ungeschoren läßt. Denn wenn ihr Gott den Schild über sie halten sollte, würde er bestimmt mit seiner ganzen Streitmacht zuschanden. – Mit diesem *Rat* hat Achior freilich den Stolz der heidnischen Kriegsleute und Heerführer, die ihn umstehen, gewaltig verletzt. Es fehlt nicht viel, und er hätte ihn mit seinem Leben gebüßt (V. 22). Wie sollte ihre gewaltige Streitmacht mit diesem Volk nicht fertig werden! Am liebsten würden die versammelten Heerführer, die mit wilden Drohungen den Gedanken weit von sich weisen, daß dieses Volk (bzw. ihr Gott) zu fürchten sei, auf der Stelle losschlagen.

Auch Holofernes ist höchst ungehalten über den Rat des Ammoniters Achior, wie seine entrüstete Erwiderung (6,1 ff.) beweist. Daß es eine Macht geben sollte, die der allgewaltige Nebukadnezar und sein Oberbefehlshaber fürchten müßten, weist er mit dem (gotteslästerlichen!) Satz zurück: „Wer ist Gott außer Nebukadnezar?“ Offensichtlich will der Erzähler deutlich machen, daß es hier um eine grundsätzliche *Machtprobe* im Kampf zwischen der heidnischen Weltmacht und dem allein wahren lebendigen Gott geht (vgl. Jes. 36 f.). Trefflich versteht er, dem Holofernes, der mit der unwiderstehlichen Macht seines Herrschers prahlt, die grausamen Drohworte in den Mund zu legen, die dem Volk, das sich auf diesen unsichtbaren Gott verläßt, die totale Vernichtung ankündigen (V. 3 f.). Mit diesem Achior aber, den er verächtlich einen Mietling Ammons nennt, hat sich Holofernes etwas Besonderes ausgedacht. Anstatt ihn auf der Stelle niederhauen zu lassen, will er ihn in einem Akt scheinbarer Großmut noch einmal mit dem Leben davon kommen und am Steilhang des Gebirges aussetzen lassen, so daß Achior Gelegenheit hat, ins Lager der Judäer überzugehen. Dies freilich mit der Absicht, ihn nach errungenem Sieg desto sicherer samt denen, die er als gefährlich bezeichnet hat, umzubringen. So *sicher* ist Holofernes seines Siegs, daß er sich dies leisten kann! Was er mit Achior vorhat, ist kein Gnadenakt, sondern eine selbst- und siegesgewisse Demonstration seiner eigenen Machtvollkommenheit. Mag dieser auch eine zeitlang Hoffnung schöpfen, mit dem Leben davonzukommen – er wird in Kürze vom Speer durchbohrt am Boden liegen. Nehmen ihn die Judäer auf, so mögen sie daraus ersehen, wie sicher Holofernes seines Sieges ist!

Die dramatische Schilderung, wie Achior in die Bergfeste Betylua gelangt (V. 10–14), bedarf keines Kommentars. Wichtig für den Fortgang der Erzählung ist dagegen, daß wir in V. 15 die *Obersten* mit Namen kennen lernen, die in Betylua das Kommando führen: Ozias, Chabris und Charmis. Sie nehmen in Gegenwart der Einwohner dieser Bergfestung den Bericht Achiors entgegen; er bekommt für seine besonnenen, mutigen Worte, die er vor Holofernes gesprochen hat, das Lob, das er verdient. Aber wichtiger ist, daß die Bewohner der Stadt auf die selbstsicheren Drohworte des Holofernes und seinen Einfall, Achior als Unterpfand seiner fraglosen Überlegenheit in ihre Hand zu geben, nicht mit Angst oder Empörung reagieren. Sie rufen ihren Gott zum Zeugen dieses Übermuts an. Er selbst, ihr Gott, ist ja in seiner Ehre angegriffen. So hat einst der König Hiskia dem Gott Israels den Übermut Sanheribs zu Ohren gebracht (Jes. 37,6 ff.). So rufen die Kinder Israel auch jetzt zu dem Gott ihrer Väter, der sie zu seinem Volk geheiligt hat. Das Gebet der verhöhnten Verteidiger Betyluas „die ganze Nacht hindurch", bildet zu dem prahlerischen Mordgeschrei im Lager der Feinde einen ergreifenden Kontrast.

DIE EINSCHLIESSUNG DER BERGFESTE BETYLUA
Kap. 7,1—32

(7,1) Am andern Morgen aber befahl Holofernes seinem ganzen Heer und all seinem Volk, das sich mit ihm zum Kampf verbündet hatte, wider Betylua aufzubrechen und die Zugänge des Gebirgs zu besetzen und den Kampf wider die Kinder Israel aufzunehmen. (2) Und es brachen an dem Tage alle ihre bewehrten Männer auf und ihre Streitmacht belief sich auf 170 000 Mann Fußvolk und 12 000 Berittene ohne den Troß und die Männer, die zu Fuß mitliefen, eine sehr große Menge. (3) Und sie lagerten sich in dem Tal nahe bei Betylua an der Quelle und erstreckten sich in der Breite über Dothan hinaus bis Belbaim und in der Länge von Betylua bis Kyamon[1], das gegenüber Esdrelom liegt. (4) Die Kinder Israel aber, als sie ihre Menge sahen, erschraken sehr und einer sprach zum andern: Jetzt

[1] Vermutlich am Südabhang des kleinen Hermon.

werden diese das ganze Land aufzehren, und weder die hohen Berge noch die Täler noch die Hügel werden ihre Last ertragen. (5) Und ein jeder griff nach seinem Kriegsgerät und sie zündeten Wachtfeuer auf ihren Türmen an und hielten Wache jene ganze Nacht. (6) Am folgenden Tag führte Holofernes alle seine Rosse heraus angesichts der Kinder Israel, die in Betylua sich befanden, (7) und erforschte die Zugänge zu ihrer Stadt und spürte ihre Wasserquellen auf und besetzte sie und postierte bei ihnen Kriegsleute; er selbst aber kehrte zu seinem Heervolk zurück. (8) Da traten zu ihm alle Obersten der Kinder Esaus und alle Anführer des Volkes Moab und die Befehlshaber der Meeresküste und sprachen: (9) Unser Gebieter möge sich ein Wort anhören, daß deiner Streitmacht nicht ein Unheil widerfahre! (10) Denn dieses Volk der Kinder Israel vertraut nicht auf seine Speere, sondern auf die Höhe seiner Berge, auf denen sie wohnen; denn leicht ist's nicht, die Gipfel ihrer Berge erklimmen. (11) Und nun, Gebieter, kämpfe nicht wider sie, wie man in offener Feldschlacht kämpft; dann wird kein Mann von deinem Volke fallen. (12) Bleibe in deinem Lager und nimm unter Bewachung jeden Mann von deiner Streitmacht, und laß nur deine Knechte die Wasserquelle besetzen, die am Fuß des Berges entspringt. (13) Denn von dort holen alle Bewohner von Betylua ihr Wasser; so wird sie der Durst umbringen, und sie werden ihre Stadt übergeben. Wir aber und unser Volk wollen auf die benachbarten Berggipfel hinaufsteigen und uns dort lagern, um darüber zu wachen, daß kein Mensch aus der Stadt entkommt. (14) So werden sie mit ihren Frauen und Kindern vor Hunger verschmachten, und bevor noch das Schwert über sie kommt, werden sie auf den Gassen ihres Wohnorts dahingestreckt am Boden liegen. (15) Und du wirst ihnen gar schlimm vergelten, daß sie dir Widerstand leisteten und nicht im Frieden dir begegnet sind. (16) Und ihre Rede gefiel dem Holofernes und allen, die ihm zu Diensten waren, und er gab Befehl, zu tun, wie sie geraten hatten. (17) So brach die Heerschar der Kinder Ammon auf und mit ihnen 5000 Assyrer, und sie lagerten sich im Tal und besetzten die Wasser und die Wasserquellen der Kinder Israel. (18) Und die Kinder Esau und die Kinder Ammon stiegen hinauf und lagerten sich im Gebirge gegenüber Dothan. Und etliche aus ihrer Schar sandten sie gegen Süden und Osten, gegenüber Ekrebel[2], nahe bei Chus[2], das am Fluß Mochmur[2] liegt. Das übrige Heer der Assyrer aber lagerte sich in der Ebene und bedeckte das ganze Land. Und ihre Zelte und ihr Gepäck mit all dem Volk bildeten ein riesiges Lager, denn ihre Menge war sehr groß.

[2] unbekannt; jedenfalls nicht allzu weit von Betylua entfernt.

(19) Aber die Kinder Israel schrien zum Herrn, ihrem Gott; denn ihr Mut war zusammengeschmolzen[3], weil alle ihre Feinde sie umzingelt hatten, so daß sie nicht entfliehen konnten. (20) Rings um sie lagerte das ganze Lager Assurs, Fußvolk, Wagen und Reiter, 34 Tage lang, und allen Einwohnern von Betylua gingen ihre Wasservorräte[4] aus. (21) Auch die Zisternen wurden leer, und sie konnten keinen Tag ihren Durst löschen, denn die Ration, die man ausgab, war knapp bemessen. (22) Ihren Kindern entsank der Mut, und die Frauen und die Jünglinge verschmachteten vor Durst und sie fielen um auf den Gassen der Stadt und in den Durchgängen der Tore, und war keine Kraft mehr in ihnen. (23) Da versammelte sich das ganze Volk bei Ozias und den Obersten der Stadt, die Jünglinge und die Frauen und die Kinder, und sie schrien mit lauter Stimme und sprachen vor allen Ältesten: Gott richte zwischen euch und uns! Denn ihr habt ein großes Unrecht an uns begangen, daß ihr mit den Assyrern nicht über Frieden verhandelt habt. (25) Und jetzt ist kein Helfer mehr für uns da, sondern Gott hat uns in ihre Hand gegeben, daß wir vor ihnen dahingestreckt werden vom Durst und in großem Verderben. (26) Nun ruft sie herbei und übergebt die ganze Stadt dem Volk des Holofernes und seiner Streitmacht zur Plünderung! (27) Denn es ist besser, daß wir ihnen zur Beute werden, wir werden dann zwar Sklaven sein, aber doch am Leben bleiben und müssen nicht den Tod unsrer Kinder mit eigenen Augen ansehen und wie unsre Frauen und Kinder verschmachten. (28) Wir beschwören euch beim Himmel und bei der Erde und bei unserem Gott und dem Herrn unsrer Väter, der uns straft für[5] unsre Sünden und die Übeltaten unsrer Väter, daß Er nicht tue nach diesen Worten am heutigen Tage[6]. (29) Und ein großes Wehklagen erhob sich in der Versammlung, in das alle miteinstimmten[7] und sie schrieen mit lauter Stimme zu Gott, dem Herrn. (30) Da sprach Ozias zu ihnen: Fasset Mut, Brüder! Noch fünf Tage wollen wir durchhalten, in welchen der Herr, unser Gott, sein Erbarmen zu uns wenden wird. Denn er wird uns nicht ganz und gar im Stich lassen. (31) Wenn sie aber vorübergehen sollten, ohne daß uns Hilfe kommt, dann will ich nach euren Worten tun. (32) Und er entließ das Volk in sein Lager, und sie gingen weg auf die Mauern und Türme der Stadt und schickten ihre Frauen und Kinder in ihre Häuser. Und in der Stadt herrschte große Verzweiflung.

[3] wörtlich: ihr Geist war kleinmütig geworden.
[4] wörtlich: ihre Wassergefäße.
[5] wörtlich: gemäß.
[6] nämlich uns vor Durst verschmachten lasse.
[7] wörtlich: von allen einmütig.

Seiner vielfachen Übermacht bewußt trifft der siegesgewisse Holofernes die erforderlichen Maßnahmen, um die Bergfeste Betylua zu erstürmen und den wahnwitzigen Widerstand der Verteidiger zu brechen (V. 1–7). Er führt seine Truppen dicht an die Stadt heran; angesichts der gewaltigen Streitmacht, die da aufmarschiert, ist es nur noch der Mut der Verzweiflung, mit dem die Bewohner Betyluas zu ihren Waffen greifen. Doch da schalten sich die Heerführer der Hilfstruppen ein, die Holofernes auf seiner Strafexpedition ausgehoben hat (3,6) und erteilen ihm den Rat, die Feste nicht im offenen Kampf zu erstürmen, sondern die Verteidiger von der Wasserquelle am Fuß des Berges abzuschneiden. Daß der Erzähler diesen hinterlistigen Rat den Obersten der Kinder Esaus[8] und Moabs und der Meeresküste[9] in den Mund legt, ist kein Zufall. Es sind die alten Erbfeinde Israels; was die zuerst genannten „Söhne Esaus" Jerusalem angetan haben, als die Stadt von den Babyloniern eingenommen wurde, ist unvergessen (vgl. Ps. 137,7). Dem kriegserfahrenen Holofernes leuchtet dieser Vorschlag durchaus ein und so wird Betylua mit all seinen Bewohnern der Zugang zu der (den) Wasserquelle(n) versperrt, die so lebenswichtig und in jenen Ländern des Orients so selten, so besonders kostbar sind. Alle Fluchtwege werden besetzt (V. 18); es ist nur noch eine Frage der Zeit, bis sich die Verteidiger der Bergfeste kampflos ergeben müssen.

Tatsächlich geraten die Eingeschlossenen sehr bald in größte Not. Trotz sparsamster Rationierung gehen die Wasservorräte aus. Brennender Durst quält die verschmachtenden Männer, Frauen und Kinder. Schon ist es soweit gekommen, daß die Leute ohnmächtig auf den Straßen umfallen und die Verteidiger kraftlos die Waffen sinken lassen! Den qualvollen Tod durch Verdursten vor Augen bestürmen die verzweifelten Einwohner Ozias und die übrigen Anführer, den sinnlos gewordenen Widerstand aufzugeben. Lieber wollen sie in die Sklaverei gehen als so elend mitsamt ihren Kindern umkommen! Durch das Mittel der direkten Rede versteht es der Erzähler, auch diese Szene höchst eindringlich zu schildern. Im übrigen muß es zu denken geben, daß die Eingeschlossenen in ihrer verzweifelten Lage, die ihnen nur noch die Wahl läßt, entweder zu verdursten oder sich als Sklaven verschleppen zu lassen, nicht mit Gott hadern, vielmehr darin ein

[8] der Edomiter.
[9] der Philister.

Gericht sehen, das um ihrer und ihrer Väter Sünden willen über sie gekommen ist (V. 28). Was soll Ozias tun? Nur ein Wunder Gottes kann die Stadt noch retten. Freilich, es muß bald geschehen, sonst ist es zu spät! Mit dem Vorschlag, wenigstens noch fünf Tage zuzuwarten, stillt und entläßt er das Volk.

DAS EINGREIFEN DER GOTTESFÜRCHTIGEN JUDITH

Kap. 8,1–9,14

(8,1) **Solches hörte in jenen Tagen Judith**[1] **mit an, die Tochter Meraris, des Sohnes des Uz, des Sohnes Josephs, des Sohnes Oziels, des Sohnes Elkias, des Sohnes des Ananias, des Sohnes Gideons, des Sohnes Raphains, des Sohnes Achitobs, des Sohnes Elias, des Sohnes Chelkias, des Sohnes Eliabs, des Sohnes Nathanaels, des Sohnes Salamiels, des Sohnes Sarasadais, des Sohnes Israels.** (2) **Ihr Mann Manasse, aus ihrem Stamm und Geschlecht, war zu der Zeit der Gerstenernte gestorben.** (3) **Als er nämlich bei den Garbenbindern auf dem Felde stand, traf der Glutwind sein Haupt**[2]**, und er mußte sich zu Bett legen und starb in Betylua, seiner Stadt. Man begrub ihn bei seinen Vätern auf dem Acker, der zwischen Dothan und Balamon gelegen ist.** (4) **Und Judith blieb als Witwe in ihrem Haus drei Jahre und vier Monate** (5) **und sie machte sich auf dem Dach ihres Hauses eine Hütte**[3] **und legte ein Sacktuch um ihre Hüfte und trug die Kleider ihres Witwenstandes.** (6) **Und sie fastete alle Tage ihrer Witwenschaft, außer an den Vorsabbaten und Sabbaten und den Vorneumonden und Neumonden und an den Festen und Freudentagen des Hauses Israel.** (17) **Und sie war schön von Gestalt und sehr lieblich anzusehen. Ihr Mann Manasse hatte ihr Gold und Silber, Knechte und Mägde, Vieh und Äcker hinterlassen, und sie hielt ihren Besitz beisammen.** (8) **Und es gab niemand, der ein böses Wort über sie gesagt hätte; denn sie war sehr gottesfürchtig.** (9) **Und sie hörte die schlimmen Reden des Volkes wider den Obersten**[4]**, da sie infolge des Wassermangels allen Mut verloren hatten. Und hörte auch alle Worte, die Ozias zu den Leuten gesprochen hatte, wie er ihnen schwur, den Assyrern nach fünf Tagen die Stadt zu über-**

[1] Judith (= jehudit „Jüdin“) kommt auch in 1. Mos. 16,34 als Frauenname vor. Die folgenden Namen ihrer 11 Vorfahren sind nicht einheitlich überliefert.

[2] Er bekam einen Sonnenstich.

[3] Vgl. 2. Kön. 4,10.

[4] wider Ozias (vgl. 7,23).

geben. (10) **Und sie sandte ihre vertraute**[5] **Dienerin, die über alle ihre Habe gesetzt worden war, und ließ Ozias, Chabris und Charmis, die Ältesten der Stadt zu sich rufen.** (11) **Als sie zu ihr kamen, sprach sie zu ihnen: Hört auf mich, ihr Obersten der Bewohner von Betylua! Nicht recht ist euer Wort, das ihr an diesem Tage vor dem Volk gesprochen und durch einen Eid zwischen Gott und euch bekrätigt habt, wobei ihr versprochen habt, die Stadt an unsre Feinde zu übergeben, es sei denn, daß der Herr euch noch in diesen Tagen seine Hilfe zuwende.** (12) **Und nun, wer seid ihr, daß ihr Gott versucht habt am heutigen Tage und habt euch an Gottes Stelle gesetzt unter den Menschenkindern?** (13) **Und nun wollt ihr den Herr, den Allmächtigen auf die Probe stellen und werdet doch nichts erkennen ewiglich!** (14) **Denn die Tiefe eines Menschenherzens ergründet ihr nicht und die Gedanken seines Gemüts erfaßt ihr nicht. Wie wollt ihr Gott, der dies alles erschaffen hat, erforschen und seinen Sinn erkennen und seine Gedanken durchschauen? Nimmermehr, Brüder! Erzürnt nicht den Herrn, unsren Gott!** (15) **Denn wenn Er uns in diesen fünf Tagen nicht helfen will, so hat Er doch die Macht, uns zu beschützen, zu welcher Zeit er will, oder auch uns zu verderben vor Angesicht unsrer Feinde.** (16) **Ihr aber solltet die Ratschläge des Herrn unsres Gottes nicht erzwingen; denn Gott läßt sich nicht drohen wie ein Mensch noch ist er unschlüssig wie ein Menschenkind.** (17) **Deshalb laßt uns harren auf seine Hilfe und ihn anrufen zu unsrer Errettung, und er wird auf unsre Stimme hören, wenn es ihm wohlgefällt.** (18) **Denn unter uns gibt es heutigen Tages keinen Stamm und keine Sippe, kein Volk und keine Stadt, die Götter anbeten würden, die mit Händen gemacht sind, wie es in früheren Zeiten geschah,** (19) **weswegen unsre Väter dem Schwert und der Plünderung preisgegeben wurden und einen großen Fall taten vor unsren Feinden.** (20) **Wir aber kennen keinen anderen Gott außer ihm; deswegen hoffen wir, er wird uns nicht übersehen noch irgendeinen von unsrem Geschlecht.** (21) **Denn wenn unsre Stadt**[6] **eingenommen ist, wird ganz Judäa erobert werden, und unser Heiligtum wird geplündert werden, und seine Entweihung wird von unsrem Blut gefordert werden** (22) **und den Mord unsrer Brüder und die Gefangenschaft des Landes und die Verwüstung unsres Erbes wird der Herr auf unser Haupt bringen unter den Heiden, denen wir dienen müssen, und wir werden zum Anstoß und zur Schmach werden denen, die uns in Besitz nehmen.** (23) **Denn unsre Knechtschaft wird sich nicht zum Guten wenden, sondern der Herr, unser Gott, wird sie zur**

[5] wörtlich: „die Zarte" (die ihr am liebsten war und besonders nahe stand).
[6] wörtlich: wir.

Schmach machen. (24) **Und nun, Brüder, laßt uns unsren Brüdern zeigen, daß von uns ihr Leben abhängt, und daß das Heiligtum und der Tempel und der Altar mit uns stehen und fallen**[7]. (25) **Zu alledem laßt uns dem Herrn, unsrem Gott, Dank sagen, der uns auf die Probe stellt gleichwie unsre Väter.** (26) **Denkt daran, was er Abraham getan hat und wie er den Isaak versucht hat, und was dem Jakob widerfahren ist im syrischen Mesopotamien, als er dort die Herden Labans, des Bruders seiner Mutter hütete!** (27) **Denn wie er jene geprüft hat, ihr Herz zu erforschen, so hat er auch uns geprüft, nicht gestraft; zur Warnung vielmehr züchtigt der Herr die, die sich ihm nahen. —** (28) **Und Ozias sprach zu ihr: Alles, was du gesagt hast, hast du mit gutem Herzen gesagt, und da ist niemand, der deinen Worten widerstehen könnte.** (29) **Denn nicht erst heute ist deine Weisheit offenkundig, sondern von Anbeginn deiner Tage hat alles Volk deine Einsicht erkannt, wie gut die Gedanken deines Herzens sind.** (30) **Aber das Volk litt sehr großen Durst, und so zwangen sie uns, zu tun, wie wir zu ihnen gesagt haben, und einen Eid auf uns zu nehmen, den wir nicht übertreten werden.** (31) **Nun aber bitte für uns, denn du bist ein gottesfürchtiges Weib; so wird der Herr Regen senden und unsre Zisternen füllen, daß wir nicht mehr verschmachten müssen.** (32) **Und Judith sprach zu ihnen: Hört mir zu! Ich will eine Tat tun, die**[8] **von Geschlecht zu Geschlecht auf meines Volkes Söhne kommen soll.** (33) **Stehet ihr diese Nacht am Tor! Ich werde mit meiner Dienerin hinausgehen, und in den Tagen, nach deren Ablauf ihr die Stadt unsren Feinden zu übergeben gelobt hat, wird der Herr durch meine Hand Israel erretten.** (34) **Ihr aber, forschet nicht nach meiner Tat; denn ich werde euch nicht sagen, was ich tun will, bis es vollbracht ist.** (35) **Und Ozias und die Obersten sprachen zu ihr: Geh hin in Frieden! Und Gott, der Herr, sei mit dir zur Rache an unsren Feinden! (36) Und sie kehrten aus der Hütte (der Judith) zurück und gingen ihren Geschäften nach.**

(9,1) **Judith aber fiel auf ihr Angesicht und streute Asche auf ihr Haupt und legte das Sacktuch ab, mit dem sie bekleidet war, und es war eben um die Zeit, da man in Jerusalem im Hause Gottes das Rauchopfer an jenem Abend darbrachte. Da rief Judith mit lauter Stimme zum Herrn und sprach:** (2) **Herr, Gott meines Vaters**[9] **Simeon, dem du das Schwert in die Hand gabst zur Rache an den Fremdlingen, die den Schoß der Jungfrau entblößten zur Befleckung und ihren Schenkel aufdeckten zur Schande und ihren Schoß entweihten zur**

[7] wörtlich: auf uns gestützt sind.
[8] genauer gesagt: deren Kunde.
[9] Vater = Ahnherr.

Schmach[10]! Denn du sprachst: Solches soll nicht sein! und sie taten es doch; weshalb du ihre Fürsten zum Mord dahingabst und ihr Bett, das ihres Betrugs sich schämte, zum Blutbad und schlugst Knechte samt den Herren und Gebieter auf ihren Thronen (4) **und gabst ihre Frauen zur Beute und ihre Töchter in Gefangenschaft und alle ihre Habe zur Plünderung deinen geliebten Söhnen, die im Eifer für dich eiferten und ihres Blutes Befleckung verabscheuten und dich zum Helfer anriefen. O Gott, mein Gott, erhöre auch mich, die Witwe!** (5) **Denn du hast getan, was früher und was damals und was hernach[11] geschah; das Gegenwärtige und das Zukünftige hast du bedacht, und es geschah, was du bedacht hast.** (6) **Es stand da, was du beschlossen hast, und sprach: Da bin ich! Denn alle deine Wege sind bereitet und dein Gericht ist vorausgesehen.** (7) **Denn siehe, die Assyrer haben eine gewaltige Streitmacht versammelt und rühmen sich ihrer Rosse und Reiter, sie sind stolz auf die Kraft ihres Fußvolks und setzen ihre Hoffnung auf Schild und Speer, auf Bogen und Schleuder, und wissen nicht, daß Du der Herr bist, der über den Ausgang der Kriege entscheidet.** (8) **„Herr" ist dein Name! Zerbrich du ihre Stärke durch deine Macht und zerschlage ihre Kraft durch deinen Zorn! Denn sie haben beschlossen, dein Heiligtum zu entweihen, die Wohnung zu schänden, da der Name deiner Herrlichkeit ruht, mit dem Schwert[12] abzuschlagen die Hörner[13] deines Altars.** (9) **Sieh an ihren Übermut, sende deinen Zorn auf ihr Haupt, und gib in meine, der Witwe, Hand Kraft zu dem, was ich vorhabe!** (10) **Schlage durch meiner Lippen Trug den Knecht mitsamt seinem Herrn und den Gebieter mitsamt seinem Diener! Vernichte ihren Stolz durch die Hand eines Weibes!** (11) **Denn nicht bei den großen Haufen ist deine Kraft, nicht mit den Gewaltigen ist sie im Bunde[14], sondern der Niedrigen Gott bist du, der Geringen Helfer, der Beistand der Schwachen, der Beschützer der Verstossenen, der Verzweifelten Erretter[15].** (12) **Ja, ja, Gott meines Vaters und Gott des Erbes Israel, Gebieter des Himmels und der Erde, Schöpfer der Gewässer, König deiner ganzen Schöpfung, erhöre du mein Flehen** (13) **und gib, daß mein Wort und Trug zur Wunde und Strieme werde für die, die gegen deinen Bund und dein heiliges Haus**

10 Vgl. 1. Mos. 34,1 ff. — Die Rache Simeons für die Schändung der Dina wird in 1. Mos. 34,30 und 1. Mos. 49,5—7 anders beurteilt.

11 wörtlich: was früher als jenes und jenes und was hernach (geschah).

12 wörtlich: mit dem Eisen (Kampfbeil?).

13 wörtlich: das Horn.

14 wörtlich: nicht in der Menge (ist, besteht) deine Kraft, nicht in (bei) den Gewaltigen deine Macht.

15 Vgl. 2. Chron. 14,11; 16,8; 20,6; Ps. 147,10; Luk. 1,51 f.

und den Gipfel des Zion und den Wohnsitz deiner Söhne Arges beschlossen haben. (14) **Und mache, daß dein ganzes Volk und jeder Stamm erkenne und wisse, daß du der Gott aller Macht und Stärke bist, und ist kein Anderer, der das Geschlecht Israels beschützt, als du!**

Jetzt erst auf dem Höhepunkt der Bedrängnis, in die die Kinder Israel geraten sind, führt der Erzähler *Judith*, die Hauptperson seiner Geschichte ein. Sie wird mit ihrer ganzen Ahnenreihe dem Leser feierlich vorgestellt. Seit mehr als drei Jahren lebt sie im Witwenstand, nachdem ihr Mann, ein Bürger der Stadt Betylua, frühzeitig verstorben ist. Die Art, wie sie ihr Los als Witwe trägt, wirft ein Licht auf ihre innere Haltung und ihre ganze Wesensart. Sie ist eine echte Tochter Israels, deren Licht und Trost der Gott ihrer Väter ist, der im besonderen ein Vater der Witwen und Waisen ist[15]; in ihrem Wandel ist sie dem Gesetz und Gottesdienst des Bundesvolks streng und treu verpflichtet. Daß sie auch begütert ist, so daß sie sich eine Dienerin[16] halten kann, und zudem schön von Gestalt und „sehr lieblich anzusehen", sind besondere Vorzüge, die zwar nur beiläufig erwähnt werden, aber für den Fortgang der Erzählung von Bedeutung sind. Der Respekt, den ihr hernach auch die Obersten Betyluas entgegenbringen, erklärt sich daraus, daß Judith in der ganzen Stadt besonderes Ansehen genießt. Niemand kann ihr Böses nachsagen, denn von der Gottesfurcht ist ihr Leben und Handeln bestimmt.

Nach der erregten Verhandlung zwischen den Bewohnern Betyluas und Ozias wegen der Übergabe der Stadt, der auch Judith beiwohnte, bestellt sie die *Ältesten*, Ozias, Chabris und Charmis, in ihr Haus. Sie macht ihnen, besonders dem Wortführer Ozias, ernste Vorhaltungen, weil sie den allmächtigen Herrn und Gott Israels erzürnt haben. Durch das Versprechen, Betylua nach Ablauf von fünf Tagen zu übergeben, wenn der Allmächtige bis dahin keine Hilfe sendet, haben sie *Gott versucht* (V. 12). Er läßt sich – das weiß Judith – von Menschen keine Bedingungen stellen, keine Frist vorschreiben, wann und wie er seine Rettermacht erweisen soll. Hier wurde die Grenze überschritten, die dem Geschöpf gezogen ist. Denn wo ist ein Mensch, der den Sinn und die Gedanken des Allmächtigen erforschen könnte? Nicht einmal

15 Vgl. 5. Mos. 10,18; Ps. 68,6; 146,9; Jes. 49,11.

16 Außer dieser Zofe, die ihr besonders nahe steht und sie hernach treulich durch alle Gefahren begleitet, besitzt Judith Knechte und Mägde, steht sie einem stattlichen Hauswesen vor, zu dem Vieh und Felder gehören (V. 7).

die Tiefe des Menschenherzens vermag der Mensch zu ergründen (vgl. Jer. 17,9), wieviel weniger die Absichten Gottes (vgl. Jes. 40,30; Röm. 11,34)! In seiner Macht und Freiheit steht es, die Seinen, die zu ihm schreien, zu erretten, wann und wie es ihm gefällt. Da läßt sich nichts abzwingen (V. 16)! Eindringlich stellt Judith dies den Ältesten vor Augen und ermahnt sie, in der Anrufung des Herrn fortzufahren und ihm Zeit und Weise der Errettung anheimzustellen (V. 17). Die Tatsache, daß das Volk im Unterschied zu seinen Vorfahren alle Abgötterei abgetan hat, wird dabei ins Gewicht fallen; Judith jedenfalls ist zuversichtlich (V. 18–20). Von der Kapitulation will sie nichts wissen, stellt im Gegenteil den Obersten vor Augen, wieviel davon abhängt, daß die Bergfestung Betylua gehalten wird. Übergibt sie sich, so ist ganz Judäa verloren und Jerusalem mitsamt dem Tempel fällt in Feindeshand (V. 21). Könnt ihr das verantworten, ihr Obersten? Werdet ihr nicht an euren Brüdern schuldig, wenn ihr voreilig die Waffen streckt? Wird Gott nicht ihr Blut von euch fordern und alles Unheil, daß ihr über sein Land, seine Stadt, seinen Tempel bringt?! Wahrlich, Judith versteht es, diesen Männern ins Gewissen zu reden, daß sie doch diese Stunde der Prüfung recht bestehen möchten. So , als Glaubensprobe, wie sie schon die Erzväter bestehen mußten, faßt sie selbst die scheinbar völlig hoffnungslose Lage auf, in der die Stadt und ihre Bewohner sich befinden (V. 25–27). Daß der Herr eine solche Probe mit seinemVolk anstellt, ist weder ungewöhnlich (vgl. 1. Ptr. 4,12) noch ein Grund zu verzweifeln. Judith sieht darin Anlaß zum Dank (V. 25)!

Man begreift, daß diese von der Furcht Gottes und echter Glaubenszuversicht erfüllten Worte ihren *Eindruck* auf die Obersten der Stadt nicht verfehlen. Ozias gesteht, daß ihnen niemand widerstehen kann (V. 28), freilich nicht ohne unter Verweis auf das verzweifelte Drängen des Volkes sein eigenes Verhalten zu entschuldigen. Auch er schöpft neuen Mut und fordert Judith auf, um den ersehnten Regen zu bitten (V. 31). Jetzt erst läßt Judith die Obersten wissen, daß sie noch mehr tun will: eine *Tat*, durch die den Eingeschlossenen und ganz Israel Rettung widerfahren soll und von der man noch in kommenden Geschlechtern reden wird. Was sie vorhat, gibt sie nicht preis. Niemand soll sie darnach fragen. Warum? Nicht nur, weil sie befürchten muß, daß ihr jedermann, über ihr tollkühnes Unterfangen erschrocken, davon abraten würde. Es wäre auch ein Vorgriff auf das, was der Gott Israels durch diese Tochter seines Volkes noch in dieser

Nacht tun wird. Judith selbst versteht sich ganz als ein Werkzeug seiner Hand und Rettermacht. Darum berät sie sich nicht mit Fleisch und Blut und verrät jetzt nur das Notwendigste von dem, was sie plant: daß sie noch in derselben Nacht aus der Stadt hinausgehen will. Dazu möge ihr das Tor geöffnet werden. Ozias und seine Begleiter wagen keinen Einspruch. Sie verabschieden sich mit einem Segenswort, von dem Glaubensmut Judiths beschämt und von ihrer Entschlossenheit beeindruckt. Mit ihnen ist der Leser gespannt, was diese kluge, gottesfürchtige Tochter Israels unternehmen will, die Glauben hält und handeln will, wo nach menschlichem Ermessen nur ohnmächtige Verzweiflung übrig blieb.

Im folgenden Kapitel (9,1 ff.) rüstet sich Judith zu ihrem Vorhaben durch *Gebet*. In bußfertiger Demütigung vor dem Gott ihres Ahnherrn, der diesem einst das Schwert und die Kraft gab, die Schändung seiner Schwester zu rächen (V. 2–4), und von der Gewißheit erfüllt, daß dieser Gott im Geschick der Menschen und Völker seine Absichten mit unwiderstehlicher Überlegenheit durchführt (V. 5–6), bringt sie ihr Anliegen vor. Da ist die gewaltige Streitmacht der Assyrer[17], die sich auf ihre eigene militärische Schlagkraft verlassen (V. 7) und sich nicht scheuen werden, den Tempel, in dem Gottes Name und Ehre wohnt, zu schänden (V. 8). Zeige ihnen Herr mit der Tat, daß Du – Du allein – die Herrschaft über alle Welt in Händen hast und über den Ausgang der Kriege entscheidest! Erweise, was dein Name sagt, daß du Herr bist – auch über die Übermacht und den Übermut derer, die dies nicht wissen oder nicht wahrhaben wollen! Und da bin ich, eine kraftlose Witwe, die nichts aus sich selbst vermag. Beweise, was dein Wort sagt, daß Du der Beistand der Schwachen, der Retter der Unterdrückten bist – ja gerade durch sie deine überlegene Machtvollkommenheit beweisen kannst und willst! Das ist ein *kriegerisches* Gebet, ganz gewiß. Um Kraft für ihre Hand bittet Judith, um ihr Vorhaben durchzuführen (V. 9), um die Vernichtung der Feinde durch ihre List und den Trug ihrer Lippen (V. 10). Nur im äußersten Grenzfall, etwa beim Attentat auf einen Tyrannen, der das eigene Volk und andere Völker in wahnsinniger Verblendung und Machtbesessenheit ins Unglück stürzt, wird ein Christ vielleicht einmal so ähnlich beten dürfen, nachdem Jesus Christus den Seinen die Anwendung von Ge-

17 Ein Beispiel dafür, wie sorglos der Vf. mit den geschichtlichen Namen und Fakten umgeht.

walt verwehrt (Matt. 26,52) und selbst nach dem Kreuz gegriffen hat. Aber es ist zugleich ein demütiges Gebet, das alle Hilfe und Rettung von dem Allmächtigen erwartet und sich ganz auf ihn verläßt. Daß der lebendige Gott nicht mit den Gewaltigen im Bunde ist, vielmehr sich der Elenden annimmt und durch die Ohnmächtigen seine Taten tut und seine Siege erringt, das ist eine Grundwahrheit der Schrift Alten und Neuen Testaments. Insofern kann man auch von diesem Gebet Judiths (bzw. von der Glaubenshaltung des Verfassers) Vieles lernen. Die feierliche Anrufung (V. 12), die dem Gott Israels als den Schöpfer und Gebieter der ganzen Schöpfung preist, und die Zielsetzung, daß doch seine Macht und Stärke erkannt und gepriesen werde (V. 13), hebt dieses Gebet weit über alles Feilschen um die Gunst Gottes zum eigenen Vorteil empor. Es ist auch frei von dem Haß und der Bitterkeit, die den Namen Gottes zur Verfluchung der Feinde mißbraucht. Was Judith vorhat, wird nur angedeutet: Gib, daß „ihnen mein Wort und Trug zur Wunde und Strieme werde" (V. 13). Aber ihrem Gott braucht sie ja nicht erst zu erzählen, was sie im Schilde führt. Er weiß, was sie plant (vgl. Ps. 139,2; Jer. 17,10). Mit diesem Gebet gibt sie sich selbst und alles Gelingen ihres Vorhabens ganz in Seine Hand.

JUDITH IM LAGER UND ZELT DES HOLOFERNES

Kap. 10,1—12,20

(10,1) **Und es geschah, als sie aufgehört hatte, zu dem Gott Israels um Hilfe zu rufen, und alle diese Worte vollendet hatte,** (2) **stand sie auf von ihren Knieen**[1] **und rief ihre Dienerin und ging in das Haus hinab, in dem sie an den Sabbattagen und an ihren Festen weilte,** (3) **und legte das Trauergewand ab, das sie anhatte, und zog die Kleider ihrer Witwenschaft aus und wusch ihren Leib mit Wasser und salbte ihn mit kostbarer Salbe und ordnete die Haare ihres Hauptes, setzte einen Kopfbund auf und zog ihre Freudenkleider an, mit denen sie sich zu Lebzeiten ihres Mannes Manasse zu bekleiden pflegte,** (4) **und band Sandalen an ihre Füße und legte die Schrittkettchen an und die Armbänder und die Fingerringe und die Ohrringe und ihren ganzen Schmuck. Und sie schmückte sich sehr, um die Augen der Männer auf sich zu ziehen, die sie erblicken würden.** (5) **Und sie gab**

[1] wörtlich: von ihrem Fall (auf die Kniee).

ihrer Dienerin einen Schlauch Wein und einen Krug Öl und füllte einen Sack mit Gerstenbrot und Feigen und reinen Broten[2] und umwickelte alle ihre Gefäße und lud sie ihr auf. (6) **Und sie gingen hinaus hin zum Tor der Stadt Betylua und trafen daselbst Ozias und die Ältesten der Stadt, Chabris und Charmis.** (7) **Als diese sie sahen, wie sich ihr Antlitz verändert und ihre Kleidung gewechselt hatte, da staunten sie über ihre Schönheit über die Maßen und sprachen zu ihr:** (8) **Der Gott unsrer Väter gebe dir Gnade und führe dein Vorhaben hinaus zum Stolz der Kinder Israel und zur Verherrlichung Jerusalems!** (9) **Und sie betete Gott an[3] und sprach zu ihnen: Gebt Befehl, daß man mir das Stadttor auftue; so will ich hinausgehen, um das auszuführen, was ihr mit mir besprochen habt. Und sie befahlen den Jünglingen, ihr zu öffnen, wie sie gesagt hatte.** (10) **Und sie taten also. Da ging Judith hinaus und ihre Dienerin mit ihr. Die Männer der Stadt aber schauten ihr nach, bis sie den Berg hinabgestiegen und das Tal durchschritten hatte und sie sie nicht mehr sehen konnten.** (11) **Und sie gingen geradewegs das Tal entlang, bis sie auf die Vorposten der Assyrer stieß.** (12) **Die hielten sie an und fragten: Zu wem gehörst du und woher kommst du und wohin willst du gehen? Sie antwortete: Eine Tochter der Hebräer bin ich und laufe fort von ihnen, denn sie werden euch zum Fraß gegeben werden.** (13) **Ich will zu Holofernes, dem Oberfeldherrn eurer Streitmacht, um ihm Worte der Wahrheit zu melden. Ich will ihm einen Weg zeigen, auf dem er gehen und das ganze Gebirge in Besitz nehmen kann, ohne daß von seinen Männern irgend einer Schaden leidet oder umkommt[4].** (14) **Als aber die Männer ihre Worte hörten und ihr Angesicht erblickten — sie konnten seine Schönheit nicht genug bewundern — sprachen sie zu ihr:** (15) **Du hast dein Leben gerettet, indem du dich beeilt hast, vor unsren Herrn zu kommen. Und nun mach dich auf den Weg zu seinem Zelt, und von den Unsrigen werden dich etliche begleiten, bis sie dich in seine Hände übergeben haben.** (16) **Wenn du aber vor ihm stehst, so fürchte dich nicht in deinem Herzen, sondern erstatte ihm Meldung gemäß deinen Worten, und er wird dir wohl tun.** (17) **Und sie wählten aus ihren Reihen hundert Mann und gaben sie ihr und ihrer Dienerin zur Begleitung; und sie führten sie zum Zelt des Holofernes.** (18) **Und es gab einen Auflauf im ganzen Lager, denn in den Zelten hatte sich die Nachricht von ihrer Ankunft herumgesprochen, und sie kamen und**

[2] im Gegensatz zu dem unreinen Brot, das man ihr im assyrischen Lager vorsetzt.

[3] In diesem Fall handelt es sich um ein stilles Gebet.

[4] wörtlich: und von seinen Männern wird kein Fleisch, keine lebendige Seele umkommen.

umringten sie, als sie vor dem Zelt des Holofernes stand, bis man ihm Meldung über sie erstattet hatte. (19) **Und sie bestaunten ihre Schönheit und bewunderten ihretwegen die Kinder Israel und sprachen: Wer mag dies Volk verachten, das unter sich solche Frauen hat? Es ist nicht gut, daß ein Mann von ihnen übrig bleibe, die, wenn man sie freilassen würde, die ganze Erde zu berücken vermöchten[5]!** (20) **Und die bei Holofernes Wache hielten und alle seine Diener kamen heraus und führten sie ins Zelt.** (21) **Holofernes aber ruhte auf seinem Lager unter dem Mückennetz, das aus Purpur und Gold war, verziert mit Smaragden und eingewebten Edelsteinen.** (22) **Als man ihm Meldung über sie erstattet hatte, ging er hinaus in das Vorzelt und man trug silberne Leuchter vor ihm her.** (23) **Als er aber und seine Diener Judith zu Gesicht bekamen, wunderten sich alle über die Schönheit ihres Angesichts. Sie aber fiel vor ihm nieder und huldigte ihm, und seine Knechte hoben sie auf.**

(11,1) **Und Holofernes sprach zu ihr: Sei getrost, Weib, fürchte dich nicht in deinem Herzen; denn ich habe nie einem Menschen Böses getan, der gewillt ist, Nebukadnezar, dem König der ganzen Erde, zu dienen.** (2) **Und wenn dein Volk, welches das Gebirge bewohnt, mich nicht verachtet hätte, hätte ich meinen Speer nicht wider sie erhoben. Sie haben sich dies selbst zugezogen.** (3) **Und nun sage mir: Warum bist du von ihnen weggelaufen und zu uns gekommen? Fürwahr, zu deinem Heil bist du gekommen! Sei getrost, du sollst diese Nacht und fürderhin am Leben bleiben.** (4) **Niemand soll dir ein Leid zufügen, sondern man soll dir wohltun, wie den Knechten meines Herrn, des Königs Nebukadnezar geschieht.** (5) **Und Judith sprach zu ihm: Nimm gnädig auf die Worte deiner Magd und laß deine Sklavin vor dir reden; keine Lüge werde ich in dieser Nacht meinem Herrn erzählen.** (6) **Wenn Du die Worte deiner Magd befolgst, so wird Gott mit dir das Werk zu seinem vollen Erfolg führen, und mein Herr wird sein Vorhaben nicht verfehlen.** (7) **Denn so wahr Nebukadnezar, der König der ganzen Erde lebt und seine Macht in Kraft steht, der dich ausgesandt hat, alles, was lebt, zurechtzubringen: nicht allein Menschen dienen ihm um deinetwillen, sondern auch die Tiere des Feldes und das Vieh und die Vögel des Himmels werden durch seine Kraft unter Nebukadnezar und seinem ganzen Hause leben.** (8) **Denn wir haben von deiner Weisheit gehört und von den klugen Anschlägen deines Herzens, und auf der ganzen Erde ist bekannt geworden, daß du allein tüchtig bist im ganzen Königreich und gewaltig an Einsicht und bewundernswert in der Kriegskunst.** (9) **Und nun, was die Rede betrifft, die Achior in deinem Kriegsrat gehalten hat: wir haben seine Worte ver-**

[5] durch die Schönheit ihrer Frauen.

nommen, denn die Männer Betyluas ließen ihn am Leben, und er verkündete ihnen alles, was er vor dir geredet hat. (10) Darum, Gebieter und Herr, geh nicht vorbei an seiner Rede, sondern nimm sie dir zu Herzen; denn sie ist wahr. Denn unser Volk wird nicht gestraft und das Schwert vermag nichts wider sie, es sei denn, daß sie wider ihren Gott sündigen. (11) Und nun, damit mein Herr nicht vertrieben werde und unverrichteter Dinge abziehen müsse, sondern der Tod über sie komme, hat Sünde sie ergriffen, durch die sie ihren Gott erzürnen werden, sobald sie tun, was nicht gestattet ist. (12) Nachdem ihnen die Lebensmittel ausgegangen sind und alles Wasser mangelte, haben sie beschlossen, über ihr Vieh herzufallen und dies in der Absicht, alles zu verzehren, gleichviel ob es ihnen Gott in seinem Gesetz zu essen verboten hat. (13) Auch die Erstlinge des Getreides und die Zehnten von Wein und Öl, die sie aufgespart hatten, um sie den Priestern, die in Jerusalem vor dem Angesicht unseres Gottes ihres Amtes walten, zu heiligen, haben sie beschlossen aufzuzehren, obwohl es doch niemand im Volk erlaubt ist, dieselben auch nur mit den Händen anzufassen. (14) Auch haben sie nach Jerusalem Männer gesandt, — auch die dort wohnen, taten so —, die ihnen den Erlaß[6] vom Rat bringen sollten. (15) Sobald ihnen dieser kundgetan ist und sie darnach tun, werden sie dir noch am selben Tag zum Verderben ausgeliefert werden. (16) Deshalb bin ich, deine Magd, nachdem ich dies alles erfahren hatte, von ihnen weggelaufen, und Gott hat mich hergesandt, mit dir Taten zu tun, über die sich alle Welt, die davon hört, sich entsetzen wird. (17) Denn deine Magd ist gottesfürchtig und dient bei Tag und Nacht dem Gott des Himmels. Und jetzt werde ich bei dir bleiben, mein Herr, und des Nachts wird deine Magd hinausgehen in die Talschlucht und zu Gott beten, und er wird mir sagen, wann sie ihre Sünden vollbracht haben. (18) Und ich werde kommen und es dir anzeigen, und du wirst mit deiner ganzen Streitmacht ausrücken, und keiner von ihnen wird dir widerstehen können. (19) Und ich werde dich mitten durch Judäa führen, bis du vor Jerusalem gekommen bist, und werde deinen Thron inmitten der Stadt aufrichten, und du wirst sie wie Schafe vertreiben, die keinen Hirten haben. Und kein Hund wird mit seiner Zunge wider dich bellen[7]. Solches ist mir durch Offenbarung gesagt und verkündigt und ich wurde gesandt, es dir zu verkünden. — (20) Ihre Worte gefielen dem Holofernes wohl und all seinen Dienern, und sie verwunderten sich über ihre Weisheit und sprachen: Ein solches Weib gibt es nicht wieder von einem Ende der Erde bis zum andern, von solch schönem Antlitz und Verstand der Rede! (22) Und Holofernes sprach zu

[6] der Abgabeverpflichtung.
[7] Vgl. 2. Mos. 11,7; Jos. 10,21.

ihr: Gott hat wohl getan, daß er dich vor dem Volk hergesandt hat, daß uns der Sieg in die Hände falle, über die Verächter meines Herrn aber das Verderben komme. (23) Und nun, schön bist du von Gestalt und trefflich in deinen Worten. Wenn du nun tun wirst, wie du gesagt hast, so wird dein Gott mein Gott sein, und du wirst im Palast des Königs Nebukadnezar wohnen und berühmt sein auf der ganzen Erde.

Auch in diesen beiden Kapiteln stellt der Verfasser seine Kunst, spannend und doch glaubwürdig zu erzählen, unter Beweis. Wer die Geschichte von der Tat Judiths zum erstenmal hört oder liest, weiß ja zu Beginn von Kap. 10 noch nicht, warum sie die Obersten von Betylua aufgefordert hat, dafür Sorge zu tragen, daß ihr in der kommenden Nacht das Tor geöffnet werde (8,33). Jetzt erst wird aufgedeckt, was sie sich ausgedacht hat: In das feindliche Lager will sie sich begeben, ohne Schutz und Waffe, nur von ihrer Dienerin begleitet. Es ist ein tollkühnes Unterfangen, denn mit Überläufern macht der über den Widerstand der Judäer so erbitterte Holofernes gewiß kurzen Prozeß. In welche Gefahr sich vollends ein schutzloses Weib begibt, wenn sie solch ein Kriegslager betritt, kann man sich leicht ausmalen. Aber wer sich so wie Judith auf den Schutz des Allmächtigen verläßt[8], dem kann er auch einmal solch einen tollkühnen Mut verleihen[9]. Freilich, Judith beweist nicht nur ihren Glaubensmut, der die Obersten Betyluas und alles Volk beschämt und der wie ihr Gebet in Kap. 9 gezeigt hat, mit der Demut im Bunde ist, die alles Gelingen vom Herrn aller Herren erwartet. Sie ist auch *klug* und versteht es trefflich, die List, diese Waffe des Schwachen, zumal der Frau, zu gebrauchen. Ihrer Schönheit bewußt legt sie all ihren Schmuck und ihre besten Kleider an, was der Verfasser mit der Freude des Orientalen an glitzerndem Schmuck bis ins Detail schildert (V. 3 f.). Mit Umsicht trifft sie ihre Vorbereitungen, darauf bedacht, im feindlichen Lager nichts verzehren zu müssen, was den Speisegeboten im Gesetz zuwider ist (V. 5). Dank dieser festlichen Toilette, die ihre natürliche Schönheit ins Licht stellt, kommt es dazu, daß nicht nur die Männer, die sie am Stadttor verabschieden, über die Maßen über ihr veränder-

[8] Ihm befiehlt sie sich an, ehe sie durch das Tor in die Nacht hinausgeht (V. 9).

[9] Vgl. die Worte, die Luther im Rückblick auf seine Fahrt nach Worms (1521) gesagt hat: „Ich war unerschrocken, ich fürchtete mich nicht. Gott kann einen wohl so tollkühn machen. Ich weiß nicht, ob ich jetzt (auch noch) so toll(kühn) wäre“ (TR 5, 5342b).

tes Aussehen erstaunt sind (V. 8), sondern auch die Vorposten der Assyrer von ihrem Anblick fasziniert sind (V. 14). Judith begründet ihr überraschendes Auftauchen mitten in der Nacht damit, daß sie überlaufen wolle und eine wichtige Botschaft für Holofernes habe (V. 12). Wäre sie in ärmlicher Kleidung und unschöner Gestalt ins feindliche Lager gekommen, hätte sie schwerlich Gehör und Glauben gefunden. So aber wird sie respektvoll und unter starker Bewachung zum Prunkzelt des Holofernes geleitet. Ihre Ankunft erregt im ganzen Lager ein sensationelles Aufsehen (V. 18 f.). Und siehe: auch der mächtige Holofernes, der über dieses Volk und die Stadt, aus der Judith kommt, Tod und Verderben beschlossen hat, kann sich ihrem Zauber nicht entziehen (V. 23). In der Art, wie ihn Judith begrüßt, gibt sie zu erkennen, daß sie weiß, was sich gehört und dem Oberbefehlshaber schuldig ist.

Mit gönnerhaften Worten versichert sie dieser seines Wohlwollens und stellt die Frage: Was führt dich her? Es entspinnt sich ein Dialog, in dem die kluge Judith beweist, daß sie weiß, wie man mit solch einem gewaltigen Mann, der Schmeicheleien gewohnt ist, umgehen muß. Sie läßt es daran nicht fehlen und erweist dabei auch dem mächtigen Nebukadnezar, in dessen Dienst und Sold Holofernes steht, die gebührende Reverenz (V. 7 f.). Unter Bezugnahme auf die Worte des Achior, der davon sprach, man könne dieses Volk nur schlagen, wenn es sich wider seinen Gott versündigt habe (5,20 f.) tut sie Holofernes kund, daß die in Betylua Eingeschlossenen in ihrer Notlage drauf und dran sind, eine schwerwiegende Sünde zu begehen. Sie wollen all ihr Vieh schlachten und auch das verzehren, was ihr Gesetz verbietet, und, sobald sie vom Hohen Rat in Jerusalem auf ihr Gesuch hin der Abgabepflicht enthoben sind, auch die Erstlinge des Getreides und den Zehnten von Öl und Wein, die den Priestern zustehen, für sich verbrauchen, um ihren Hunger zu stillen (V. 9–15). Das wird ihr Verderben sein, und weil ich dies kommen sehe, sagt Judith, bin ich übergelaufen, um nicht mit umzukommen. Sie war aber dabei, wie sie feierlich bezeugt, nicht nur auf ihre eigene Rettung bedacht. Auf göttlichen Befehl, auf Grund einer besonderen Offenbarung steht sie vor Holofernes, um ihm kundzutun, daß er seinen Feldzug unter diesen Umständen in Kürze mit einem völligen Sieg beenden wird. Es kommt jetzt nur noch darauf an, in Erfahrung zu bringen, wann die Eingeschlossenen ihr gesetzwidriges Vorhaben in die Tat umsetzen, – denn dann sind sie verloren! Dazu wird es nötig sein, daß sich Judith in die Talschlucht zwischen dem assyrischen Lager und Betylua begibt[10]; im Gebet wird ihr daselbst der Zeitpunkt von dem Gott ihres Volkes offenbart werden. (V. 16 f.). Für heutige Ohren mag das alles nicht sonderlich glaubwürdig klingen. Man muß jedoch bedenken, welch große Bedeutung in alter Zeit bei Kriegszügen dem Orakel, dem Spruch eines Sehers, dem Vogelflug und dergleichen zugeschrieben wurde. Gerade so, in der Rolle einer *Prophetin* des fremden Gottes, dem die Judäer dienen, macht Judith auf Holofernes sichtlich Eindruck! Bewundernd rühmt er mitsamt seiner Dienerschaft ihre Weisheit und ihre Schönheit und verspricht ihr eine glanzvolle Zukunft nach vollbrachter Tat. (V. 23)[11].

DER KÜHNE PLAN JUDITHS GELINGT
Kap. 12,1—13,20

(12,1) **Und er gab Befehl, sie hineinzuführen, wo sein Silbergeschirr aufgestellt war, und gebot, ihr das Lager zu bereiten, daß sie von seinen leckeren Speisen äße und seinen Wein trinke.** (2) **Judith aber sprach: Ich werde davon nichts kosten, damit kein Anstoß**[1] **entstehe, sondern von dem, was mir nachgebracht wird, soll mir gereicht werden.** (3) **Und Holofernes sprach zu ihr: Wenn aber das, was du bei dir hast, aufgezehrt ist, woher sollen wir dergleichen nehmen, daß wir dir's vorsetzen? Denn bei uns ist niemand aus deinem Volk.** (4) **Und Judith sprach zu ihm: So wahr ich lebe, mein Herr, deine Magd wird das, was sie bei sich hat, nicht aufzehren, bis der Herr durch meine Hand ausgeführt hat, was er beschlossen hat!** (5) **Da führten sie die Diener des Holofernes ins Zelt, und sie schlief bis Mitternacht. Und um die Morgenwache stand sie auf.** (6) **Und sie sandte Botschaft zu Holofernes und ließ ihm sagen: Es gebiete doch mein Herr, daß man seine Magd hinausgehen lasse zum Gebet.** (7) **Und Holofernes gebot seinen Leibwächtern, sie nicht daran zu hindern. Und sie blieb in dem Lager drei Tage, und des Nachts ging**

[10] Die besonders heikle Frage, wie sie aus dem feindlichen Lager wieder unbehelligt herauskommen soll, hofft sie auf diese Weise zu lösen, was ihr dann tatsächlich auch gelingt.

[11] „Dein Gott wird mein Gott sein" (V. 23) besagt hier natürlich nur, daß Holofernes dem Gott, dem Judith dient, auch einen Platz unter der Vielzahl der heidnischen Gottheiten, die er verehrt, zubilligen wird.

[1] Kein Verstoß gegen das Gesetz (vgl. Dan. 1,8; 2. Makk. 6,18 ff.).

sie hinaus in die Felsschlucht von Betylua und badete im Lager[2] an der Wasserquelle. (8) Und wenn sie heraufstieg, betete sie zu dem Herrn, dem Gott Israels, daß er ihr den Weg ebne, die Kinder seines Volkes zu erretten. (9) Und gereinigt zurückgekehrt verblieb sie im Zelt, bis man ihr gegen Abend die Speise brachte.

(10) Und am vierten Tag veranstaltete Holofernes ein Gelage allein für seine Knechte und lud keinen von den Beamten ein, daran teilzunehmen. (11) Und er sprach zu Baguas, dem Eunuchen, der über all das Seine gesetzt war: Geh und überrede das hebräische Weib, die bei dir ist, daß sie zu uns komme und mit uns esse und trinke. (12) Denn siehe, es wäre eine Schande für uns, ein solches Weib ziehen zu lassen, ohne mit ihr Verkehr gehabt zu haben. Wenn wir sie nicht an uns ziehen, wird sie uns auslachen. (13) Und Baguas ging hinaus von Holofernes und ging zu ihr hinein und sprach: Es säume doch nicht diese schöne Magd zu meinem Herrn zu kommen, um vor ihm geehrt zu werden und mit uns zur Ergötzung Wein zu trinken und an diesem Tag wie eine der Töchter der Kinder Assur zu werden, die im Hause Nebukadnezars dienen! (14) Und Judith sprach zu ihm: Wer bin ich, daß ich meinem Herrn widersprechen dürfte? Alles, was in deinen Augen wohlgefällig ist, werde ich eilends tun, und dies wird mir eine Lust sein bis zum Tag meines Todes. (15) Und sie stand auf und schmückte sich mit Gewand und allerlei weiblichem Schmuck, und ihre Dienerin kam herzu und breitete ihr vor Holofernes die Teppiche aus, die sie von Bagoas für ihren täglichen Bedarf erhalten hatte, um sich beim Essen darauf zu lagern. (16) Und Judith kam herein und legte sich zu Tisch, und das Herz des Holofernes entbrannte für sie und sein Blut[3] geriet in Wallung und er begehrte leidenschaftlich, mit ihr zu verkehren; denn er suchte eine Gelegenheit, sie zu verführen, seit dem Tag, da er sie erblickt hatte. (17) Und Holofernes sprach zu ihr: Trinke doch und sei mit uns fröhlich! (18) Und Judith antwortete: Ich will gern trinken, Herr, denn das Leben, das in mir ist, ist heute auf einem Höhepunkt, der alle Tage seit meiner Geburt übertrifft. (19) Und sie griff zu, aß und trank vor ihm, was ihre Dienerin zubereitet hatte. (20) Und Holofernes war entzückt von ihr und trank sehr viel Wein, mehr als er je an einem Tag seit seiner Geburt getrunken hatte.

(13,1) Als es aber spät geworden war, beeilten sich seine Knechte aufzubrechen. Und Bagoas schloß das Zelt von außen zu und schloß die dabei standen aus von dem Anblick seines Herrn, und sie gingen

[2] Die Wasserquelle ist besetzt und insofern in das Heerlager miteinbezogen (7,17).
[3] wörtlich: seine Seele.

fort zu ihren Nachtlagern; denn sie waren alle ermüdet von dem übermäßigen Gelage. (2) Judith aber wurde allein im Zelt zurückgelassen, und Holofernes war vornüber auf sein Lager gefallen; denn der Wein hatte ihn völlig überwältigt. (3) Und Judith hatte ihre Dienerin geboten, draußen vor ihrem Schlafgemach zu stehen und wie alle Tage zu warten, bis sie herauskomme; denn, sagte sie, sie würde zum Gebet herauskommen; dasselbe hatte sie auch dem Bagoas gesagt. (4) Und so waren alle von ihr weggegangen und niemand war im Schlafgemach zurückgeblieben, weder klein noch groß. Und Judith trat an sein Lager und sprach in ihrem Herzen: Herr, du Gott aller Macht, schaue in dieser Stunde auf das Werk meiner Hände, zur Erhöhung Jerusalems! (5) Denn jetzt ist es Zeit, dich deines Erbes anzunehmen und mein Vorhaben zu vollenden zum Verderben der Feinde, die wider uns aufgestanden sind. (6) Und sie trat an die Säule des Lagers, die zu Häupten des Holofernes war, und nahm von derselben sein Schwert (7) und trat dicht an das Lager und ergriff das Haar seines Hauptes und sprach: Mache mich stark, Herr Gott Israels, an diesem Tage! (8) Und sie hieb zweimal in seinen Hals, mit aller Kraft, und schlug ihm das Haupt ab. (9) Dann wälzte sie seinen Leib vom Lager und nahm das Mückennetz von den Säulen. Und nach einer kleinen Weile ging sie hinaus und übergab ihrer Dienerin das Haupt des Holofernes. (10) Die steckte es in ihren Speisesack und die beiden gingen zusammen nach ihrer Gewohnheit hinaus zum Gebet. Sie durchschritten das Lager, schlugen einen Bogen um jene Felsschlucht und stiegen den Berg von Betylua hinauf und kamen vor ihre Tore.

(13,11) Und Judith rief von Ferne den Torhütern zu: Öffnet, öffnet doch das Tor! Mit uns ist Gott, unser Gott, noch immer Stärke in Israel zu beweisen und Gewalt gegen die Feinde, wie er auch heute bewiesen hat! (12) Und es geschah, als die Männer der Stadt ihre Stimme hörten, stiegen sie eilends zum Tor ihrer Stadt hinab, und riefen die Ältesten der Stadt zusammen. (13) Und es liefen alle zusammen, klein und groß, denn es erschien ihnen unglaublich, daß sie zurückkam. Und sie öffneten das Tor und nahmen die Beiden in Empfang und zündeten ein Feuer an zum Leuchten, und umringten sie. (14) Sie aber sprach zu ihnen mit lauter Stimme: Lobt Gott, lobet! Lobt Gott, der dem Haus Israel sein Erbarmen nicht entzogen hat, sondern unsre Feinde durch meine Hand in dieser Nacht geschlagen hat! (15) Und sie holte das Haupt aus dem Sack heraus, zeigte es vor und sprach zu ihnen: Siehe, da ist das Haupt des Holofernes, des Oberbefehlshabers der Streitmacht Assurs, und da ist das Mückennetz, unter dem er lag in seiner Trunkenheit! Der Herr hat ihn geschlagen durch eines Weibes Hand. (16) Und so wahr der Herr lebt, der mich auf dem Weg, den ich gegangen bin, beschützt hat: Mein Antlitz verführte ihn

zum Verderben, und doch hat er keine Sünde mit mir getrieben zur Befleckung und Schande. (17) Und alles Volk entsetzte sich sehr und sie fielen nieder und beteten Gott an und sprachen einmütig: Gelobt seist du, unser Gott, der du zuschanden gemacht hast die Feinde deines Volkes am heutigen Tage! (18) Und Ozias sprach zu ihr: Gesegnet seist du, Tochter, von Gott, dem Höchsten, vor allen Weibern auf Erden, und gepriesen sei Gott der Herr, der Himmel und Erde geschaffen hat, der dich dahin gelenkt hat, das Haupt des Obersten unsrer Feinde zu schlagen! (19) Dein Vertrauen wird in den Herzen der Menschen, die der Kraft Gottes eingedenk sind, ewiglich nicht vergessen werden[4]! (20) Und Gott möge dir dies zu ewigem Ruhm gereichen lassen, dich heimzusuchen mit Wohltaten, dieweil du dein Leben nicht geschont hast um der Erniedrigung unsres Volkes willen, sondern aufgeholfen hast unsrem Fall, auf rechtem Weg wandelnd vor unsrem Gott! Und alles Volk rief: Es geschehe, es geschehe also!

Als Judith die Obersten von Betylua zu sich bestellt hatte, sprach sie mit erstaunlicher Gewißheit die Hoffnung aus, daß Gott binnen fünf Tagen durch ihre Hand der bedrängten Stadt und dem ganzen Volk Rettung schaffen werde (8,33). Nun ist sie schon drei Tage im Lager der Feinde, ohne daß abzusehen ist, wann und wie sie ihr geheimes Vorhaben durchführen kann. Die Gunstbeweise des Holofernes (V. 1; 7) können nicht darüber hinwegtäuschen, in welch gefährlicher Lage sie sich befindet. Was sie über die Gründe ihres Überlaufens zum Feind erzählte, war frei erfunden; dies wird sich nicht lang verbergen lassen. Rings um das Zelt des Holofernes wimmelt es von Wachposten, Soldaten und Dienern. Sie selbst ist ein schwaches Weib, das noch nie eine Waffe führte und weder Gift noch einen Dolch in seinem Gewand verbirgt. Was soll sie tun? Judith betet. Sie betet Nacht für Nacht, daß ihr der Herr, der Gott Israels *den Weg ebne*, die Kinder seines Volkes zu erretten (V. 8). Sie verläßt sich nicht auf ihre weibliche List und ihre ausnehmende Schönheit. Sie greift nicht angstvoll oder mit dem Mut der Verzweiflung zur Selbsthilfe. Sie verläßt sich ganz auf ihren Gott und stellt ihm Zeit und Umstände anheim. Dies darf bei der Beurteilung ihrer Tat nicht vergessen werden. „Heldentaten“ sehen anders aus.

Wie wird ihr Gebet erhört? So, daß Gott den mächtigen Feind in seiner eigenen Hoffart und Begierde wie in einer Schlinge fängt

4 wörtlich: deine Hoffnung wird nicht aufhören in den Herzen der Menschen.

(vgl. Ps. 141,10). Schon bei der ersten Begegnung hat Holofernes mit begehrlichen Blicken die schöne Judith gemustert (V. 16); nach seiner Meinung wäre es eine Schande, müßte sie ihm nicht zu Willen sein (V. 12). So bestellt er sie anläßlich des Gelages, das er seinen Dienern und Leibwächtern gibt, in sein Zelt. Judith ahnt, was er will, und so macht sie sich besonders schön, mit dem Erfolg, daß Holofernes sie desto leidenschaftlicher begehrt. Bagoas, der Eunuch, sorgt nach dem Ende des Gelages dafür, daß sein Herr und Gebieter allein und ungestört mit Judith im Zelt verbleibt, so daß der Erfüllung seines Begehrens nichts mehr im Wege steht. Freilich, der übermäßig genossene Wein hat seine Wirkung getan: Holofernes, seiner Sinne nicht mehr mächtig, sinkt auf sein Lager und vom Schlaf überwältigt liegt er Judith zu Füßen. *Gott selbst hat ihn in ihre Hand gegeben!* Dies hat sie im Stillen erbeten und erhofft, als sie sich, einzig von ihrer Dienerin begleitet, ins feindliche Lager begeben hat. Sie mag dabei wohl auch einkalkuliert haben, daß ihre Schönheit auf Holofernes ihre Wirkung nicht verfehlen werde. Aber daß dieser nun tatsächlich so ohnmächtig in ihre Hand gegeben ist, gibt ihr die Gewißheit, daß sie das *Werkzeug* ist, durch das der lebendige Gott seinem Volk die ersehnte Rettung schaffen will. Noch einmal ruft sie ihn an, ehe sie an das Lager des Holofernes tritt (V. 5), und ein zweitesmal, nachdem sie sein Schwert ergriffen hat (V. 7). Sie bittet um Kraft und bekommt sie auch. Ihre Hand zittert nicht, als sie den tödlichen Schlag führt und dem betrunkenen Holofernes das Haupt vom Leibe trennt. Denn hinter ihr steht der Herr, der die Schwachen mit Stärke umgürtet (1. Sam. 2,4). Niemand hat ihre Tat bemerkt. Ungehindert verläßt Judith mit ihrer Dienerin das feindliche Lager und erreicht, das Haupt des gefürchteten Gegners und sein kostbares Mückennetz[5] im Speisesack der Dienerin mitbringend, das Stadttor von Betylua.

Wie sie dort Einlaß begehrt und aufgenommen wird, wird höchst anschaulich geschildert. Der Jubel ist groß! Aber wie Judith selbst zum *Lob Gottes* aufgerufen hat (V. 11), als sie noch draußen vor dem Tor stand, gibt sie auch jetzt, als sich alles Volk um sie drängt, ihm allein die Ehre (V. 14). Sie berichtet nur das Nötigste über ihre Tat ((V. 15 f.) und rückt sie von Anfang an in das rechte Licht, so

[5] Es dient als Beweisstück dafür, daß sie wirklich im Zelt des Holofernes war und daß es sein Haupt ist, das sie als Trophäe mitbringt.

daß alles Volk auf die Knie fällt und mit ihr die Macht und das rettende Erbarmen Gottes preist (V. 17). Auch Ozias, dem ja eine besonders schwere Last vom Herzen fiel, sieht darin, daß der Plan Judiths gelingen durfte, den Beweis, daß Gott ihre Schritte lenkte (V. 18) und kleidet den Dank dafür, daß sie ihr Leben einsetzte, in ein Segenswort. Judith wird in Betylua nicht als Heldin gefeiert. Sie ist das Werkzeug – nicht weniger und nicht mehr –, durch das der lebendige Gott in verzweifelter Lage seinem Volk seine Rettermacht und sein Erbarmen erwiesen hat. – Tatsächlich läßt die Art, wie der Erzähler die Tat der Judith schildert, keinen Zweifel daran: Mit dieser Tötung des macht- und blutgierigen Holofernes wurde ein Urteil Gottes vollstreckt. Die Erwägung, daß es nicht ehrenvoll ist, einen Gegner im Schlaf zu töten, ist hier fehl am Platz. Man tut dem Erzähler auch Unrecht, wenn man ihm vorwirft, daß er diese Szene von der Tötung des Holofernes aus fanatischem Haß gegen die Unterdrücker seines Volkes ersonnen und geschildert habe. Er will zeigen, was der Glaube vermag (vgl. Hebr. 11,32–34), und seine Zeitgenossen und ihre Nachkommen in der Gewißheit bestärken, daß der lebendige Gott sein Volk aus der größten Bedrängnis erretten kann. Ein Einzelner, der ihm kühn und ganz vertraut, ja ein schwaches Weib, kann dabei sein Werkzeug sein.

DIE BESTÜRZUNG UND DIE VERTREIBUNG DER FEINDE

Kap. 14,1—15,7

(14,1) **Und Judith sprach zu ihnen: Höret doch auf mich, Brüder, und nehmt dieses Haupt und hängt es an die Brustwehr eurer Mauer,** (2) **und wenn der Morgen anbricht und die Sonne über der Erde aufgeht, nehmt ein jeder eure Kriegswaffen auf und geht, alle kräftigen Männer, hinaus aus der Stadt und setzt einen Hauptmann über sie, als ob ihr in die Ebene hinabziehen wolltet wider die Vorhut der Kinder Assur; zieht aber nicht hinab!** (3) **Dann werden diese zu ihren Waffen greifen und in ihr Lager eilen und werden die Befehlshaber der assyrischen Streitmacht wecken. Und sie werden miteinander zum Zelt des Holofernes laufen und werden ihn nicht finden. Da wird sie Furcht befallen und sie werden vor euch fliehen.** (4) **Und ihr und alle Bewohner der Berge Israels, verfolget sie und streckt sie nieder auf ihren Wegen!** (5) **Doch bevor ihr dies tut, ruft mir Achior, den Am-**

moniter, daß er sehe und erkenne den, der das Haus Israel verachtet und ihn selbst wie zum Tode zu uns geschickt hat. (6) **Und sie riefen den Achior aus dem Haus des Ozias. Als er aber kam und das Haupt des Holofernes in der Hand eines Mannes aus der Versammlung des Volkes erblickte, fiel er auf sein Angesicht und wurde ohnmächtig.** (7) **Als sie ihn aber aufhoben, fiel er Judith zu Füßen und verneigte sich tief vor ihr und sprach: Gepriesen seist du in jeder Hütte Judas und unter allen Völkern, welche erschrecken werden, wenn sie deinen Namen hören!** (8) **Und nun berichte mir alles, was du in diesen Tagen getan hast! Und Judith erzählte ihm inmitten des Volkes alles, was sie getan hatte, vom Tag, da sie weggegangen war, bis zu dem, das sie zu ihnen redete.** (9) **Als sie aber mit ihrem Bericht zu Ende war, jubelte das Volk mit lauter Stimme und erhob in ihrer Stadt ein Freudengeschrei.** (10) **Als aber Achior dies alles sah, was der Gott Israels alles getan hatte, glaubte er sehr an Gott und ließ sich das Fleisch seiner Vorhaut beschneiden und wurde zum Haus Israel hinzugetan bis auf diesen Tag[1].**

(14,11) **Als nun der Morgen anbrach, hängten sie das Haupt des Holofernes an die Mauer, und jeder Mann griff zu seinen Waffen und sie zogen in Scharen aus zu den Bergpässen.** (12) **Die Kinder Assur aber, als sie ihrer ansichtig wurden, alarmierten ihre Anführer; diese aber begaben sich zu ihren Befehlshabern und Hauptleuten und all ihren Obersten.** (13) **Und sie kamen zum Zelt des Holofernes und sprachen zu dem, der über all seine Habe gesetzt war: Wecke doch unsren Herrn, denn die(se) Sklaven[2] haben sich erkühnt, zu uns zum Kampf herabzusteigen, damit sie ganz und gar vertilgt würden!** (14) **Und Bagoas ging hinein und klopfte an den Vorhang des Zeltes, denn er meinte, er schlafe mit der Judith.** (15) **Als er aber niemand hörte, schob er den Vorhang weg und ging in das Schlafgemach und fand ihn tot daliegen am Fußschemel und sein Kopf war ihm abgehauen.** (16) **Da schrie er laut auf, mit Heulen und Wehklagen und großem Geschrei und zerriß seine Kleider.** (17) **Dann eilte er in das Zelt, wo Judith gewohnt hatte, und fand sie nicht. Da sprang er unter die Menschen und schrie: Diese Sklaven haben Hinterlist verübt, Schande hat ein einziges Weib der Hebräer dem Hause Nebukadnezars angetan! Siehe, Holofernes liegt am Boden, und sein Haupt ist nicht mehr da!** (19) **Als die Befehlshaber der Streitmacht Assurs diese**

1 Der Übertritt vom heidnischen Götterkult zum Glauben an den einen Gott Israels und die Aufnahme in die Kultgemeinschaft des Gottesvolks wird durch die Beschneidung formell bestätigt.

2 Ausdruck der Verachtung. (In einem alten Midrasch heißt es: „diese Feldmäuse“, so auch die Vulgata: quia egressi sund mures de cavernis suis.

Worte hörten, zerrissen sie ihre Kleider und waren sehr bestürzt, und es erhob sich ihr Geschrei und war ein sehr großes Wehklagen inmitten des Lagers. (15,1) Als es die in den Zelten vernahmen, entsetzten sie sich über das, was geschehen war (2) und Furcht und Schrecken befiel sie. Und keiner blieb noch bei seinem Nächsten, sondern sie stürzten alle zugleich hinaus und ergriffen die Flucht auf allen Wegen der Ebene und des Gebirges. (3) Und auch die, die auf dem Gebirge rings um Betylua sich gelagert hatten, wandten sich zur Flucht. Da fielen die Kinder Israel, alle streitbaren Männer unter ihnen, über sie her, (4) und Ozias sandte Boten nach Betomasthaim und Bebai und Chonai und Kola[3] und in das ganze Gebiet Israels, die über das berichten sollten, was da geschehen war, daß sie sich alle auf die Feinde stürzen sollten, um sie gänzlich aufzureiben. (5) Als es aber die Kinder Israel hörten, fielen sie allesamt über sie her und schlugen sie bis Choba. Ebenso waren auch die aus Jerusalem und dem ganzen Gebirge herbeigekommen, denn man hatte ihnen gemeldet, was im Lager ihrer Feinde geschehen war. Und die in Gilead und die in Galiläa überwältigten sie durch ein großes Gemetzel, bis sie nach Damaskus und dessen Grenzen vorrückten. (6) Die übrigen Bewohner Betyluas aber fielen über das Lager Assurs her und plünderten es und machten reiche Beute. (7) Aber die Kinder Israel, die vom Kampf zurückkehrten, bemächtigten sich des Übrigen, und die Dörfer und Gehöfte im Bergland wie in der Ebene erbeuteten viele Beutestücke, denn ihre Menge war groß.

Durch Judiths Tat ist der an sich hoffnungslose Kampf der kleinen Bergfeste Betylua wider die vielfache Übermacht ihrer Belagerer noch keineswegs entschieden. Aber das Beispiel ihres kühnen Glaubensmuts hat eine anfeuernde Kraft. Als sichtbaren Beweis dafür, daß die Feinde nicht unschlagbar sind, wird auf Judiths Vorschlag das Haupt des Holofernes an die Brustwehr der Stadtmauer gehängt als die sichtbare Trophäe eines Sieges, der in der Macht Gottes steht und in seinem Rat beschlossen ist. Ein zunächst nur fingierter Ausfall aus der Bergfeste soll die Belagerer alarmieren, wobei es nicht ausbleiben kann, daß sie entdecken, was mit ihrem Oberbefehlshaber Holofernes geschehen ist. Ehe der Erzähler von dieser Entdeckung berichtet und höchst anschaulich die Bestürzung des Bagoas und der feindlichen Befehlshaber mitsamt ihrem ganzen Heer schildert (V. 14–19), versäumt er es nicht, noch einmal die Person des Achior, der Holofernes

[3] Zu Betomasthaim vgl. 4,6; zu Chonai 4,4. Die Ortschaften Bebai und Kola sind sonst nirgends erwähnt.

vor dem Gott Israels warnte (5,20 f.), mit Judith ins Gespräch zu bringen. Sein Entsetzen, als er das Haupt des Holofernes erblickt, den er ja von Angesicht kannte, beleuchtet noch einmal das Ungeheuerliche ihrer Tat. Sein Übertritt zu dem Glauben und dem Gott Israels (V. 10) ist für den Leser ein Fingerzeig, daß es in diesem Kampf um die Ehre und Anerkennung des lebendigen Gottes geht, dem auch er die Ehre geben soll. Das Entsetzen, das nach Entdeckung der Tat Judiths, im feindlichen Lager um sich greift, erscheint weniger glaubwürdig. Man könnte sich denken, daß die Befehlshaber der assyrischen Streitmacht und ihre Soldaten mit doppelter Erbitterung zu den Waffen greifen, um diese hinterlistige Tat eines Weibes, der ihr Oberbefehlshaber zum Opfer fiel, zu rächen. Aber auch sie spüren offenbar, daß hier jener fremde Gott, vor dem Achior vor ihren Ohren gewarnt hat, ein Zeichen seiner Macht aufgerichtet hat. Wenn sie mit Furcht und Schrecken auseinanderlaufen und die Flucht ergreifen, dann deshalb, weil Gott selbst sie schreckte (vgl. 1. Sam. 7,10; Jos. 10,10; Richt. 4,15). Von Ozias durch Boten über das, was bei Betylua geschah, in Kenntnis gesetzt ermannt sich alles Volk im Lande. Unter blutigen Verlusten werden die Truppen, die Nebukadnezar zu dieser Strafexpedition entsandt hatte, bis an die nördlichen Grenzen bei Damaskus verfolgt und vertrieben, und die Beute ist groß.

JUDITHS LOBGESANG BEI DER SIEGESFEIER
Kap. 15,8—16,17

(8) **Und Jojakim, der Hohepriester und der Rat der Kinder Israel, die in Jerusalem wohnten, kamen, um all das Gute anzuschauen, das der Herr an Israel getan hatte, und um Judith zu sehen und mit ihr freundschaftlich zu sprechen.** (9) **Da sie aber zu ihr kamen, priesen sie sie alle einmütig und sprachen zu ihr: Du Stolz Jerusalems, du großer Ruhm Israels, du große Zierde unsres Volkes! Du hast dies alles mit deiner Hand vollbracht, Du hast Herrliches getan an Israel, und Gott hat ein Wohlgefallen daran gehabt. Gesegnet werdest du vom Herrn, dem Allmächtigen, für ewige Zeiten! Und alles Volk sprach: Es geschehe also!** (11) **Und das ganze Volk plünderte das Lager dreißig Tage lang. Und sie gaben der Judith das Zelt des Holofernes und alles Silbergeschirr und die Betten und die Kissen und alle seine Habseligkeiten. Und sie nahm es und belud damit ihr Maultier und spannte ihre Wagen an und packte es darauf.** (12) **Und alle**

Frauen Israels liefen zusammen, sie zu sehen, und priesen sie und machten zu ihren Ehren einen Reigentanz. Und sie nahm Baumzweige in ihre Hand und reichte sie den Frauen, die sich um sie scharten.
(13) **Und sie bekränzten sich alle miteinander mit Ölzweigen, und sie schritt vor dem ganzen Volk her, indem sie den Reigen der Frauen anführte, und alle Männer Israels schritten gewappnet hinterher, bekränzt und Loblieder auf den Lippen.**
(14) **Und Judith stimmte vor ganz Israel folgendes Loblied an und das ganze Volk stimmte in dieses Preislied ein.**
(16,1) **Und Judith sprach:**

Stimmt an meinem Gott mit Pauken,
singet dem Herrn mit Cymbeln
laßt ihm erklingen Psalm und Lobgesang,
erhöht und ruft an seinen Namen!
(2) **Denn ein Gott, der Kriege beendigt, ist der Herr;**
in sein Lager inmitten seines Volkes hat er mich gerettet
aus der Hand meiner Verfolger.
(3) **Es kam Assur aus den Bergen von Norden,**
kam mit Myriaden seiner Streitmacht,
deren Menge die Gewässer verstopfte,
deren Rosse die Hügel bedeckten.
(4) **Es gedachte, mein Gebiet zu verbrennen**
und meine Jünglinge mit dem Schwert zu töten,
meine Säuglinge auf den Boden zu schmettern,
meine Kinder zur Beute zu geben
und meine Jungfrauen wegzuschleppen.
(5) **Der Herr, der Allmächtige, hat sie zunichte gemacht**
durch eines Weibes Hand.
(6) **Denn ihr Gewaltiger fiel nicht durch Jünglinge,**
nicht Söhne von Titanen erschlugen ihn
auch nicht hochgewachsene Giganten bezwangen ihn;
Sondern Judith, die Tochter des Merari,
lähmte ihn durch die Schönheit ihres Angesichts.
(7) **Denn sie zog aus das Kleid, das sie als Witwe trug,**
um aufzuhelfen den Bedrängten in Israel.
Sie salbte ihr Antlitz mit Salben
(8) **und band ihre Haare in einen Kopfbund**
und nahm ein Gewand von Linnen, um ihn zu berücken.
(9) **Ihre Sandale riß sein Auge hin**
und ihre Schönheit nahm seine Seele gefangen,
es durchfuhr das Schwert seinen Hals!
(10) **Es schauderten die Perser ob ihrer Kühnheit**
und die Meder entsetzten sich über ihren Mut.

(11) **Da wehklagten meine Gedemütigten[1]**
und Furcht und Schrecken befiel die von mir Geschwächten[2],
sie erhoben ihre Stimme und wandten sich zur Flucht.
(12) **Söhne von Mädchen durchbohrten sie**
und stießen sie wie entlaufene Sklaven nieder,
sie kamen um durch den Heerzug meines Herrn.
(13) **Singen will ich meinem Gott ein neues Lied.**
Herr, groß bist du und herrlich,
wunderbar an Kraft, nicht zu übertreffen.
(14) **Dir müssen dienen alle deine Geschöpfe,**
denn Du sprachst und so wurden sie geschaffen.
Du entsandtest deinen Geist, und er baute[3],
und da ist niemand, der deiner Stimme widersteht!
(15) **Denn Berge werden von Grund auf erschüttert samt Gewässern,**
Felsen zerschmelzen wie Wachs vor deinem Angesicht —
Denen aber die dich fürchten,
ihnen bist du gnädig!
(16) **Denn ein Geringes ist alles Opfer zum Wohlgeruch**
und sehr geringfügig alles Fett dir zum Brandopfer;
wer aber den Herrn fürchtet, ist groß immerdar.
(17) **Wehe den Völkern, die sich erheben wider mein Volk!**
Der Herr, der Allmächtige, wird sie strafen am Tag des Gerichts,
Dem Feuer und den Würmern gibt er ihr Fleisch preis[4],
daß sie heulen vor Schmerz ewiglich!

Nach der Vertreibung der Assyrer macht sich Jojakim, der Hohepriester, und der Hohe Rat von Jerusalem auf den Weg nach Betylua, um Judith persönlich kennen zu lernen und ihr den Dank abzustatten, der ihr gebührt. Allzuviel Ehre wird ihr dabei erwiesen (V. 9), die ja nur Werkzeug des Gottes Israels war und sein wollte; sie läßt es schweigend über sich ergehen. Den Anteil an der Beute, mit dem sie bedacht wird, packt sie auf ihr Maultier, und gibt ihn hernach ihrem Gott als Weihgeschenk zurück (16,19). Aber den Siegesreigen, den die Frauen veranstalten[5], führt sie an und stimmt einen *Lobgesang* an, der an das Siegeslied der Debora erinnert (Richt. 5,1 ff.), wenn er auch mit dessen urwüchsiger poetischer Kraft sich nicht messen kann. Nach

[1] wörtlich: meine Demütigen (gemeint sind die durch Judith gedemütigten Feinde).
[2] wörtlich: meine Schwachen (d. h. die durch Judiths Tat Geschwächten).
[3] Der Geist ist hier — wie in Ps. 33,6 ff.; 104,30 — personifiziert: als Erbauer am Wunder der Schöpfung beteiligt.
[4] Vgl. Jes. 66,24; Sir. 7,17; Mark. 9,48—50; Offbg. 19,17 ff.; 20,9 f.; 21,8.

dem jubelnden Auftakt (V. 1 f.) wird noch einmal der furchtbaren Bedrohung und Gefahr gedacht, die mit dem Aufmarsch der überlegenen Streitmacht der Assyrer über das Volk gekommen war (V. 3 f.). Daß sie durch die Hand eines Weibes abgewandt wurde, stellt Gottes Übermacht besonders ins Licht (V. 5). Noch einmal wird geschildert, wie Judith sich schmückte, um durch ihre Schönheit Holofernes zu berücken (V. 7 f.)[6]; die Tötung des Betörten wird ganz knapp erwähnt: einen Ahnungslosen traf das Schwert! Im übrigen gibt das Lied ganz Gott die Ehre, vor dessen allgewaltiger Schöpfermacht alles erzittern muß und zunichte wird, auch das Hohe und Starke, Berge und Felsen, Völker und feindliche Heere (V. 12 ff.). Den Abschluß bildet ein Weheruf: „Wehe den Völkern, die sich erheben wider mein Volk!“ Sie vergreifen sich an dem Allmächtigen und bekommen am Tag des Gerichts seinen vernichtenden Zorn zu spüren. – Die geschichtliche Tatsache, daß das Volk, dem Judith entstammte, trotz unerhörter Leiden und Demütigungen bis heute nicht ausgelöscht wurde, ist ein deutliches Zeichen dafür, daß dies alles keine leeren Worte sind. Wer dieses Volk angreift, vergreift sich an dem lebendigen Gott, der es erwählt hat und ihm die Treue hält.

AUSKLANG
Kap. 16,18–25

(18) **Als sie aber nach Jerusalem kamen, beteten sie an vor Gott, und nachdem sich das Volk gereinigt hatte, brachten sie ihr Brandopfer dar und ihre freiwilligen Gaben und Geschenke.** (19) **Und Judith weihte alle Geräte des Holofernes, die das Volk ihr geschenkt hatte; auch das Mückennetz, das sie sich von seinem Lager mitgenommen hatte, gab sie Gott als Weihgeschenk.** (20) **Und das Volk war fröhlich zu Jerusalem vor dem Heiligtum drei Monate lang, und Judith blieb bei ihnen.**

(21) **Nach diesen Tagen aber kehrte jeder in sein Erbteil zurück, auch Judith zog weg nach Betylua und blieb bei ihrer Habe. Und sie war, so lange sie lebte, berühmt im ganzen Lande.** (22) **Und viele begehrten sie zu sehen, aber kein Mann erkannte sie zu all ihren Lebzeiten, seit dem Tag, da Manasse, ihr Mann, gestorben und zu seinem**

[5] Vgl. 2. Mos. 5,21.
[6] Daß in V. 5–10 von Judith in der 3. Person die Rede ist, darf man dem Verfasser nicht als Stilfehler zur Last legen. Warum sollte er auch verschweigen, daß er Judith dieses Preislied in den Mund legte?

Volk versammelt war. (23) **Und sie erreichte ein hohes Alter und wurde im Hause ihres Mannes einhundertfünf Jahre alt. Und sie ließ ihre Dienerin frei. Und sie starb zu Betylua, und man begrub sie in der Grabhöhle ihres Mannes Manasse.** (24) **Und es trauerte um sie das Haus Israel sieben Tage. Bevor sie starb, verteilte sie ihre Habe an alle nächsten Angehörigen ihres Mannes Manasse und die Nächsten ihres Geschlechts.** (25) **Und da war niemand, der die Kinder Israels schreckte in den Tagen Judiths und lange Zeit nach ihrem Tode.**

Auf den Siegesreigen in Betylua, wo durch Judiths Tat die Entscheidung gefallen war, folgen die Dankopfer für das Wunder der Errettung im Tempel zu Jerusalem. Wie anders hat der König von Babel seinen Sieg gefeiert (1,16)! Auch Judith beteiligt sich daran auf ihre Weise, wobei die Uneigennützigkeit, mit der sie sich in den Dienst Gottes gestellt und für ihr Volk eingesetzt hat, noch einmal deutlich zutage tritt (V. 19). Dann kehrt sie nach Betylua zurück und es ist ein schöner Zug, daß sie auch jetzt, hochberühmt im ganzen Lande, ihrem verstorbenen Mann über seinen Tod hinaus die Treue hält (V. 22). Im schlichten Stil des Chronisten gibt der Erzähler Bericht von ihrem Ende. Sorgsam hat sie ihr Haus bestellt und ihre Habe verteilt, ehe sie in hohem Alter die Augen schloß; auch der Dienerin, die bei dem so gefährlichen „Alleingang" ins Lager der Feinde an ihrer Seite war, hat sie noch besonders gedacht und ihr die Freiheit geschenkt. Der Schlußvers (V. 25) unterstreicht, welch segensreiche Folgen die mit ihrem Namen verknüpfte Tat gehabt hat. Eine lange Zeit des Friedens war den Kindern Israel über ihren Tod hinaus beschert. Man spürt den Wunsch des Erzählers, daß sich doch der Allmächtige in der Zeit der Bedrängnis, die er selbst mitmachen muß, wieder solch ein Werkzeug erwecken möge! Wo ist eine Tochter oder ein Sohn Israels, der sich diese Frau und ihren Glaubensmut zum Beispiel nimmt? Das ist die Frage, die er mit seiner spannenden Erzählung wecken möchte. – Nicht jeder kann einen „Holofernes" besiegen, aber „niemand lasse den Glauben fahren, daß Gott durch ihn eine große Tat tun will" (Luther). Auch in dem Kampf, der dem Gottesvolk des Neuen Bundes verordnet ist (vgl. Eph. 6,10 ff.) kommt es auf Einzelne an, die sich dem Geist der Resignation entgegenstellen, mit der fraglosen Übermacht Gottes über alle Macht des Bösewichts rechnen und in die Bresche treten, mutig und demütig, kühn und klug, wie dies Judith tat.

DAS BUCH BARUCH

Inhalt

EINFÜHRUNG

Baruch, der Sohn Nerias, zu deutsch „Der Gesegnete“ ist uns aus dem Buch des Propheten Jeremia bekannt, in dem er mehrfach erwähnt wird[1]. Er ist der Schüler und Vertraute des Propheten, dem Jeremia die Gerichtsworte wider Jerusalem diktiert und zur öffentlichen Verlesung anvertraut hat (36,1 ff.). Sehr wahrscheinlich verdanken wir ihm den Bericht über die Person und das Schicksal Jeremias, der in dem Prophetenbuch einen breiten Raum einnimmt. In dem Trostwort, das ihm Jeremia zuspricht, wird ihm gesagt, daß er „sein Leben wie eine Beute davonbringen“ werde (Jer. 45,5). Er hat also den Untergang Jerusalems im Jahr 587 überlebt und wohl auch in der Folgezeit das Geschick Jeremias geteilt. Man begreift, daß der Name dieses Getreuen auch in der Folgezeit unvergessen blieb. Gemäß der Gepflogenheit, Bücher und Schriften unter dem Namen eines bekannten Gottesmannes, der bei der Nachwelt in Ehren stand, herauszugeben, wurden ihm in späterer Zeit drei Bücher zugeschrieben: Das Buch Baruch unter den Apokryphen, ferner die syrische Baruch-Apokalypse und die griechische Baruch-Apokalypse, die unter die Pseudepigraphen gerechnet werden. In dem apokryphen Baruch-Buch wird vorausgesetzt, daß sich Baruch unter den Exulanten in Babel befindet, die im Jahr 597 aus Jerusalem weggeführt worden sind. Von dort soll er an die in Jerusalem Zurückgebliebenen die Worte, die in diesem Buch geschrieben sind, als eine Art Denkschrift gesandt haben. Nun hat aber Baruch den Weg Jeremias zumindest bis zur Zerstörung Jerusalems begleitet. Schon aus diesem Grund scheidet er als Verfasser dieser Mahn- und Trostschrift aus. Wer sie wirklich verfaßt hat, wissen wir nicht.

Es kommt hinzu, daß in diesem Buch[2] recht verschiedenartige Texte

[1] Vgl. Jer. 32,11–14; 36,1 ff.; 43,3; 45,1–5; 51,59.

[2] In der Vulgata umfaßt es sechs Kapitel: der in den meisten Handschriften dem Buch Baruch beigefügte „Brief des Jeremia“ wird dabei als 6. Kapitel des Baruchbuchs gezählt.

zusammengestellt sind, von denen man schwerlich anehmen kann, daß sie ursprünglich eine Einheit gebildet haben. Eine auffallende Unstimmigkeit liegt schon in den Angaben über die Entstehung und Absendung der Schrift vor: Während in der *Überschrift* (1,1 f.) das Jahr 582 (fünf Jahre nach der Zerstörung Jerusalems) angegeben wird, wird in der darauf folgenden *Einleitung* (1,3–14) die Entstehung des Buchs in die Zeit verlegt, da Jojakim Hohepriester in Jerusalem war und dort im noch unzerstörten Tempel, in der noch bewohnten Stadt das Volk zum Gottesdienst und Opfer versammelte. Aus einem bestimmten Anlaß soll Baruch damals den weggeführten König Jojachin und die übrigen Exulanten um sich versammelt haben: Man hat erfahren, daß der König Zedekia für die von Nebukadnezar weggenommenen heiligen Gefäße einen Ersatz geschaffen hat. Zu Zeichen der Verbundenheit mit den Zurückgebliebenen soll unter den Gefangenen in Babel eine Geldsammlung durchgeführt worden sein, deren Ertrag man nach Jerusalem schicken will mit der Auflage, das Geld zur Veranstaltung von Opfern für Nebukadnezar und seinen Sohn Baltaser (Belsazar) und für die in Babel Gefangenen zu verwenden. An Fest- und Feiertagen sollen dabei die Worte vorgelesen werden, die Baruch für diese Opfer- und Bittgottesdienste niedergeschrieben hat, damit das Gebet in der rechten Demütigung vor dem Herrn geschehe. Ehe nun die in einem Buch zusammengefaßten Gebetsworte zusammen mit der Geldspende abgesandt wurden, soll Baruch dieselben vor den Ohren des Königs Jojachim und des nach Babel weggeführten Volksteils öffentlich verlesen haben. Nach Stil und Inhalt wirkt diese geschichtliche Einleitung reichlich konstruiert. Es kommt hinzu, daß die folgenden Texte sehr verschiedenartig sind und nur zum Teil dem entsprechen, was man nach dieser Einleitung erwartet. Am Anfang steht ein ausführliches *Bußgebet* (1,15–3,8), das zum Teil mit dem großen Bußgebet im Buch Daniel (9,4 ff.) wörtlich übereinstimmt. Darauf folgt ein *Lehrgedicht* im Stil der Weisheitsdichtung, wie wir sie im Buch der Sprüche (z. B. Sprüch. 8,1 ff.) wiederfinden (3,9–4,4). Den Abschluß bilden *Trostlieder*, in welchem dem sein Leid klagenden Jerusalem die Wiederherstellung in neuem Glanz verheißen wird (4,5–5,9). Während das Bußgebet in Prosa abgefaßt ist, zeichnen sich die folgenden Texte durch ihr rhythmisches Versmaß aus. Ob sie auf hebräische Vorlagen zurückgehen oder ursprünglich griechisch abgefaßt sind, ist nicht mit Sicherheit zu entscheiden.

Auch über die Zeit der Entstehung und Niederschrift des Ganzen kann man nur Vermutungen anstellen. Das deutlich von Daniel 9,4 ff. abhängige Bußgebet kann frühestens im 2. Jahrhundert v. Chr. niedergeschrieben worden sein[3]. Das Lehrgedicht gehört auf jeden Fall in die Zeit nach dem Exil, in der die Weisheitsdichtung ihre Blüte erlebte. Dagegen ist es durchaus denkbar, daß die herrlichen Trostlieder, die nach Stil und Bildwahl an Texte des II. Jesaja erinnern, in ihren hebräischen Vorlagen wesentlich älter sind[4]. Sie setzen ja die Zerstreuung und Verbannung der Einwohner Jerusalems voraus. Wer der(die) Verfasser war(en), läßt sich nicht mehr aufhellen, so wenig sich mit Sicherheit sagen läßt, ob der Name Baruch ein bewußt gewähltes Pseudonym ist oder erst Spätere diese verschiedenartigen Texte aus dem einleuchtenden Grund zu einem „Buch des Baruch" zusammengestellt haben, weil sie alle die Wegführung in die Verbannung nach Babel und die Zerstörung Jerusalems als geschichtlichen Hintergrund ins Auge fassen. Wenn einer darunter litt als einem Gottesgericht und die bußfertige Demütigung unter Gottes gewaltige Hand mit dem Zuspruch des Heils- und Trostworts zu verbinden wußte, dann – so dachte man – war dies Baruch, der Mann, in dem das Wort und der Geist des Propheten Jeremia war.

3 Die Abfassung des Danielbuchs ist in der Zeit der Verfolgung unter Antiochus IV. (zwischen 166—164 v. Chr.) erfolgt.

4 Daß sich Kap. 5,5—9 fast wörtlich in den „Psalmen Salomos" (11,2—7) aus der 2. Hälfte des 1. Jahrhunderts v. Chr. wiederfinden, ist kein Gegenbeweis. „Das letzte Lied des Baruchbuchs macht seinem ganzen Charakter nach eher den Eindruck, als sei es die originale Vorlage für den Salomopsalm" (W. Rothstein).

DAS SENDSCHREIBEN NACH JERUSALEM
Kap. 1,1—15

(1,1) **Dies sind die Worte des Buches, welches Baruch schrieb, der Sohn Nerias, des Sohnes Maasejas, des Sohnes Zedekias, des Sohnes Hasadjas, des Sohnes Hilkias**[1]**, in Babylon** (2) **im fünften Jahr am siebten Monat, zu der Zeit, als die Chaldäer Jerusalem einnahmen und mit Feuer verbrannten.** (3) **Und Baruch las die Worte dieses Buches vor vor den Ohren Jechonjas, des Sohnes Jojakims, des Königs von Juda, und vor den Ohren des ganzen Volkes, das zu dem Buch**[2] **gekommen war** (4) **und vor den Ohren der Mächtigen und der Königssöhne und vor den Ohren der Ältesten, und vor den Ohren des ganzen Volkes, der Kleinen und der Großen, all derer, die in Babylon wohnten am Flusse Sud**[3]**.** (5) **Und sie weinten und fasteten und beteten vor dem Herrn** (6) **und brachten Geld zusammen, soviel ein jeder vermochte,** (7) **und schickten es nach Jerusalem an Jojakim, den Sohn Hilkias, den Sohn Saloms, den (Hohe-) Priester und an die Priester und alles Volk, das sich mit ihm in Jerusalem befand** (8) **als er**[4] **die Gefäße des Hauses des Herrn, die aus dem Tempel weggeholt worden waren, in Empfang nahm, um sie in das Land Juda zurückzubringen, am Zehnten des Siwan**[5]**, (nämlich) die silbernen Gefäße, die Zedekia, der Sohn Josias, der König von Juda, hatte anfertigen lassen**[6]**,** (9) **nachdem Nebukadnezar, der König von Babylon, den Jechonja und die Obersten und die Geiseln und die Mächtigen und das Volk des Landes von Jerusalem weggeführt und ihn nach Babylon gebracht hatte.** (10) **Und sie ließen ihnen sagen: Siehe, wir senden euch Geld; kauft für das Geld Brandopfer und Sühneopfer und Weihrauch und richtet Speisopfer zu und bringt sie auf den Altar des Herrn, unsres Gottes** (11) **und betet für das Leben Nebukadnezars, des Königs von Babel, und für das Leben Baltasars**[7]**, seines Sohnes, daß ihre Tage auf Erden seien wie des Himmels Tage.** (12) **So wird der Herr uns Kraft verleihen und unsre Augen erleuchten, und wir werden unter dem Schatten**[8] **Nebukadnezars, des Königs von Babel, und unter dem Schatten**

[1] Daß Baruch ein Sohn Nerias, ein Enkel Maasejas war, stimmt mit Jer. 32,12 überein.
[2] zu seiner Verlesung, um sie mit anzuhören.
[3] wohl ein Flußarm nahe bei Babylon.
[4] nämlich Jojakim.
[5] der 3. jüdische Monat.
[6] Daß dies geschah, wird in den kanonischen Büchern des AT nirgends berichtet.
[7] In Dan. 5,1 Belsazar genannt.
[8] Schatten = Schutz.

seines Sohnes Baltasar leben und ihnen viele Tage dienen und Gnade vor ihnen finden. (13) **Auch betet für uns zum Herrn, unsrem Gott; denn wir haben wider den Herrn, unsren Gott gesündigt und der Zorn des Herrn und sein Grimm hat sich bis auf diesen Tag nicht von uns gewendet.** (14) **Und leset dieses Buch vor, das wir euch zusenden, daß ihr es im Hause des Herrn kundmachet an Fest und Feiertagen,** (15) **und sprechet also:**

Auf die etwas umständliche, auch stilistisch schwerfällige Einleitung folgt, wie bereits erwähnt, eine ausführliche Bußtags-Liturgie. Wir stellen deren Text und Auslegung zurück, da ihre Einfügung in diesen geschichtlichen Rahmen erst nachträglich erfolgt sein dürfte. Bemerkenswert an dieser Einleitung ist, wie die Exulanten in Babel mit ihren Gedanken in Jerusalem weilen und – über die zeitliche und räumliche Trennung hinweg – an dem, was dort in der Gottesstadt und im Tempel geschieht, Anteil nehmen. Wie gerne hätten sie der hier berichteten Wiederaufnahme des Opferdiensts mit den von dem König Zedekia beschafften heiligen Geräten beigewohnt! Da sie's nicht vermögen, sammeln sie von dem Wenigen, das sie haben, eine Geldspende für den Tempeldienst: eine schönes, der Nachahmung würdiges Zeichen ihrer Verbundenheit mit dem Heiligtum (vgl. Ps. 42,5). Auch in der Fremde bleibt Jerusalem ihre geistliche Heimat und, selbst tief unter Gottes gewaltige Hand gebückt (V. 5), erbitten sie mit dieser Spende zugleich die Fürbitte der dort noch im Tempel versammelten Gemeinde. Erstaunlich ist, daß sie diese Fürbitte in erster Linie für den König von Babel begehren, der sie wegführte und gefangenhält. Dies erinnert an den Brief, den Jeremia an die Verbannten in Babel geschrieben hat (Jer. 29,1 ff.) mit der Aufforderung: „Suchet der Stadt Bestes und betet für sie zum Herrn: denn wenn's ihr wohlgeht, so geht's euch auch wohl". Die nüchterne Erkenntnis, daß ihr eigenes Wohl und Wehe mit dem Geschick des heidnischen Großkönigs schicksalhaft verknüpft ist, wird auch hier vorausgesetzt. Freilich, die Tatsache, daß sie unter dem Schatten Nebukadnezars bzw. seines Nachfolgers leben und ihm dienen müssen, ist und bleibt ein hartes Gericht, das um ihres Ungehorsams willen über sie gekommen ist (V. 13). In dem Sendschreiben wird vorausgesetzt, daß die Exulanten dies ungleich deutlicher als die in Jerusalem Verbliebenen erkannt haben. Sie fordern diese auf, ihrer fürbittend vor Gott zu gedenken (V. 13), zumal noch kein Ende der Strafe abzusehen ist, die sie im fremden Lande verbüßen müssen. Wir wissen aus dem

Buch des Jeremia und seinem Ringen um Jerusalem, wie wenig man dort die erste Wegführung (597) sich als ein Gottesgericht zu Herzen nahm. Insofern tat es gewiß not, die Verschonten an diese Pflicht zur Fürbitte für die Vertriebenen kräftig zu erinnern und sie in die so notwendige Demütigung unter das Gericht Gottes einzuweisen. So wird denn der Geldspende eine ausführliche Buß-Liturgie beigefügt, als deren Verfasser in dieser Einleitung der (angeblich) mitweggeführte Baruch gilt. Den Priestern und Bürgern zu Jerusalem werden damit die Worte in den Mund gelegt, die der Gerichtsernst der Situation gebietet. In Wirklichkeit waren sie von solcher Demütigung unter Gottes gewaltige Hand weit entfernt. Die Politik der Führenden zielte darauf, das Joch des Königs von Babel abzuschütteln und falsche Propheten haben sie darin bestärkt. Um so mehr fällt ins Gewicht, daß man in der Zeit, als dieses Sendschreiben abgefaßt wurde, jedenfalls das damals Notwendige erkannte.

DER WORTLAUT DES BUSSGEBETS
Kap. 1,15–3,8

Des Herrn, unsres Gottes, ist die Gerechtigkeit, uns aber bleibt an diesem Tag nur die Scham[1], den Männern von Juda wie den Bewohnern Jerusalems, (16) **unsren Königen und unsren Obersten, unsren Priestern, unsren Propheten und unsren Vätern,** (17) **die wir gesündigt haben vor dem Herrn und ihm ungehorsam gewesen sind** (18) **und nicht gehört haben auf die Stimme des Herrn, unsres Gottes, zu wandeln nach den Geboten des Herrn, die er uns vorgelegt hat.** (19) **Von dem Tag an, da der Herr unsre Väter aus dem Land Ägypten herausführte, bis auf diesen Tag waren wir ungehorsam gegen den Herrn, unsren Gott, und hatten keine Lust, auf seine Stimme zu hören.** (20) **So hefteten sich Übel an unsre Fersen[2] und der Fluch, den der Herr seinem Knecht Mose auftrug zu der Zeit, als er unsre Väter aus dem Land Ägypten herausführte, um uns ein Land zu geben, da Milch und Honig fließt, bis auf diesen Tag.** (21) **Und wir haben nicht gehört auf die Stimme des Herrn unsres Gottes bei all den Worten der Propheten, die er zu uns gesandt hat,** (22) **sondern wir wandelten ein jeder nach den Gedanken seines bösen Herzens, indem wir fremden Göttern**

[1] wörtlich: Dem Herrn unsrem Gott (ist) die Gerechtigkeit, uns aber (die) Schande der Angesichter wie derselbe Tag.

[2] wörtlich: sie hingen uns an.

dienten und Böses taten unter den Augen des Herrn unsres Gottes. (2,1) Und der Herr machte sein Wort wahr, das er wider uns und unsre Richter, die Israel richten sollten, und wider unsre Könige und wider unsre Obersten und wider die Leute von Israel und Juda geredet hatte, (2) Er ließ ein Unheil über Jerusalem kommen, dergleichen nirgends unter dem Himmel je geschehen ist, (3) daß wir dem gemäß, was im Gesetz Moses geschrieben steht[3], ein jeglicher seines Sohnes Fleisch und ein jeglicher seiner Tochter Fleisch essen sollten. (4) Und er gab sie dahin, daß sie allen Königreichen ringsum dienen mußten, zur Beschimpfung und zur Verhöhnung[4] unter allen Völkern, dahin sie der Herr zerstreute. (5) So mußten sie tief unten durch und waren nicht obenauf, weil wir uns an dem Herrn unsrem Gott versündigt haben, indem wir nicht auf seine Stimme hörten.

(6) Des Herrn, unsres Gottes, ist die Gerechtigkeit, uns aber und unsren Vätern bleibt an diesem Tag nur die Scham. (7) Was der Herr über uns geredet hat, all das Unheil ist über uns gekommen. (8) Und dennoch flehten wir nicht zum Herrn, daß ein jeglicher sich bekehrt hätte von den Gedanken seines bösen Herzens. (9) Und so wachte denn der Herr über dem Unheil und ließ es über uns kommen; denn gerecht ist der Herr in all seinen Werken, die er uns geboten hat. (10) Indes, wir hörten nicht auf seine Stimme, zu wandeln in den Geboten des Herrn, die er uns vorgelegt hat.

(11) Und nun, Herr, du Gott Israels, der du dein Volk aus Ägyptenland herausgeführt hast mit gewaltiger Hand und mit Zeichen und Wundern und mit großer Macht und erhobenem Arm und hast dir einen Namen gemacht bis auf den heutigen Tag, (12) wir haben gesündigt, sind gottlos gewesen, haben Unrecht getan, Herr unser Gott, wider all deine Rechtssätze. (13) Wende doch von uns ab deinen Zorn, denn unser sind nur noch wenige unter den Völkern, wohin du uns zerstreut hast. (14) Erhöre, Herr, unser Gebet und unser Flehen und errette uns um deinetwillen und laß uns Gnade finden bei denen, die uns weggeführt haben, (15) auf daß die ganze Erde erkenne, daß du, Herr, unser Gott bist und daß dein Name über Israel und sein Geschlecht genannt ist. (16) Herr, siehe herab von deiner heiligen Wohnung, und merke auf uns, neige, Herr, dein Ohr und höre! (17) Öffne, Herr, deine Augen und sieh! Denn nicht die Toten in der Unterwelt, deren Odem aus ihrem Inneren genommen ist, werden dem Herrn Ehre geben und was ihm gebührt, (18) sondern die Seele, die aufs höchste betrübt ist, was gebückt und schwach einhergeht, und die Au-

[3] Vgl. 3. Mos. 26,29; 5. Mos. 28,53; ferner Jer. 19,9. Klagel. 4,10.
[4] die Bedeutung des griechischen Worts ist unsicher.

gen, die am Verschmachten sind, und die Seele, die Hunger leidet — die werden dir Ehre darbringen und deine Gerechtigkeit preisen. (19) **Denn nicht wegen der Rechtschaffenheit unsrer Väter und unsrer Könige lassen wir unser Flehen vor dich kommen, Herr unser Gott,** (20) **denn du hast ja deinen Grimm und Zorn wider uns losgelassen, wie du gesprochen hast durch deine Knechte, die Propheten, und hast gesagt:** (21) **„So spricht der Herr: Beuget euren Nacken und dienet dem König von Babel, dann werdet ihr wohnen in dem Lande, das ich euren Vätern gegeben habe.** (22) **Wenn ihr aber nicht auf die Stimme des Herrn hört, daß ihr dienet dem König von Babel,** (23) **dann werde ich verschwinden lassen aus den Städten Judas und aus Jerusalem die Stimme der Freude und der Wonne, die Stimme des Bräutigams und der Braut und das ganze Land soll zur Einöde werden, die niemand bewohnt."** (24) **Wir aber hörten nicht auf deine Stimme, dem König von Babel zu dienen, und so hast du deine Worte wahrgemacht, die du geredet hast durch deine Knechte, die Propheten, daß die Gebeine unsrer Könige und die Gebeine unsrer Väter aus ihrer Grabstätte herausgeholt würden.** (25) **Und fürwahr, sie sind hingeworfen der Hitze des Tages und dem Frost der Nacht, und jene nahmen ein schlimmes Ende, durch Hungersnot und Schwert und Pestilenz.** (26) **Und dein Haus, das nach deinem Namen genannt ist, hast du zugerichtet, wie es am Tage ist, um der Bosheit des Hauses Israel und des Hauses Juda willen.**

(27) **Doch an uns, Herr unser Gott, hast du nach all deiner Gütigkeit und all deiner großen Barmherzigkeit gehandelt,** (28) **wie du durch deinen Knecht Mose zugesagt hast, als du ihm befahlst, dein Gesetz aufzuschreiben und den Kindern Israel vorzulegen, indem du sprachst:** (29) **„Wenn ihr nicht auf meine Stimme hören werdet, so wird fürwahr dieser große, zahlreiche Haufe zu einem kleinen Häuflein werden unter den Völkern, dahin ich sie zerstreuen werde.** (30) **Denn ich weiß, daß sie nicht auf mich hören werden; denn es ist ein halsstarriges Volk. Aber im Lande ihrer Verbannung werden sie sich's zu Herzen gehen lassen** (31) **und sie werden erkennen, daß ich der Herr, ihr Gott bin; und ich werde ihnen ein Herz geben und Ohren, die hören,** (32) **und sie werden mich im Land ihrer Verbannung preisen und meines Namens gedenken;** (33) **und sie werden sich bekehren von ihrer Halsstarrigkeit und ihren bösen Taten, dessen eingedenk, wie es ihren Vätern ergangen ist, weil sie sich am Herrn versündigten.** (34) **Und ich will sie zurückführen in das Land, das ich ihren Vätern Abraham, Isaak und Jakob geschworen habe, und sie sollen es beherrschen, und ich will sie mehren und sie sollen nicht mehr vermindert werden.** (35) **Und ich will einen ewigen Bund mit ihnen aufrichten, daß ich**

ihr Gott bin und sie mein Volk sein sollen, und ich will mein Volk Israel nicht mehr vertreiben aus dem Lande, das ich ihnen gegeben habe.“

(3,1) **O Herr, Allmächtiger, du Gott Israels, eine bedrängte Seele und ein bekümmerter Geist schreit zu dir.** (2) **Höre, Herr, und erbarme dich, denn wir haben wider dich gesündigt!** (3) **Denn Du thronst ewiglich, wir aber müssen ewiglich zugrundegehen**[5]. (4) **Herr, Allmächtiger, du Gott Israels, erhöre doch das Gebet der Erstorbenen Israels und der Söhne derer, die wider dich gesündigt haben, die nicht deine, ihres Gottes, Stimme hören wollten, weshalb sich lauter Unheil an unsre Fersen geheftet hat.** (5) **Gedenke nicht der Missetaten unsrer Väter, sondern gedenke deiner Hand und deines Namens zu dieser Zeit;** (6) **denn du, Herr, bist unser Gott, und dich, Herr, wollen wir preisen.** (7) **Denn dazu hast du uns die Furcht vor dir ins Herz gegeben, daß wir deinen Namen anrufen sollten, und wir wollen dich preisen in unsrer Verbannung, denn wir haben von unsrem Herzen abgetan alle Ungerechtigkeit unsrer Väter, die wider dich gesündigt haben.** (8) **Siehe, noch sind wir heute in unsrer Verbannung, dahin du uns zerstreut hast zur Schmach und zum Fluch und zur Verbüßung aller Missetaten unsrer Väter, die von dem Herrn, unsrem Gott, abgefallen sind.**

„Wer seine Missetat leugnet, dem wird es nicht gelingen. Wer sie aber bekennt und läßt, der wird Barmherzigkeit erlangen“ (Sprüch. 28,13). Das weiß man in Israel und es gilt nicht nur für den Einzelnen, sondern genau so für das Volk als ganzes und seine Verschuldung über Generationen hinweg. Besonders in der nachexilischen Zeit finden wir als eine Frucht der prophetischen Buß- und Gerichtspredigt und der schweren Heimsuchung durch die jahrzehntelange Verbannung nach Babel dieses Bewußtsein, daß sich das Bundesvolk an seinem Gott schwer versündigt hat und nur durch die Demütigung unter seine gewaltige Hand und das offene Bekenntnis seines Abfalls und Ungehorsams auf sein Erbarmen und seine Hilfe hoffen kann. Neben dem Bußgebet Daniels (9,4 ff.) und Esras (9,5 ff.) ist dieses ausführliche, in Sprache und Stil damit eng verwandte Bußgebet im Buch Baruch dafür ein beredtes und ergreifendes Beispiel. Es gliedert sich in 3 Hauptteile: 1. Das öffentliche Bekenntnis der gemeinsamen Verschuldung (1,15–2,10); 2. Die Bitte um Gnade und Errettung (2,11–26); 3. Der Appell an die Heilzusage Gottes (2,27–3,8). Die zahlrei-

[5] wenn Du nicht rettend eingreifst.

chen, zum Teil fast wörtlichen Zitate aus dem Buch des Propheten Jeremia[6], die sich in dieser Bußtagsliturgie finden, sind nicht zufällig: Von Baruch, dem Jünger Jeremias, ist das Gebet nach Kap. 1,1 f. verfaßt.

Das Bekenntnis der gemeinsamen Verschuldung (1,15–2,10) beginnt mit einer eindeutigen Feststellung der Rechtslage, die in Kap. 2,6 noch einmal wiederholt wird: „Des Herrn, unsres Gottes, ist die Gerechtigkeit, uns aber (und unsren Vätern) bleibt nur die Scham". Auf jede Anklage Gottes, auf alles Hadern mit ihm ob des eigenen, so leidvollen Geschicks wird damit verzichtet. Gott ist im Recht; wir, sein Volk, sind im Unrecht. All das Unglück, das über uns gekommen ist, ist Gottes gerechte Strafe, wir haben nichts Besseres verdient. Ein solches Zugeständnis ist nicht selbstverständlich, denn von Natur neigt jedes Menschen Herz dazu, entweder die Schuld auf andere abzuwälzen oder im Unglück mit Gott selbst zu hadern. Hier schließt das Bekenntnis der Schuld alle Stände zusammen: Könige und Oberste, Priester und Propheten, die Männer von Juda und die Bewohner Jerusalems, und man weiß um den Schuldzusammenhang über Generationen hinweg (V. 15 f.). Die ganze Geschichte Israels vom Auszug aus Ägypten wird als eine Geschichte des Abfalls und Ungehorsams erkannt und dargestellt (V. 19 f.). Das entscheidende Vergehen, dessen sich alle, Väter und Söhne, Vorfahren und Nachkommen, schuldig machten, war das Nicht-Hören auf Gottes Stimme, das den offenen Ungehorsam, den Wandel nach dem eigenen bösen Gutdünken, den Abfall zu fremden Göttern zur Folge hatte. So kam – selbstverschuldet – das Unheil über Jerusalem, dessen Ausmaß ohne Beispiel ist (2,3); nicht von ungefähr, nicht weil der König von Babel seine imperialistische Eroberungspolitik betrieb, sondern gemäß dem Drohwort, das Gott geredet hatte (2,1.7). Es war und ist kein Grund zur Selbstbemitleidung. Wir müssen uns schämen, wir müssen uns anklagen! Wir haben nichts Besseres verdient.

Die Bitte um Gnade und Errettung (2,11–26) greift zurück auf die Zeit, da der Gott Israels „mit erhobenem Arm" seine Macht unter Beweis gestellt und sein Volk aus Ägypten herausgeführt hat (V. 11). Er, er allein kann sein jetziges Elend wenden. Tu es, Herr, um deinet-

[6] Vgl. zu 1,20 Jer. 11,4 f.; zu 2,4 Jer. 29,18; zu 2,21 Jer. 27,11 f.; zu 2,23 Jer. 7,34; zu 2,25 Jer. 36,30; zu 2,30 Jer. 32,39; zu 2,34 Jer. 16,16; 31,31 ff.; 32,18.40.

willen! Denn die Ehre deines Namens unter den Völkern steht dabei auf dem Spiel (V. 14 f.). Und wer wird ihm Ehre darbringen und seine alles zurechtbringende Gerechtigkeit preisen wenn nicht die Elenden, die Unterdrückten, die so ganz auf sein Erbarmen angewiesen sind (V. 17 f.)?! In der Tiefe werden seine Wunder erkannt. Nicht bei denen, die sich selbst zu helfen wissen; nicht bei den Toten, wo man von seiner Güte und Treue nicht mehr erzählen und rühmen kann (vgl. Ps. 88,12), sondern bei denen, die in ihrer großen Betrübnis einzig und allein auf sein Erbarmen hoffen können (V. 17 f.). Noch einmal wird in V. 19 ff. betont, wie völlig die Erhörung des Bittrufs nur ein Akt der freien Gnade Gottes sein kann. Auch auf die Gerechtigkeit seiner Väter und seiner Könige kann sich das Volk, das aus dem Elend der Verbannung zu Gott fleht, nicht berufen. Auch diese waren ungehorsam und das Los, das ihnen Gott durch den Propheten Jeremia angedroht hat (27,11 f.) hat sie – mit Recht – getroffen. Hätten sie sich dem Joch des Königs von Babel gebeugt, wären sie nicht umgekommen, wären ihre Grabstätten nicht geschändet worden, wäre der Tempel nicht in Flammen aufgegangen[7]. Daß es dahin kam, beweist, wie sehr sie durch ihren Ungehorsam den Herrn erzürnt haben. So bleibt nur die Hoffnung auf das mit nichts verdiente göttliche Erbarmen.

Der Appell an die Heilszusage Gottes (2,27–3,8) erfolgt auf dem Hintergrund der Gerichtsandrohung, die in V. 28–30a noch einmal ausführlich erwähnt wird. Um so heller leuchtet die Gewißheit auf, daß Zorn und Ungnade nicht das Letzte sind, was die Verbannten von ihrem Gott zu erwarten haben. Schon dies, daß Gott durch die Verheißung ihrer Rückführung gleichsam ein Fenster in eine heilvolle Zukunft geöffnet hat, ist ein Beweis seiner Barmherzigkeit (V. 27). Jetzt, noch im Elend, erinnert man sich der Heilsworte der Propheten, die eine innere Umwandlung des Volkes und seine Heimführung in Aussicht gestellt haben (Hesek. 11,19; 36,26; Jer. 31,31 ff.; 32,18.40). Beides, die innere Wandlung wie die Wendung des äußeren Geschicks, ist ganz Gottes Werk, der aus freier Gnade einen neuen, ewigen Bund mit seinem Volk aufrichten wird. Das Einzige, was die zum Bußgebet versammelte Gemeinde tun kann und tut, ist dies, daß sie ihm diese seine Verheißungen vorhält, wie es hier geschieht (V. 30b–35). – Die Schlußverse (3,1–8) unterstreichen die Dringlich-

[7] Die Katastrophe Jerusalems im Jahr 587 ist hier bereits vorausgesetzt.

keit dieses Appells an Gottes Treue und Erbarmen. Alle, die ihn anrufen, sind *eine* Seele, *ein* Geist, zusammengeschlossen durch die gemeinsame Not (V. 1). Sie sind nicht besser als ihre Väter, aber darin unterscheiden sie sich von diesen, daß ihnen der Herr selbst die Furcht vor ihm ins Herz gegeben hat (V. 7): das Wissen, daß Er über ihr Geschick entscheidet und daß deshalb die Anrufung seines Namens der einzige Weg ist, der herausführt aus Verbannung und Untergang. Mit diesem bußfertigen Gebet bezeugt das Volk, daß es nicht mehr auf dem bösen Weg seiner Väter ist, dazu bereit, schon jetzt in der Verbannung, nicht erst am Tag der Befreiung, sich ganz auf Gottes Treue und Erbarmen zu verlassen und ihn selbst zu preisen (V. 7). Wer so seine Missetat bekennt, der wird nicht vergeblich auf Gottes Erbarmen hoffen!

DAS ANGEBOT GOTTES AN ISRAEL
Kap. 3,9—4,4

(3,9) **Höre, Israel, die Gebote des Lebens,**
horcht auf, um Einsicht zu lernen!
(10) **Was ist, Israel? Was ist der Grund, daß du im Lande der Feinde bist,**
daß du alterst im fremden Lande,
(11) **daß du den Toten gleich geschändet bist,**
denen zugezählt, die ins Grab gesunken sind?
(12) **Du hast verlassen die Quelle der Weisheit**[1]**.**
(13) **Wärest du auf dem Wege Gottes gewandelt,**
so würdest du im Frieden wohnen ewiglich!
(14) **Lerne, wo Einsicht ist, wo Stärke ist,**
wo Verstand ist, daß du zugleich erkennest,
wo lange Lebenszeit und Leben ist,
wo Augenlicht und Friede ist!

(15) **Wer hat ihre Stätte gefunden**
und wer ist in ihre Schätze eingedrungen?
(16) **Wo sind die Herrscher der Völker**
und die da herrschten über die Tiere auf Erden,

[1] Vgl. Jer. 2,13; Ps. 36,10; Sir. 1,5.

(17) **die ihr Spiel trieben mit den Vögeln des Himmels**[2]
und Schätze von Silber und Gold aufhäuften,
worauf die Menschen ihr Vertrauen setzen
und wovon sie nicht genug bekommen können?
(18) **Wo sind, die das Silber schmiedeten und sich damit abmühten,**
und deren Werke[3] **nicht zu ergründen sind?**
(19) **Verschwunden sind sie und zu den Toten hinabgestiegen**
und andere sind an ihre Stelle getreten.
(20) **Jüngere sahen das Licht und bewohnten die Erde,**
aber den Weg zur Einsicht erkannten sie nicht
(21) **noch verstanden sie ihre Pfade;**
auch deren Söhne erfaßten sie nicht,
sondern blieben dem Weg zu ihr fern.
(22) **Weder in Kanaan hat man von ihr gehört**
noch in Theman wurde sie gesehen.
(23) **Auch die Söhne Hagars**[4]**, die nach Einsicht suchten auf Erden,**
die Kaufleute von Meran[5] **und Theman,**
die Fabeldichter und die nach Klugheit forschten —
den Weg zur Weisheit erkannten sie nicht
noch ward ihnen Kunde von ihren Pfaden.
(24) **O Israel, wie groß ist Gottes Haus**
und wie weit die Stätte seines Besitzes —
(25) **groß ist sie und hat kein Ende,**
hoch ist sie und hat kein Maß!
(26) **Dort wurden die Riesen geboren,**
die hochberühmten, die von der Urzeit her,
gewaltig an Wuchs, kundig des Krieges.
(27) **Nicht diese hat Gott sich erkoren,**
noch ihnen den Weg zur Weisheit gezeigt.
(28) **Sie kamen um, da sie keine Einsicht hatten,**
sie gingen an ihrer Torheit zugrunde.
(29) **Wer stieg zum Himmel hinauf und holte sie**
und hat sie aus den Wolken herabgebracht?
(30) **Wer fuhr übers Meer und fand sie**
und hat sie herbeigebracht für kostbares Gold?
(31) **Da ist keiner, der den Weg zu ihr wüßte,**
und keiner hat Kunde von ihrem Pfad!

[2] Sie haben die Vögel abgerichtet zu ihrem Zeitvertreib (Papageien, Jagdfalken und dergleichen).
[3] Dabei ist an die Kunstwerke der Gold- und Silberschmiede gedacht.
[4] die Ismaeliten (1. Mos. 16,15), die Karawanenhandel trieben.
[5] Statt „Meran“ ist wohl „Medan“ zu lesen (= Midieniter).

(32) Nur der Allwissende kennt sie,
er hat sie mit seiner Einsicht erkundet.
Der die Erde für ewige Zeiten gegründet hat
und hat sie erfüllt mit vierfüßigen Tieren;
(33) Der das Licht entsendet und es geht seinen Weg,
der es ruft und es gehorcht ihm mit Zittern.
(34) Die Sterne leuchten auf ihren Wachposten
und waren fröhlich,
(35) Er rief sie und sie sprachen: Da sind wir!
Mit Freuden leuchten sie ihrem Schöpfer.
(36) Dieser ist unser Gott,
kein anderer gilt neben ihm.
(37) Er erforschte jeden Weg zur Erkenntnis
und gab sie Jakob, seinem Knecht
und Israel, seinem Geliebten.
(37) Darnach wurden sie auf Erden gesehen
und wandelte unter den Menschen.

(4,1) Dies ist das Buch der Gebote Gottes
und das Gesetz, das in Ewigkeit gilt.
Alle, die daran festhalten, gewinnen das Leben,
die davon lassen, verfallen dem Tod.
(2) Bekehre dich, Jakob, und ergreife sie,
geh auf den Glanz zu, der von ihrem Licht ausgeht.
(3) Gib nicht einem andern deine Ehre preis
noch das, was dir frommt, einem fremden Volke
(4) Selig sind wir, Israel,
denn was Gott wohlgefällt, ist uns geoffenbart.

Dieses kunstvoll aufgebaute Lied, dessen gewählte Sprache und rhythmische Form Bewunderung verdienen, steht – jedenfalls auf den ersten Blick – mit dem Bisherigen (Kap. 1,15–3,8) nur in einem losen Zusammenhang. Seiner Gattung nach ein Lehrgedicht, einem Text wie Sprüche 8,1–9,18 vergleichbar und ebenbürtig, rühmt es die Auszeichnung, die Israel widerfahren ist: Ihm hat Gott seine den Menschen verborgene Weisheit geoffenbart, die auch den Klugen und Gewaltigen der Erde nicht zugänglich ist. Und doch hat sich der Herausgeber, der die so verschiedenartigen Texte zusammenstellte, etwas dabei gedacht. Warum muß das Volk Gottes mit dem Bekenntnis seiner schweren Verschuldung vor Gott erscheinen? Was ist die Wurzel seines Unglücks? Antwort: „Du hast die Quelle der Weisheit verlassen[6]." Damit wird die Selbstanklage der Verbannten, daß weder sie selbst noch ihre Väter auf die Stimme Gottes hörten (1,19), daß sie nicht nach seinen Geboten wandelten (2,10), bestätigt. Genau das, was das besondere Vorrecht Israels war vor allen Völkern, daß ihm Gott seinen Willen kundtat, seine Weisheit offenbarte, die ihm den Weg zum Leben wies, hat es mißachtet. Soll es zu einem echten Neuanfang kommen, so ist es notwendig, daß sich das Bundesvolk dieser Auszeichnung neu bewußt wird und bei seinem Herrn Einsicht lernt, in die Schule des Gehorsams geht. Die Absicht des hier eingefügten Lieds ist also, dem im Elend befindlichen, bußfertigen Volk dieses große, herrliche *Angebot Gottes* neu vor Augen zu stellen. Es erschöpft sich keineswegs in einer zeitlos gültigen Betrachtung über die Weisheit Gottes, die in seiner Schöpfung waltet und die er in seinem Gesetz geoffenbart hat (vgl. Ps. 19). Darum geht es, daß das Volk dieses Angebot seines Gottes neu erkenne und mit Ernst ergreife! Deshalb die Mahnung in Kap. 2,14: Lerne, wo Einsicht ist! Nur dann steht dem Volk eine heilvolle Zukunft offen, wenn es zu dieser Quelle der Weisheit zurückkehrt, die es so schnöde verlassen hat (4,2).

Die *1. Strophe* (2,9–14) erinnert mit dem Zuruf „Höre, Israel" an 5. Mos. 6,4: „Höre, Israel, der Herr ist unser Gott, der Herr allein". Da dieser Text, den die Frommen in Israel noch heute täglich rezitieren, dem Volk schon immer besonders heilig war, bekommt das Lied dadurch von Anfang an einen ernsten, feierlichen Klang. Als Gebieter steht der Herr seinem Volk gegenüber: ein Gott, der Gehorsam gegen seinen Willen fordert. Aber seine Gebote sind nicht Fessel und Last, sie sind „Gebote des Lebens". Sie weisen den Weg, auf dem das Leben bewahrt und gewonnen wird. Wer darauf hört, lernt Einsicht; wer sie in den Wind schlägt, gerät in Torheit, Unglück und Schande. Das Letztere hat Israel an sich selbst mit bitterer Konsequenz erfahren. Warum siecht es geschändet dahin im Feindesland? Darum, weil es die „Quelle der Weisheit" verlassen hat (V. 10–12). Der Ungehorsam gegen Gott, die Mißachtung seiner Gebote ist die Quelle seines Unglücks. Umgekehrt ist es der einzige Weg zu einer neuen, heilvollen Zukunft, wenn das Volk willens ist, mit Ernst nach dem Willen Got-

[6] Da zu V. 12 der Parallelvers fehlt, hat man vermutet, daß es sich hierbei um einen späteren Einschub handelt (Rothstein). Aber dies ist deshalb nicht wahrscheinlich, weil in diesem Vers das Stichwort „Weisheit" steht, auf das sich V. 15–37 zurückbeziehen.

tes zu fragen und von Ihm Einsicht zu lernen. Die in der Weisheitsliteratur immer wiederkehrende Grundwahrheit, daß der Erwerb solcher Einsicht, verbunden mit dem tätigen Gehorsam, die Quelle der Wohlfahrt ist, langes Leben, Glück und Frieden verspricht (vgl. Sprüch. 3,13 ff.), wird in V. 13 f. den Abtrünnigen, die für die Verweigerung des Gehorsams so schwer büßen mußten, deutlich vor Augen gestellt. Sie hätten es wissen müssen, wo wahre Einsicht zu lernen ist. Sie müssen es jetzt neu lernen und sich sagen lassen.

Die *2. Strophe* (V. 15–28) entfaltet den auf Beobachtung und Erfahrung gestützten Gedanken, daß die Weisheit, auf die es ankommt, wenn das Leben des Menschen wirklich gelingen soll, den Menschen nicht zugänglich ist. Sie wissen weder die Stätte, da sie zu finden ist, noch haben sie den Schlüssel zu ihren Schätzen. Weder die Gewaltigen, die über Völker und Länder, Menschen und Tiere herrschen und Reichtümer aufhäufen (V. 16 f.), noch die Künstler, die aus edlem Metall kostbare Kunstwerke anfertigen (V. 18), noch die Kaufleute, die auf den Märkten und Karawanenstraßen Handel treiben (V. 22 f.), noch die Dichter und Weltweisen, die nach Klugheit forschen (V. 23), haben den Weg zur Weisheit entdeckt. Ihre Macht, ihr Reichtum, ihr Wissen und Können, all das, dessen sie sich rühmten, war und ist kein Ersatz dafür. Auch den Giganten der Urzeit (V. 26) war und blieb sie verschlossen. In der ganzen Schöpfung[7], so groß und weit sie auch ist, war kein Mensch, kein Stand, kein Geschöpf, dem es gelang, die Weisheit, auf die es ankommt, zu entdecken und sich anzueignen. Selbst die hochberühmten Riesen der Vorzeit, die so gewaltige Taten vollbrachten, gingen an ihrer Torheit zugrunde.

Die *3. Strophe* (V. 29–37), die dem Verfasser besonders schön gelungen ist, weckt mit der wiederholten Frage (V. 29 f.)[8] die Spannung, die in V. 32 ff. ihre Lösung und Antwort bekommt. Allein Gott, der Allwissende, der Himmel und Erde erschaffen hat, ist der wahrhaft Weise. Daß er den Weg zur Weisheit „erkundet“ hat (V. 32), will nicht sagen, daß auch er solche Weisheit erst hätte suchen müssen. Kraft seiner Einsicht hat er den Pfad zu ihr gewußt, sie stand ihm – genau genommen – von Ewigkeit her zu Gebot. Im Wunderwerk der Schöpfung hat er den Beweis dafür erbracht, wobei die Weisheit des Schöpfers mit seiner Befehlsgewalt (vgl. Ps. 33,9) im Bunde war, von

7 Daran ist bei dem „Haus Gottes“ in V. 24 gedacht.
8 Vgl. 5. Mos. 30,12 f.

der das Licht der Sonne und die „auf Wachposten“ gestellten Sterne zeugen (V. 33 f.). Mit stozer Freude rühmt der Verfasser, daß Israel diesen allein wahren Gott kennt und seinen Gott nennen darf. Denn Jakob, seinem Knecht, Israel, seinem Geliebten, hat sich der ewige, allein weise Gott[9] auf Grund freier Erwählung kundgetan. Ihm hat Er mit der Kundgabe seiner Schöpferherrlichkeit und seiner Gebote den Weg zur Weisheit mitgeteilt. Seit dies geschah, wohnt die Weisheit auf Erden und wandelt unter den Menschen (V. 37)[10].

In der *4. Strophe* (4,1–4), die auf die erste zurückgreift, wird zunächst in Erinnerung gebracht, daß diese göttliche Weisheit im Gesetz, dem Buch der Gebote, niedergelegt ist, das zum Wandel im Licht Gottes anleitet. Dann aber folgt die dringliche Mahnung an das Volk, von seinem großen Vorrecht Gebrauch zu machen und mit Ernst zu ergreifen, was ihm zugedacht und anvertraut ist. Es genügt nicht, um dieses Vorrecht zu wissen. In der persönlichen Hinwendung zu Gott, im tätigen Leben, im redlich bewährten Gehorsam gilt es, der göttlichen Weisheit die Führung einzuräumen, in ihrem Licht zu wandeln und – so und nicht anders – das Leben zu gewinnen.

DER TROST GOTTES FÜR JERUSALEM
Kap. 4,5—5,9

(4,5) **Seid getrost, mein Volk,**
ihr, die Erinnerung an Israel[1]!
(6) **Ihr wurdet verkauft an die Heiden —**
doch nicht zum Untergang;
sondern weil ihr Gott erzürnt habt,
wurdet ihr den Widersachern preisgegeben.
(7) **Denn ihr habt erbittert den, der euch geschaffen hat,**
indem ihr Götzen[2] und nicht Gott geopfert habt.
(8) **Ihr vergaßet den ewigen Gott, der euch ernährt hat,**
aber auch Jerusalem habt ihr betrübt, das euch auferzog.

9 Vgl. Röm. 16,27; 1. Timoth. 1,17; Jud. 25.
10 Im Text der Vulgata ist nicht die Weisheit, sondern Gott selbst Subjekt. V. 37 wurde messianisch gedeutet und wurde von den Kirchenvätern als ein Hinweis auf die Menschwerdung Gottes verstanden und ausgelegt. Aber damit wurde zuviel in den Text hineingelesen.

1 nämlich: an Israel in seiner ursprünglichen Bestimmung und Herrlichkeit.
2 wörtlich: Dämonen.

(9) **Denn es sah den Zorn von Gott her über euch kommen und sprach:**
Höret, die ihr um Zion euren Wohnsitz habt[3]**!**
Großes Leid hat Gott über mich heraufgeführt!
(10) **Denn ich sah meiner Söhne und Töchter Wegführung,**
die der Ewige über sie hat kommen lassen.
(11) **Mit Freude und Wonne habe ich sie aufgezogen,**
aber mit Weinen und Klagen habe ich sie ziehen lassen.
(12) **Niemand freue sich mehr über mich,**
die ich zur Witwe und von allen[4] **verlassen wurde.**
Zur Wüste wurde ich wegen der Sünden meiner Kinder,
weil sie abgewichen sind von Gottes Gesetz
(13) **und nicht acht hatten auf seine Rechte**
noch wandelten auf den Wegen von Gottes Geboten
noch die Pfade der Zucht in Gerechtigkeit beschritten.
(14) **Es mögen kommen, die um Zion ihren Wohnsitz haben,**
und der Wegführung meiner Söhne und Töchter gedenken,
die der Ewige über sie hat kommen lassen.
(15) **Denn Er brachte über sie ein Volk von ferne her,**
ein freches Volk, das eine fremde Sprache spricht:
Leute, die vor dem Greis keine Scheu
und mit dem Kind kein Mitleid hatten,
(16) **die die Lieblinge der Witwe wegführten**
und ihrer Töchter die Einsame beraubten.
(17) **Doch ich — wie könnte ich euch helfen?!**
(18) **Der das Unheil über euch hat kommen lassen,**
nur Er kann euch aus der Hand eurer Feinde erretten.
(19) **Ziehet von dannen, Kinder, zieht fort,**
denn ich bin vereinsamt und verlassen!
(20) **Ausgezogen habe ich das Kleid des Heils**[5]
und das Trauerkleid des Wehklagens angelegt:
denn schreien will ich zu dem Ewigen alle Tage. —

(21) **Seid getrost, Kinder, ruft Gott zu Hilfe,**
so wird er euch erretten aus der Gewalt und Hand der Feinde.
(22) **Denn ich habe von dem Ewigen eure Rettung erhofft,**
und Freude wurde mir zuteil von dem Heiligen ob der Erbarmung,
die euch in Bälde widerfahren wird von eurem ewigen Erretter.

[3] angeredet sind die Nachbarstädte Jerusalems.
[4] wörtlich: von vielen.
[5] wörtlich: des Friedens.

**(23) Denn ich habe euch ziehen lassen mit Weinen und Wehklagen;
Gott aber wird euch mir wiedergeben für immer mit Freude
und Wonne.**
**(24) Denn wie jetzt die Nachbarstädte Zions eure Wegführung
sahen,
so werden sie in Bälde eure Rettung von Gott schauen,
die über euch kommen wird mit großer Pracht und ewigem
Glanz[6].**
**(25) Kinder, ertraget den Zorn Gottes, der euch traf, mit Geduld!
Hat dich dein Feind auch hart verfolgt,
so wirst du doch seinen Untergang in Bälde schauen
und den Fuß auf den Nacken deiner Feinde[7] setzen.**
**(26) Meine zarten Kindlein mußten rauhe Wege gehen,
sie wurden weggeschleppt wie eine Herde, von Feinden
geraubt. —**
**(27) Seid getrost, Kinder, und schreiet zu Gott,
denn der dies über euch brachte, wird euer gedenken.**
**(28) Doch wie euer Sinnen auf den Abfall von Gott gerichtet war,
so bekehrt euch nun zehnmal eifriger, ihn zu suchen!**
**(29) Denn der das Unheil über euch hat kommen lassen,
der wird mit eurer Rettung ewig Freude über euch bringen.**

Im dritten Teil des Buches Baruch ist von der Heimführung der Weggeführten und der Wiederaufrichtung Jerusalems in neuem Glanz die Rede. Auf die Anleitung zum Bußgebet (1,15–3,8) und die Vermahnung zur Einsicht, die es neu zu lernen gilt (3,9–4,4) folgen zwei *Trostlieder* (4,5–29; 4,30–5,9), so daß das Ganze einen wohlgefügten Dreiklang ergibt. Auch diese Lieder zeichnen sich durch dichterische Form und Schönheit aus, wobei besonders das Zweite zu rühmen ist, das an die Botschaft und Sprache des Zweiten Jesaja (Jes. 40–55) erinnert. Die Verse 4,5–9a bilden eine Art Überleitung. Sie schlagen die Tonart für die nun folgenden Trostworte an; mit dem Zuruf „Seid getrost, mein Volk!“ (V. 5) wird sozusagen das Vorzeichen gesetzt. Wohl ist das weggeführte Volk noch seinen Feinden preisgegeben, aber es soll und darf die Verbannung als eine zeitlich begrenzte Strafe für seinen Abfall von dem lebendigen Gott verstehen. So ist es nicht, daß sein Untergang von Gott beschlossen und damit besiegelt wäre (V. 6). Nach dieser Überleitung ist die Stadt Jerusalem, nicht mehr

[6] wörtlich: mit Glanz des Ewigen.
[7] wörtlich: auf ihren Hals.

das Volk, die „Hauptperson“. In dem ersten Lied (4,9–29) klagt die (personifizierte) Stadt[8] den umliegenden Nachbarstädten ihr Leid um ihre verschleppten Söhne und Töchter (V. 9–20) und tröstet diese sodann durch die Aussicht auf ihre bald bevorstehende Errettung und Heimführung. In dem zweiten Lied (4,30–5,9) ist die Stadt Jerusalem selbst angeredet: Sei getrost Jerusalem! Zur Freude Gottes wirst du in neuem Glanz erstehen.

Die Stadt Jerusalem klagt ihr Leid (4,9–20). Der überraschende Gedanke, daß die abgöttischen Einwohner Jerusalems nicht nur den Herrn erzürnt haben, der diese Stadt zu seinem Wohnsitz erkor, sondern auch Jerusalem betrübt haben (V. 8), hat diese Klage vorbereitet. In bewegenden Worten gibt die ihrer Söhne und Töchter beraubte, zur Witwe gewordene Stadt ihrem Schmerz Ausdruck. Gibt es ein größeres Leid als dies, daß man einer Witwe ihre Kinder wegnimmt? Ist es nicht doppelt traurig, weil diese ihr Los sich selbst zugezogen haben? Nicht nur über die Verschleppung ihrer Söhne und Töchter, auch über deren Sünden muß diese Mutter trauern. Wie man die Klagefrauen herbeiruft bei einem Todesfall, so ruft sie die umliegenden Städte herbei, daß sie mit ihr klagen und weinen. Ihr selbst bricht schier das Herz, wenn sie daran denkt, wie grausam die frechen, gewalttätigen Eroberer mit ihren „Lieblingen“ verfuhren. Ohnmächtig mußte sie es mitansehen, und auch jetzt, da sie der Klage Raum gibt, bleibt ihr nichts als das Bekenntnis der Ohnmacht: „Wie könnte ich euch helfen?“ (V. 17). Vereinsamt zurückgeblieben, in das Trauerkleid der Witwe gehüllt klagt die verödete, verwaiste Stadt Jerusalem ihren Schmerz dem Herrn, der allein hier noch helfen und retten kann. – Warum legt der Verfasser der Stadt Jerusalem diese Klage in den Mund, als ob sie nicht ein toter Trümmerhaufen, sondern eine leibhaftige Mutter wäre? Doch darum, daß jeder, der dieses Klagelied vernimmt, in seinem Inneren mitempfinde, wie tief die Frommen, deren Freude und Wonne die Gottesstadt und ihr Tempel waren, unter ihrer Verödung gelitten haben. Freilich, der Hauptakzent liegt auf der zweiten Hälfte dieses Liedes, in dem die Stadt Jerusalem ihren Kindern den Trost weitergibt, der ihr selbst von dem Ewigen zuteil wurde.

[8] Die Personifizierung der Stadt Jerusalem als einer Witwe, die von ihren Kindern verlassen ist, geht auf Jes. 54,1—6.13 zurück. Sie findet sich ebenso in Klagel. 1,5—16 (vgl. Tob. 13,9).

Die Stadt Jerusalem tröstet ihre Kinder (4,21–29). Ihre Errettung in Bälde darf sie den Weggeführten in Aussicht stellen, nachdem ihr selbst auf ihr Schreien (V. 20) gnädige Erhörung zuteil geworden ist. Welch ein Kontrast zu dem Abschied mit Wehklagen, wenn die ihrer Kinder beraubte Witwe dieselben wieder um sich versammelt sieht! Auch die Nachbarstädte, die den Jammer Jerusalems mitansahen, werden mit Staunen feststellen, wie sich diese Hoffnung auf die Rückkehr ihrer verschleppten Söhne und Töchter erfüllt (V. 24). Noch ist es nicht so weit. Darum die Mahnung zur Geduld (V. 25), die sich willig unter die Hand Gottes beugt und wartet, bis er die Feinde stürzt, die die Kinder Jerusalems[9] wie eine Herde weggeschleppt haben. Noch muß der Zorn Gottes, genauer gesagt, das verdiente Gericht ertragen werden – darum die Aufforderung, ohne Unterlaß zu ihm zu schreien und jetzt mit zehnfachem Eifer sich ihm zuzuwenden (V. 27 f.)! Denn das Unheil und die Rettung, beides kommt von Gott – jedoch so, daß es sich nicht die Waage hält, vielmehr auf die begrenzte Zeit des Leides ewige Freude folgt (vgl. Jes. 54,7 f.). – In welcher Notzeit des Gottesvolks auch immer dieses Klage- und Trostlied Jerusalems verfaßt wurde, hier spricht ein Seelsorger aller, die Gottes Hand schwer getroffen hat, der sich selbst die Trostworte des Zweiten Jesaja im Innersten zu eigen gemacht hat. Davon legt auch das *zweite Trostlied* (4,30–5,9) Zeugnis ab, in dem Jerusalem nicht Subjekt, sondern Adresse ist und der Verfasser selber der so bitter betrübten Stadt den Trost, den Gott für sie bereit hat, zuspricht.

(4,30) **Sei getrost, Jerusalem!**
Der wird dich trösten, der dich mit Namen nennt.
(31) **Verzagen sollen, die dir Übles taten**
und sich freuten über deinen Fall!
(32) **Verzagen müssen die Städte, die deine Kinder zu Sklaven machten,**
verzagen die Stadt, die sie aufnahm[10]!
(33) **Denn wie sie frohlockte über deinen Fall**
und froh war über deinen Sturz,
so wird sie nun trauern über ihre Verwüstung.

[9] In dem Ausdruck „meine zarten Kindlein“ (V. 26) spiegelt sich die Innigkeit der Mutterliebe.
[10] als willkommene Beute.

(34) Denn Ich will ihr wegnehmen die Freude an ihrer Volkes Menge
und will ihre Hoffart in Trauer verwandeln[11].
(35) Denn Feuer wird über sie kommen von dem Ewigen tagelang
und böse Geister werden dort hausen lange Zeit. —

(4,36) Wende den Blick gen Aufgang, Jerusalem,
und siehe die Freude, die von Gott zu dir kommt!
(37) Siehe, es kommen deine Söhne, die du ziehen lassen mußtest,
sie kommen, geschart vom Aufgang bis zum Niedergang
auf des Herrn Wort, sich der Herrlichkeit Gottes freuend. —

(5,1) Lege ab, Jerusalem, das Kleid deiner Trauer und deines Elends
und ziehe an das herrliche Festkleid[12] von Gott ewiglich!
(2) Wirf um den Mantel des Heils deines Gottes,
setze auf dein Haupt den Kopfbund der Herrlichkeit des Ewigen!
(3) Denn Gott wird deinen Glanz zeigen allem, was unter dem Himmel ist;
(4) denn dein Name wird von Gott auf ewig genannt werden:
„Friede der Gerechtigkeit" und „Herrlichkeit der Gottesfurcht." —

(5,5) Stehe auf, Jerusalem, und tritt auf die Höhe,
und wende den Blick gen Aufgang
und sieh deine Kinder versammelt vom Untergang der Sonne bis zum Aufgang
auf das Wort des Heiligen, sich freuend, daß Gott ihrer gedachte!
(6) Denn zu Fuß zogen sie von dir fort, von Feinden geführt,
aber Gott führt sie zu dir zurück mit Ehren wie einen Königsthron.
(7) Denn beschlossen hat Gott, es soll erniedrigt werden
jeder hohe Berg und die langgestreckten Hügel
und aufgefüllt werden die Täler zu ebener Erde[13].
damit Israel sicher heimziehe unter[14] unter der Herrlichkeit Gottes.

11 ergänze: spricht der Herr.
12 wörtlich: die Zierde der Herrlichkeit von Gott.
13 Vgl. Jes. 40,4 f.
14 andre Möglichkeit der Übersetzung: durch die Herrlichkeit Gottes.

(8) **Auch die Wälder und allerlei duftendes Gehölz
sollen auf Gottes Befehl Schatten spenden**[15].

(9) **Denn Gott (selbst) wird Israel heimführen mit Freuden
im Licht seiner Herrlichkeit, mit Gnade und Gerechtigkeit,
wie Er sie erweist.**

Mit diesem „prophetischen Trostlied", wird die Fülle des Trosts, den Gott für Jerusalem bereit hat, besonders dramatisch und prächtig geschildert. Mit gutem Grund hat es der Herausgeber an den Schluß des Buches gestellt: es führt auf einen Höhepunkt. Viermal ergeht ein Zuruf an Jerusalem in der Form eines Imperativs; die Gliederung in vier kurze Strophen ist dadurch deutlich markiert. Der erste Zuruf (V. 30) ist zugleich das Thema des ganzen Liedes; die folgenden fordern Jerusalem auf, sich zum Empfang der Heimkehrer aus Babel bereit zu machen, um sie in festlicher Freude zu empfangen. Die Verwandtschaft mit der Trostprophetie des Zweiten Jesaja ist augenfällig. Auch wenn die Vermutung, daß eine hebräische Vorlage des uns überlieferten Texts aus dessen Zeit, kurz vor dem Ende des Exils, stammt, zu kühn sein sollte, so ist die Einfühlung des Verfassers in jene Zeit doch erstaunlich – ein Beispiel, wie lebhaft man sich mit dem Trostwort dieses Propheten auch nach der Heimkehr aus Babel befaßte und daraus für die Zeit eigener Heimsuchung neu Trost zu schöpfen wußte.

Der *1. Zuruf* (4,30–35) „Sei getrost, Jerusalem!" wird damit begründet, daß der Herr die Stadt mit Namen nennt und eben deshalb selbst trösten wird. Dies ist eine deutliche Anspielung auf Jes. 48,2 bzw. 52,1, wo Jerusalem in der Gottesrede als „heilige Stadt" bezeichnet wird[16]. Trägt die Stadt diesen Namen, so ist und bleibt sie – über die Zerstörung hinweg – Gottes unverlierbares Eigentum. Er verheißt ihr eine neue, herrliche Zukunft (5,4). Im übrigen ist der Blick in dieser ersten Strophe auf die Feinde gerichtet, die über den Fall Jerusalems frohlockten. Das Geschick, das sie der Stadt Gottes bereitet haben, wird sie selbst vernichtend treffen.

Der *2. Zuruf* (4,36–37) fordert Jerusalem auf, den Blick nach Osten zu wenden, um der Freude ansichtig zu werden, die ihm Gott zugedacht hat. Von dort her bewegt sich der Zug der Heimkehrer aus

15 Im Urtext steht hier: „Es beschatteten die Wälder ..." (die Heimkehr wird so geschildert, als ob sie schon geschehen wäre).

16 Vgl. auch Ps. 46,4; 48,1.8; Nehem. 11,1.18 u. a.

Babel auf die lang entbehrte Heimat zu. Nicht der Umschwung der politischen Lage, nicht eigener Freiheitsdrang, vielmehr des Herrn Wort[17] hat den Söhnen, die Jerusalem unter Schmerzen ziehen lassen mußte, diese Heimkehr ermöglicht. Die Herrlichkeit des Herrn wird darin offenbar (vgl. Jes. 40,5).

Im *3. Zuruf* (5,1–4) wird Jerusalem aufgefordert, das Trauer- und Witwenkleid mit dem Festkleid zu vertauschen (vgl. Jes. 52,1). Das Bild vom Festgewand wird in V. 2 weiter ausgeführt und zugleich ausgedeutet. Dem festlichen Glanz, in dem die so geschmückte Gottesstadt erstrahlt, entsprechen die neuen Namen, die sie künftig tragen soll. Sie sind ein Programm (vgl. Hesek. 48,35), das zeigt, wozu Gott die Stadt bestimmt hat und was er selbst daselbst verwirklicht. Nicht irdische Reichtümer, politische Machtfülle, großartige Bauten und Kunstdenkmäler, deren sich andere Städte auf Erden rühmen mögen, sollen Jerusalem auszeichnen; darum wird sie eine Stadt des Friedens sein, weil ihre Bewohner „Gerechtigkeit" üben, indem sie dem Willen Gottes gehorsam sind; darin wird ihre Herrlichkeit bestehen, daß die Gottesfurcht das ganze Leben der Bewohner regiert. Hier spricht eine Hoffnung, die von allen egoistischen, nationalistisch gefärbten Heilszielen gereinigt ist.

Durch den *4. Zuruf* (5,5–9) wird Jerusalem aufgefordert, auf eine Anhöhe zu treten, um den Zug seiner heimkehrenden Kinder zu empfangen. Wie ein „Königsthron" (dabei ist an einen tragbaren Thronsessel gedacht, wie er bei den Persern üblich war), sorgsam und mit allen Ehren führt der Herr diese auf gebahnter Straße (V. 7) selbst zurück. Niemand und nichts wird ihn daran hindern; sogar die Bäume die diese Triumphstraße säumen, müssen den Heimkehrenden auf seinen Befehl Schatten spenden. Es ist ja der Schöpfer Himmels und der Erde, der hier seine Erlöser-Herrlichkeit beweist. Er ist aller Wunder mächtig. – Die Art wie hier die Heimkehr der Verbannten nach Jerusalem und ihr Empfang geschildert wird, überragt bei weitem den tatsächlichen geschichtlichen Verlauf. Das hatten die Frommen Israels in der Zeit nach dem zweiten Tempel deutlich vor Augen. Aber es hat sie an den Verheißungen Gottes nicht irre gemacht. Um so sehnsüchtiger hat sich ihr Blick der Zukunft zugewandt. Noch gilt, auch für die Gottesgemeinde des Neuen Bundes: Des Herrn Rat ist wunderbar und er führt ihn herrlich[18] hinaus (Jes. 28,29).

[17] Vgl. Jes. 43,5 f.
[18] Vgl. Offbg. 21,1 ff.

DER BRIEF DES JEREMIA
6,1–73

DIE ÜBERSCHRIFT
Kap. 6,1

(1) **Dies ist die Abschrift eines Briefs, den Jeremia an die gesandt hat, die von dem König der Babylonier nach Babel gefangen weggeführt werden sollten, um ihnen kundzutun, womit er von Gott beauftragt war.**

Im Gegensatz zu dem kostbaren, seelsorgerlichen Brief Jeremias an die Exulanten in Babel, der im Buch Jeremia überliefert ist (Jer. 29,1 ff.), stammt dieses ursprünglich griechisch abgefaßte Schreiben nicht von Jeremia, sondern aus späterer Zeit. Seine Absicht ist, die Weggeführten dagegen zu schützen, daß sie sich im heidnischen Lande von den Göttern Babels imponieren und zur Anbetung derselben verführen lassen. Zu diesem Zweck deckt der uns unbekannte Verfasser die Ohnmacht dieser Götter auf und geißelt mit derbem Spott die Torheit ihrer Anbeter. Eine ähnliche Warnung vor dem heidnischen Gottesdienst findet sich in Jer. 10,1 ff., die in ihrer Kürze freilich eindringlicher ist und den toten, ohnmächtigen Göttern von Menschenhand das Zeugnis von dem wahrhaftigen, ewigen, lebendigen Gott (Jer. 10,10) gegenüberstellt. Auch der Zweite Jesaja hat dieses Thema aufgegriffen (vgl. Jes. 40,19 f.; 41,7) und über die Götzenmacher und ihre Truggebilde seinen Spott ausgegossen (44,9–20). Diese in der Begegnung Israels mit dem lebendigen Gott begründete Absage an die toten Götter der Heiden, die nicht reden und retten können, hat auch in den Psalmen ihren Widerhall (Ps. 115; 135,15 ff.). Der Verfasser griff also ein Thema auf, das keineswegs neu war. Der von den Propheten geführte Kampf um das 1. Gebot, schon von Elia auf dem Karmel mit beißender Ironie geführt (vgl. 1. Kön. 18,27), war nicht vergeblich gewesen. Trotzdem gab es gewiß nicht wenige, die auch in der Zeit nach dem Exil von der Gottesverehrung der heidnischen Großmächte, dem Anblick der gold- und silberstrotzenden Götterstatuen, den riesigen Tempeln und prächtigen Prozessionen sich faszinieren ließen. Wie allein stand die nachexilische Gemeinde mit ihrem Glauben an den allein wahren, unsichtbaren Gott und ihrer bildlosen

Gottesverehrung! War nicht die Macht und der Erfolg in der Hand derer, die diesen Göttern dienten? Die Versuchung, diese Götter zwar nicht öffentlich anzubeten, aber doch heimlich zu fürchten, war groß. Die *Absicht* dieses fingierten Prophetenbriefs ist, die Verzagten und Schwankenden gegen diese Versuchung zu wappnen. Zu diesem Zweck beschreibt der Verfasser nicht nur höchst anschaulich, was für künstliche, leblose, hinfällige und trügerische Gebilde diese Götter von Menschenhand sind. Er deckt auch die innere Verlogenheit ihrer Priester auf und schiebt damit der Gefahr der Verblendung einen kräftigen Riegel vor. Wann dieser „Brief" verfaßt wurde, läßt sich nur mutmaßen. In den meisten Handschriften ist er dem *Baruch-Buch* beigefügt, in der Vulgata als dessen *6. Kapitel* gezählt[1]. Das ziemlich abschätzige Urteil Luthers über das Buch Baruch („Sehr gering ist das Buch, wer auch der gute Baruch ist; denn es nicht glaublich ist, daß S. Jeremias Diener, der auch Baruch heißt ... nicht sollte höher und reicher im Geist sein") dürfte dadurch beeinflußt sein.

DIE OHNMACHT DER HEIDNISCHEN GÖTTER UND DIE TORHEIT IHRER ANBETER
Kap. 6,2—73

(6,2) **Um der Sünden willen, die ihr gegen Gott begangen habt, werdet ihr als Gefangene von Nebukadnezar, dem König der Babylonier, nach Babylon geführt werden.** (3) **Seid ihr dann in Babylon angekommen, so werdet ihr dort viele Jahre und eine lange Zeit zubringen müssen, bis auf sieben Generationen**[1]**. Darnach werde ich euch von dort wieder herausführen mit Frieden.** (4) **Nun werdet ihr aber in Babylon Götter aus Silber und Gold und hölzerne Götzen sehen, die auf den Schultern getragen werden, daß sie den Heiden Furcht einflößen.** (5) **Hütet euch nun, daß nicht auch ihr denen, die aus anderen Stämmen sind, ähnlich werdet und auch euch Furcht vor ihnen erfaßt,** (6) **wenn ihr seht, wie die Menge des Volkes, die vor und**

[1] Auch in der Neuausgabe der Apokryphen „Die Apokryphen nach der deutschen Übersetzung Martin Luthers. Revidierter Text 1970" ist der Brief dem Buch Baruch zugezählt (Kap. 6,1—73).

[1] Da die Zeit des Exils (597—538 v. Chr.) wesentlich kürzer war und schon in dem (achten) Brief Jeremias (29,1 ff.) gut auf 70 Jahre beschränkt ist, berührt diese Zeitangabe merkwürdig (daß der Brief nicht von Jeremia stammt, wird auch dadurch deutlich).

hinter ihnen hergeht[2], sie anbetet, sprecht vielmehr in Gedanken: Dich muß man anbeten, Herr! (7) **Denn mein Engel ist mit euch und er erforscht eure Seelen[3].**

(6,8) **Denn deren Zunge ist vom Handwerker geschnitzt, sie selbst aber, mit Gold und Silber überzogen, sind Truggebilde und können nicht reden.** (9) **Und wie für putzsüchtige Jungfrauen nehmen sie Gold und fertigen daraus Kränze für das Haupt ihrer Götter.** (10) **Es kommt aber auch vor, daß die Priester von ihren Göttern Gold und Silber wegstehlen und für sich verbrauchen; was sie aber davon abgeben, geben sie gar den Huren im Hurenhaus!** (11) **Sie schmücken sie, gleich Menschen, mit Kleidern, die silbernen und goldenen und hölzernen Götter! Diese selbst aber vermögen sich nicht vor Rost und Wurmfraß zu schützen.** (12) **Auch wenn sie mit einem Gewand aus Purpur bekleidet sind, muß man ihnen doch den Staub vom Gesicht wischen, der sich vom Tempel her in großer Menge auf sie setzt.** (13) **Auch ein Zepter hat ihr Gott, wie ein Mensch, der Richter eines Landes, der den, der sich wider ihn vergeht, doch nicht umbringen kann.** (14) **Hat er[4] aber ein Schwert oder ein Beil in seiner Rechten, vermag er sich dennoch weder des Kriegs noch der Räuber zu erwehren.** (15) **Daraus ist offenkundig, daß sie keine Götter sind. So fürchtet euch nun nicht vor ihnen!**

(16) **Denn wie das Gefäß eines Menschen, wenn es zerbrochen ist, nutzlos wird, so ist's mit ihren Göttern, die in ihren Tempeln aufgestellt sind.** (17) **Ihre Augen sind voll Staub von den Füßen derer, die hereinkommen.** (18) **Und wie man einem, der sich am König vergangen hat, die Ausgänge[5] ringsum verriegelt, als wäre er schon zur Hinrichtung verurteilt, so verwahren die Priester ihre Tempel mit Türen und Schlössern und Riegeln, damit sie nicht von den Räubern gestohlen werden.** (19) **Lichter zünden sie vor ihnen an, mehr als für sich selber, obwohl sie doch keins davon sehen können.** (20) **Es ist mit ihnen wie mit dem Gebälk am Tempel: ihr Inneres wird, wie man sagt, zerfressen, aber von dem Gewürm der Erde, das sie und ihre Kleider verzehrt, merken sie nichts.** (21) **Ihr Angesicht ist geschwärzt von dem Rauch im Tempel.** (22) **Auf ihren Leib und Kopf setzen sich Fledermäuse, Schwalben und Vögel, die herbeifliegen, dasselbe tun sogar die Katzen.** (23) **Daraus werdet ihr merken, daß sie keine Götter sind. So fürchtet euch nun nicht vor ihnen!**

[2] bei der Prozession.
[3] Andre Übersetzung: Er ist beflissen, euer Leben zu bewahren (W. Rothstein).
[4] ein solcher Götze.
[5] wörtlich: die Höfe.

(24) **Denn wenn von dem Gold, mit dem sie verziert sind, nicht jemand den Rost entfernt, so glänzen sie nicht; sie spürten es ja auch nicht, als sie gegossen wurden.** (25) **Um jeden Preis hat man sie gekauft, und ist doch kein Odem in ihnen.** (26) **Da sie nicht gehen können**[6]**, muß man sie auf den Schultern einhertragen, worin sich ihre ganze Ohnmacht**[7] **vor den Menschen erweist. Aber auch die, die ihnen zu Diensten sind, müssen sich schämen: Denn wenn einer von ihnen auf den Boden fällt, kann er nicht von selbst wieder aufstehen.** (27) **Hat man ihn aufgerichtet, kann er sich nicht von der Stelle bewegen; legt man ihn hin, kann er sich nicht aufrichten: ja wie Toten legt man ihnen die Opfergaben vor!** (28) **Die Priester nehmen die Opfer, die man ihnen darbringt, in Empfang und verbrauchen sie für sich; desgleichen deren Frauen, die einen Teil davon einsalzen und weder einem Armen noch einem Kranken etwas davon abgeben. Die Unreine**[8] **und die Wöchnerin rühren ihre Opfer an**[9]**.** (29) **Habt ihr nun daraus erkannt, daß sie keine Götter sind, so fürchtet euch nicht vor ihnen!**

(30) **Denn woher sollten sie auch Götter heißen? Sind es doch Frauen, die den silbernen und goldenen und hölzernen Göttern auftischen** (31) **und in ihren Tempeln tanzen**[10] **die Priester mit zerrissenen Kleidern und geschorenen Köpfen und Bärten, mit unbedecktem Haupt,** (32) **und verführen ein Geschrei, indem sie vor ihren Göttern heulen, wie man zu tun pflegt beim Leichenmahl.** (33) **Von ihrer Gewandung entwenden die Priester und kleiden damit ihre Frauen und Kinder.** (34) **Ob sie**[11] **von jemand Schlimmes oder Gutes erfahren — in keinem Fall können sie's vergelten; sie können einen König weder einsetzen noch absetzen.** (35) **Ebenso können sie weder Geld noch Gut schenken: Gelobt ihnen jemand ein Gelübde und hält es nicht, so können sie es keinesfalls einfordern.** (36) **Nie und nimmer vermögen sie einen Menschen vom Tode zu erretten noch einen Schwächeren einem Starken zu entreißen.** (37) **Einem Blinden können sie das Gesicht nicht wiedergeben, einen Menschen, der sich in Not befindet, nicht daraus erlösen.** (38) **Einer Witwe können sie sich nicht erbarmen noch einer Waise Gutes tun.** (39) **Den Steinen aus dem**

[6] wörtlich: ohne Füße.
[7] wörtlich: Unehre.
[8] vom Blutfluß.
[9] was im Gesetz Israels verboten ist (vgl. 3. Mos. 12,4; 15,33; 20,18).
[10] wörtlich: fahren (was keinen rechten Sinn gibt). Liegt eine Textverderbnis vor?
[11] nämlich die Götter.

Gebirge sind sie gleich[12], die Hölzernen und Vergoldeten und Versilberten; die sie aber bedienen, müssen zu Schanden werden. (40) **Wie kann man da noch glauben oder behaupten, daß sie Götter seien?**

(41) **Überdies sind es die Chaldäer selbst, die sie verunehren: Wenn sie einen Stummen sehen, der nicht sprechen kann, holen sie den Bel herbei und verlangen, daß jener rede, als ob der imstande wäre, sie zu vernehmen!** (42) **Und obwohl sie's merken, können sie es doch nicht lassen; denn sie haben kein Verständnis.** (43) **Die Frauen aber umwinden (ihre Stirn) mit Binden, sitzen an den Straßen und räuchern Kleie[13].** (44) **Wenn dann eine von ihnen von irgend einem der Passanten mitgeschleift wird zum Beischlaf, so verspottet sie die andere daß sie nicht gleich ihr für wert erachtet und ihre Binde nicht zerrissen wurde.** (45) **Alles, was in ihrem Dienst[14] geschieht, ist Lügenwerk; wie kann man da glauben oder behaupten, daß sie Götter sind?**

(46) **Von Zimmerleuten und Goldschmieden sind sie verfertigt; sie können nichts anderes werden, als was die Werkleute wollen, daß sie werden sollen.** (47) **Die sie anfertigen, sind selbst nicht von langer Lebensdauer; wie sollten denn das Götter sein, die von ihnen gemacht worden sind?** (48) **Wahrlich, sie hinterlassen ihren Nachkommen nur Enttäuschung und Schande.** (49) **Wenn nämlich ein Krieg oder Unheil über sie hereinbricht, beratschlagen die Priester miteinander, wo sie sich samt ihnen verstecken möchten.** (50) **Wie wäre da nicht zu merken, daß sie nicht Götter sind — sie, die nicht einmal sich selbst aus Krieg und Unheil erretten?** (51) **Da sie aus Holz und Silber und Gold hergestellt sind, wird man hernach erkennen, daß sie Truggebilde sind. Allen Nationen und Königen wird es offenbar werden, daß sie keine Götter sind, sondern Machwerk von Menschenhand, und daß nichts von einem Gotteswerk an ihnen ist.** (52) **Wem wird da nicht klar, daß sie nicht Götter sind?**

(53) **Denn weder vermögen sie über das Land einen König einzusetzen noch den Menschen Regen zu geben;** (54) **weder vermögen sie sich selbst ihr Recht zu verschaffen noch einen zu erretten, dem Unrecht angetan wird, weil sie machtlos sind: wie Krähen, die zwischen Himmel und Erde (hin und her fliegen)[15].** (55) **Ja, wenn in dem Haus der hölzernen und vergoldeten und versilberten Götter eine Feuers-**

[12] D. h. keiner menschlichen Rührung fähig (auch wir sprechen von „steinharten" Menschen(Herzen).
[13] ein Zaubermittel zur Erregung sexueller Lust.
[14] wörtlich: ihnen.
[15] zu schwach, um sich gegen die Windrichtung mit eigener Flugkraft zu behaupten.

brunst ausbricht, so werden zwar ihre Priester die Flucht ergreifen und sich retten, aber sie selbst werden wie die Balken mitten drin verkohlen. (56) **Weder einem König noch Feinden vermögen sie Widerstand entgegenzusetzen.** (57) **Wie sollte man da annehmen und glauben, daß sie Götter sind!**

(58) **Weder vor Dieben noch vor Räubern sind diese hölzernen und versilberten und vergoldeten Götter sicher; die ihrer habhaft werden, nehmen das Gold und das Silber und das Gewand, mit dem sie bekleidet sind, weg und gehen mit ihrer Beute fort, ohne daß sie sich selbst dagegen schützen können.** (59) **Darum ist's besser, ein König zu sein, der seine Tapferkeit beweist, oder ein Gerät, das im Haus sich nützlich erweist, dessen sich der Besitzer bedienen kann, als solche Lügengötter; oder eine Tür am Haus, die, was darin ist, verwahrt, oder eine hölzerne Säule im Königspalast, als solche Lügengötter!** (60) **Denn Sonne und Mond und Sterne erstrahlen mit ihrem Schein und sind zu etwas nütze, dem gehorsam, wozu sie gesandt sind.** (61) **Desgleichen der Blitz, wenn er aufleuchtet, ist schön anzusehen! desgleichen weht auch der Wind in jeglichem Lande** (62) **und die Wolken, wenn ihnen von Gott befohlen wird, über die ganze Erde hinzuziehen, führen den Auftrag aus. Auch das Feuer, wenn es von oben gesandt wird, Berge und Wälder zu verzehren, tut das Gebotene.** (63) **Diese aber sind ihnen weder an Gestalt noch an Kräften vergleichbar.** (64) **Deshalb kann man weder glauben noch behaupten, daß sie Götter sind — sie, die nicht imstande sind, weder Gericht zu halten noch den Menschen wohlzutun.** (65) **Habt ihr nun erkannt, daß sie nicht Götter sind, so fürchtet euch nicht vor ihnen!**

(66) **Denn Königen vermögen sie weder zu fluchen noch sie zu segnen.** (67) **Auch Zeichen am Himmel können sie unter den Völkern nicht erscheinen lassen, noch scheinen wie die Sonne, noch leuchten wie der Mond.** (68) **Die Tiere sind besser dran als sie, die sich dadurch helfen können, daß sie in eine Höhle flüchten.** (69) **Auf keinerlei Weise ist uns einleuchtend, daß sie Götter sind, deshalb fürchtet euch nicht vor ihnen!**

(70) **Denn wie eine Vogelscheuche im Gurkengarten, die keinerlei Schutz bietet, so sind ihre hölzernen und vergoldeten und versilberten Götter.** (71) **Ebenso gleichen sie der Dornhecke im Garten, auf die sich jeder Vogel setzt; desgleichen sind ihre hölzernen und vergoldeten und versilberten Götter auch einem Leichnam ähnlich, der in die Finsternis**[16] **geworfen ist.** (72) **Auch an dem Purpur und dem Marmor, der auf ihnen verwittert, werdet ihr erkennen, daß sie nicht**

16 des Grabes.

Götter sind; und zuletzt werden sie selbst zerfressen und es wird eine Schande sein fürs ganze Land[17]. (73) So ist es nun besser, ein Mensch zu sein, der gerecht ist und keine Götter hat; denn er ist solcher Schande enthoben[18].

Auf die *Einleitung* (1,2–7), in der die in Babel weilenden Judäer mit Ernst dazu aufgefordert werden, den Göttern des Landes, in dem sie jetzt wohnen müssen, keinerlei Reverenz zu erweisen, vielmehr einzig und allein ihren Herrn und Gott anzubeten, folgt eine ausführliche Darlegung, die deutlich machen will, daß es diese Götter wahrlich nicht wert sind, daß man ihnen Glauben schenkt und sie in irgend einer Weise ernst nimmt oder gar fürchtet. Sie gliedert sich in zehn Abschnitte, die jedesmal das Fazit ziehen, daß diese Götter keinesfalls zu fürchten sind, weil sie in Wahrheit gar keine Götter sind. Die seelsorgerliche Absicht des Verfassers tritt darin zutage. Der Gedankengang von Kap. 1,8–73 ist nicht mit logischem Fortschritt aufgebaut, vielmehr wird dasselbe Thema von verschiedenen Seiten her beleuchtet, wobei sich manches zwar nicht im Ausdruck, aber doch im Blick auf den Inhalt wiederholt. Es genügt, die Hauptgedanken kurz zusammenzufassen:

1. Die *Ohnmacht* der heidnischen Götter wird darin offenkundig, daß sie leblose, von Menschenhand angefertigte, dem Staub, Rost und Wurmfraß preisgegebene Gebilde sind. Alles Gold und Silber, mit dem sie überzogen sind, die Gewänder, mit denen sie geschmückt sind, können darüber nicht hinwegtäuschen. Sie können nicht sprechen, nicht gehen, nicht aufstehen, wenn sie zu Boden gefallen sind. Sie sind im Grund völlig hilflos, ganz abhängig von denen, die sie anfertigen und zur Schau stellen. Jedes Tier, das in seine Höhle flüchten kann, ist besser dran, als sie (V. 68), denn wehrlos sind sie Dieben und Räubern preisgegeben. Wie kann man da glauben oder behaupten, daß sie Götter sind!

2. Die *Torheit*, sie anzubeten, tritt darin zutage, daß diese Götter, die sich selbst nicht helfen können, denen, die sie verehren, erst recht weder Hilfe noch Rettung schaffen können. Sie können ihnen weder Gutes noch Schlimmes vergelten (V. 34). Ohnmächtig, wie sie sind, können sie weder Könige einsetzen noch absetzen oder sonstwie in

[17] wörtlich: in dem Lande.
[18] wörtlich: er wird fern sein von Schande.

den Geschichtsverlauf eingreifen. Selbst kraftlos haben sie keine Kraft über die Natur, können deshalb weder Regen spenden noch Zeichen am Himmel tun (V. 67). Sie können dem Schwachen nicht aufhelfen, nicht der Witwen und Waisen Sache führen (V. 36 f.). Dazu kommt die Unredlichkeit und Gewinnsucht der Priester und die ganze Verlogenheit und sittliche Verderbtheit dieses heidnischen Götterkults (V. 10; 28; 33; 41–45), wobei der Verfasser schlimme Gepflogenheiten geißelt, die keineswegs erdichtet sind. Ihr, die ihr den allein wahren, lebendigen Gott kennt, der keines Menschen bedarf, vielmehr Himmel und Erde erschuf, der den Schwachen ihr Recht schafft, um Witwen und Waisen sich kümmert, der Könige ein- und absetzt, über Winde und Wolken gebietet (V. 61 f.) – wie könntet ihr euch von solchen Truggebilden imponieren lassen, auf solch einen Wahnglauben hereinfallen?! Lieber ein Mensch sein, der gar keinen Gott hat, aber doch das Rechte tut, als an solchem Lug und Trug sich beteiligen (V. 73)!

Die Tempel und Götter Babels sind längst in Staub gesunken. Ist deshalb diese Warnung vor der Abgötterei überholt? Keineswegs. „Cor humanum perpetua idolorum fabrica“ (Calvin)[19]. An der Einübung des ersten Gebots lernt keiner aus.

[19] Zu deutsch: das menschliche Herz ist eine Werkstatt, in der laufend Idole (falsche Bilder von Gott) fabriziert werden.

DER GESANG DER DREI MÄNNER IM FEUEROFEN

Zusätze zu Daniel

Kap. 3,22–66

Den Abschluß dieser Auslegung der ausgewählten „Apokryphen des Alten Testaments“ soll – mit Fug und Recht – der *Lobgesang der drei Männer im Feuerofen* bilden. Er findet sich in den „Zusätzen zu Daniel“, die – insgesamt fünf – in den griechischen Text des Buchs Daniel an verschiedenen Stellen nachträglich eingefügt worden sind. Sie wurden – in der (jüngeren) Übersetzung des Theodotion – in die Vulgata übernommen und infolgedessen auch von Luther mitübersetzt. Da sie jedoch im hebräischen Text des Danielbuchs nicht enthalten sind, sind sie nur als apokryphe Zusätze in Luthers deutsche Bibel aufgenommen worden. Bei dem folgenden Lobgesang der drei Männer im Feuerofen handelt es sich um einen Zusatz zu Dan. 3,23. Hananja, Misael und Asarja, die drei Freunde Daniels, die Nebukadnezar in Sadrach, Mesach und Abed-Nego umbenannte, hatten sich standhaft geweigert, vor dem goldenen Bild niederzufallen, das der König von Babel „sechzig Ellen hoch und sechs Ellen breit“ in der Ebene Dura aufrichten ließ (vgl. Dan. 3,1 ff.). Sie wollten lieber in den Flammen umkommen als vor dem Standbild des Königs niederfallen und damit das 1. Gebot übertreten. In Dan. 3,19 ff. wird berichtet, wie Nebukadnezar seine schreckliche Drohung[1] wahrmachte. „Jene drei Männer aber, Sadrach, Mesach und Abed-Nego fielen gebunden mitten in den brennenden Feuerofen“ (V. 23). An diesen Vers schließt sich das Folgende an:

(3,22) **Die Schergen des Königs aber, die sie hineinwarfen, hörten nicht auf, das Feuer im Ofen zu schüren mit Erdharz und Pech und Werg und Reisig.** (23) **Und die Flamme schlug gegen neunundvierzig Ellen hoch über den Ofen hinaus,** (24) **und sie fraß um sich und verbrannte von den Chaldäern, wen sie rings um den Ofen erreichte.** (25) **Doch zugleich mit Asarja und seinen Genossen war der Engel des Herrn in den Ofen gestiegen und** (26) **hatte die feurige Lohe aus dem Ofen hinausgetrieben und bewirkt, daß es im Innern des Ofens so kühl war, als ob ihn ein frischer Tauwind durchwehe. So rührte sie**

[1] „Wer nicht niederfällt und anbetet, wird sofort in den brennenden Feuerofen geworfen“ (Dan. 3,6).

das Feuer überhaupt nicht an und fügte ihnen weder Schmerz noch Schaden zu. (27) **Da hoben die drei wie mit e i n e m Munde ein Loblied zu singen an, priesen und lobten und rühmten Gott in dem Feuerofen und sprachen:**

(28) **Gelobt seist du, Herr, du Gott unsrer Väter,**
und seist gepriesen und hoch gerühmt ewiglich!
(29) **Gelobt sei dein herrlicher und heiliger Name**
und sei gepriesen und hoch gerühmt ewiglich!
(30) **Gelobt seist du in deinem heiligen, herrlichen Tempel**
und seist gepriesen und hoch gerühmt ewiglich!
(31) **Gelobt seist du, der du über den Cheruben thronst und siehst in die Tiefen**
und seist gepriesen und hoch gerühmt ewiglich!
(32) **Gelobt seist du auf dem Thron deines Königtums**
und seist gepriesen und hoch gerühmt ewiglich!
(33) **Gelobt seist du über der Feste des Himmels**
und seist gepriesen und hoch gerühmt ewiglich!

(34) **Lobet den Herrn, all ihr Werke des Herrn,**
preiset und rühmet ihn ewiglich!
(35) **Lobet den Herrn, ihr Engel des Herrn,**
preiset und rühmet ihn ewiglich!
(36) **Lobet, ihr Himmel, den Herrn,**
preiset und rühmet ihn ewiglich!
(37) **All ihr Wasser droben am Himmel lobet den Herrn,**
preiset und rühmet ihn ewiglich!
(38) **All ihr Heerscharen**[2] **des Herrn, lobet den Herrn,**
preiset und rühmet ihn ewiglich!
(39) **Sonne und Mond, lobet den Herrn,**
preiset und rühmet ihn ewiglich!
(40) **Ihr Sterne am Himmel, lobet den Herrn,**
preiset und rühmet ihn ewiglich!
(41) **Regen und Tau, lobet den Herrn,**
preiset und rühmet ihn ewiglich!
(42) **All ihr Winde, lobet den Herrn,**
preiset und rühmet ihn ewiglich!
(43) **Feuer und Hitze, lobet den Herrn,**
preiset und rühmet ihn ewiglich!

[2] wörtlich: ihr Mächte.

(44) **Frost und Kälte, lobet den Herrn,**
preiset und rühmet ihn ewiglich[3]**!**
(45) **Tag und Nacht, lobet den Herrn,**
preiset und rühmet ihn ewiglich!
(46) **Licht und Finsternis, lobet den Herrn,**
preiset und rühmet ihn ewiglich!
(47) **Eis und Frost, lobet den Herrn,**
preiset und rühmet ihn ewiglich!
(48) **Reif und Schnee, lobet den Herrn,**
preiset und rühmet ihn ewiglich!
(49) **Blitze und Wolken, lobet den Herrn,**
preiset und rühmet ihn ewiglich!

(50) **Lobe, du Erde, den Herrn,**
preise und rühme ihn ewiglich!
(51) **Berge und Hügel, lobet den Herrn,**
preiset und rühmet ihn ewiglich!
(52) **Was aus der Erde wächst**[4]**, lobe den Herrn,**
preise und rühme ihn ewiglich!
(53) **Quellen und Bäche**[5]**, lobet den Herrn,**
preiset und rühmet ihn ewiglich!
(54) **Meere und Ströme, lobet den Herrn,**
preiset und rühmet ihn ewiglich!
(55) **Walfische und alles, was im Wasser sich regt**[6]**, lobe den Herrn,**
preiset und rühmet ihn ewiglich!
(56) **Alle Vögel unter dem Himmel, lobet den Herrn,**
preiset und rühmet ihn ewiglich!
(57) **Alle wilden und zahmen Tiere**[7]**, lobet den Herrn,**
preiset und rühmet ihn ewiglich!

(58) **Ihr Menschenkinder, lobet den Herrn,**
preiset und rühmet ihn ewiglich!

[3] Da V. 44a in V. 47a eine Doublette hat, übersetzte Luther: Schloßen und Hagel, lobet den Herrn! — Anders der revidierte Text („Frost und Kälte"). Er fügt zudem bei V. 44 eine zweite Doppelzeile ein: „Tropfen und Flocken, lobt den Herrn". Dabei handelt es sich jedoch um eine Doublette teils zu V. 41, teils zu V. 48, so daß doch viel für die Annahme spricht, daß dieser Vers „kein ursprünglicher Bestandteil des Liedes gewesen ist" (W. Stählin).

[4] wörtlich: all ihr Gewächse auf der Erde. (Zu erwägen wäre die freie Übertragung: Wälder und Felder).

[5] wörtlich: Regengüsse und Quellen.

[6] wörtlich: Seeungeheuer.

[7] wörtlich: Vierfüßler und Getier der Erde (LXX). Bei Theodotion: alles

(59) **Israel, lobe den Herrn,**
preise und rühme ihn ewiglich!
(60) **Ihr Priester des Herrn, lobet den Herrn,**
preiset und rühmet ihn ewiglich!
(61) **Ihr Diener[8] des Herrn, lobet den Herrn,**
preiset und rühmet ihn ewiglich!
(62) **Ihr Geister und Seelen der Gerechten, lobet den Herrn,**
preiset und rühmet ihn ewiglich!
(63) **Ihr Frommen[9] und von Herzen Demütigen lobet den Herrn,**
preiset und rühmet ihn ewiglich!
(64) **Hananja, Asarja und Misael, lobet den Herrn,**
preiset und rühmet ihn ewiglich!
Denn er hat uns erlöst aus dem Totenreich
und hat uns errettet vom Tode.
Er hat uns befreit aus dem glühenden Ofen
und hat uns mitten im Feuer erhalten.
(65) **Danket dem Herrn, den er ist gütig,**
ja, ewiglich währt seine Gnade!
(66) **Lobet alle, die ihr den Herrn fürchtet, den Gott aller Götter,**
preiset und rühmet, daß seine Güte ewiglich währt[10]!

Die fünf Zusätze zum Buch Daniel[11], die sich in den alttestamentlichen Apokryphen finden, tragen offensichtlich legendären Charakter und sind von sehr unterschiedlicher Qualität. Dieser Gesang der drei Jünglinge, die die Anbetung vor dem goldenen Bild des Nebukadnezar verweigerten, dessen gewiß, daß sie der lebendige Gott auch aus dem Feuerofen erretten könne, doch genau so zum Martyrium bereit (vgl. Dan. 3,17 f.), ist nach Sprache und Inhalt ein *Juwel.* Mit gutem Grund bekam er schon frühzeitig in der Liturgie der Kirche seinen festen Platz[12]. In den gottesdienstlichen Ordnungen der reformatorischen Kirchen wird er den Cantica (Lobgesänge)[13] zugezählt. Der

Getier und Vieh.

8 Unter „Diener" (Luther: „Knechte") sind wohl die Diener am Heiligtum (bzw. die Leviten) zu verstehen.

9 wörtlich: Heiligen.

10 Zur Überleitung in den biblischen Text fügt LXX hinzu: „Und als der König sie singen hörte, trat er hinzu und sah, daß sie noch lebten".

11 Die Geschichte von Susanna und Daniel; Vom Bel zu Babel; Vom Drachen zu Babel; Das Gebet Asarjas; Der Gesang der drei Männer im Feuerofen.

12 Z. B. in der gallikanischen und mozarabischen Liturgie.

13 Luk. 1,46—55 (Magnifikat); Luk. 1,68—79 (Benedictus); Luk. 2,29—32 (Nunc dimittis).

Dank für die wunderbare Errettung der zum Feuertod Verurteilten wird hier zum vielstimmigen Jubel, der die ganze Schöpfung in den Lobpreis Gottes einbezieht. Ob dieser *Lobgesang* ursprünglich mit der Legende von der wunderbaren Bewahrung der Freunde Daniels verbunden war, ist freilich fraglich. Es fällt auf, daß jene erst am Ende – mit ihren hebräischen Namen(!) – erwähnt werden (V. 64). Während es in V. 24 heißt, daß sie selbst diesen Gesang mitten im Feuerofen anstimmten, werden sie am Schluß dazu aufgefordert, in denselben miteinzustimmen (V. 64). Die einleuchtendste Erklärung dafür ist, daß es sich bei diesem Lobgesang um einen ursprünglich selbständigen Psalm handelt, der in Psalm 148 eine deutliche Parallele hat und erst nachträglich mit der Geschichte der drei Männer verbunden wurde. Gerade so wurde dieser Hymnus freilich in ein besonderes Licht gerückt. Eindringlich stellt er vor Augen: Auch in der Feuerzone des Martyriums kann der lebendige Gott seinen Knechten und Zeugen Lobgesänge schenken (vgl. Hiob 35,9 f.; Apg. 16,25), und – so unglaublich dies dem gottblinden Urteilsvermögen des natürlichen Menschen auch erscheinen mag – mitten in der Feuerprobe der Anfechtung (vgl. 1. Petr. 1,7) kann der Allmächtige seine Bekenner und Zeugen wunderbar erhalten. Was in V. 26 so anschaulich bezeugt wird, daß es im Innern des Feuerofens so kühl war, als ob ein frischer Tauwind ihn durchwehe, ist ein Bild für eine geistliche Erfahrung, die sich auch in unserem Jahrhundert in Gefängniszellen und Konzentrationslagern bestätigt hat.

Der kunstvolle *Aufbau* dieses Lobgesangs ist deutlich erkennbar. Die 1. Strophe (V. 28–33) lenkt den Blick auf *Gott selbst* in seiner weltüberlegenen Hoheit und Herrlichkeit. Ihm wird zuerst in persönlicher Anrede Preis und Anbetung dargebracht. Im Folgenden werden dann alle Werke des Schöpfers aufgerufen, in diese Rühmung Gottes miteinzustimmen. Dabei werden zunächst in der 2. Strophe (V. 34–49) jene Mächte, Gewalten und Erscheinungen angesprochen, die im bzw. am *Himmel* wirken und wahrgenommen werden. In der 3. Strophe (V. 50–57) ist es die *Erde* mit allem, was sie erfüllt und belebt, die zum Lob des Schöpfers aufgerufen wird. Die 4. Strophe (V. 58–64) wendet sich an die *Menschen*, wobei sich der Verfasser bewußt ist, was für ein besonders hoher und edler Stand dem Menschen nach biblischer Schau im ganzen Kosmos zugewiesen ist (vgl. 1. Mos. 1,27 f.; Ps. 8,6 ff.). In formaler Hinsicht fällt auf, daß die Werke Gottes fast immer *paarweise* angeredet und zum Lobpreis aufgerufen werden. Meist sind es verwandte Werke des Schöpfers wie Sonne und Mond, Regen und Tau, Reif und Schnee, zuweilen auch solche, die ihrem Wesen nach durch schroffe Gegensätze geschieden sind wie Licht und Finsternis, Tag und Nacht. Der zweite Halbvers, der in der 1. Strophe sechsmal, in der 2., 3. und 4. Strophe (in sinngemäßer Abwandlung) rund dreißigmal wiederholt wird, zeigt deutlich, daß der ganze Hymnus von Anfang an für den liturgischen Gebrauch im Gottesdienst gedacht war, wobei die Anrede jeweils vom Vorsänger gesungen wurde und die Gemeinde mit dem Kehrvers respondierte.

Gelobt seist du, Herr, du Gott unsrer Väter (V. 28–33)! Bei aller Weite des Horizonts, die diesen Psalm auszeichnet, der die ganze Schöpfung, Himmel und Erde mit allem, was sie belebt und erfüllt, umgreift, gilt doch das Lob zuerst und zuletzt dem einen, allein wahren, lebendigen Gott, der durch sein Machtwort alles, was da ist, lebt und webt, ins Dasein rief und am Leben erhält (vgl. Ps. 33,9; 148,5). Dem Gott gilt er, der sich den Vätern Israels mit seinem unverwechselbaren *Namen* („Jahwe") kundgetan hat, der über alle Maßen heilig und herrlich ist (V. 28 f.). Jede Naturvergötterung ist damit ebenso ausgeschlossen wie aller pantheistische Überschwang[14]. So hoch erhaben dieser Gott über der Feste des Himmels thront, hat er doch den Tempel auf dem Zion zum Ort seiner Gnadengegenwart erwählt (V. 30). Alle Höhen und Tiefen, die Nähe und die Ferne, alles ist von seiner Macht und seinem Blick umfaßt (vgl. Jer. 23,24). So sehr er des anbetenden Lobpreises würdig ist, so wenig steht und fällt seine Herrschaft und Herrlichkeit damit, daß sie von Menschen erkannt und gepriesen wird. Niemand stürzt ihn je herab von seinem königlichen Thron. Nicht nur über die Erde, auch über die „Feste des Himmels" (V. 33) und über alle Gestirne, die nach heidnischer Ansicht als Wohnsitz der Götter galten, ist er hoch erhaben. Ihm gebührt ewiger Ruhm!

Lobet, ihr Himmel den Herrn (V. 34–49)! Wie in Psalm 148 werden in diesem Lobgesang Himmel und Erde einander gegenübergestellt und nacheinander mit allem, was sie bewohnt und erfüllt, zum Lobpreis aufgefordert. Wenn in der Mehrzahl von den „Himmeln" die Rede ist, dann deshalb, weil dieses Wort in der biblischen Sprache

14 „Gefühl ist alles, Name ist Schall und Rauch, umnebelnd Himmelsglut" (Goethe, Faust I. Teil) — das steht auf einem andern Blatt!

sowohl den himmlischen Thronsaal Gottes wie den Himmel, der sich über die Erde wölbt, bezeichnet. An erster Stelle werden die Engel zum Lob aufgerufen (V. 35), die um den Thron Gottes versammelt sind, zu seinem Lobpreis geschaffen und bereit, seine Befehle auszuführen (vgl. Ps. 103,20 f.). Dann ist von den Lichtern die Rede, die den Himmel, der sich über die Erde wölbt, zieren und erleuchten: die Sonne, der Mond und alle leuchtenden Sterne, deren Lichtglanz ein Abglanz der Lichtfülle Gottes ist, sollen den preisen, der sie herausführt wie ein gewaltiges Heer (Jes. 40,26). Von Vers 41 an wird aufgezählt, was vom Himmel her auf die Erde einwirkt und sie für Menschen und Tiere bewohnbar macht. In dem, was wir als „Naturvorgänge" bezeichnen, sieht der Dichter dieses Psalms die Boten und Werke des Schöpfers, die alle auf ihre Weise dazu bestimmt sind, sein Lob zu vermehren. Dabei fällt besonders auf, daß er nicht nur die nützlichen, sondern auch die bedrohlichen Kräfte wie Reif und Frost, Wolken und Blitze darauf anspricht, daß sie alle zum Lobpreis des Schöpfers beitragen sollen. Zu ihrer Zeit sind auch diese scheinbar zerstörenden Kräfte am rechten Platz und auf ihre Weise dazu bestimmt, das Lob des Schöpfers auszurichten (vgl. Sirach 39,28 ff.). Auf welche Weise, so fragt man sich, sollen diese Kräfte des Himmels den Allmächtigen rühmen und loben? „Sie haben keine andere Stimme als die ihres Seins, und sie loben Gott nicht anders, als indem sie ganz und gar das sind, was sie nach ihrer kreatürlichen Anlage sein müssen" (W, Stählin). Das gilt auch für alle die Werke des Schöpfers, mit denen er die Erde geziert und mit Leben erfüllt hat.

Lobe, du Erde, den Herrn (V. 50–57)! Berge und Hügel, Quellen und Bäche, Ströme und Meere werden aufgerufen, in diesen Lobpreis einzustimmen. Desgleichen alle Gewächse, die die Erde hervorbringt und die sie mit einem grünen Kleid bedecken, dazu alle Tiere, nicht nur die zahmen und dem Menschen nützlichen, sondern auch die wilden Tiere – sie alle sind zu Gottes Lob ins Leben gerufen (vgl. Ps. 104,20 f.; Hiob 38,39 ff.). Man weiß in Israel, daß alle diese Geschöpfe kein Zufallsprodukt der Materie sind, daß sie vielmehr der Freude Gottes am Schaffen ihr Dasein verdanken (vgl. 1. Mos. 1,20 ff.). Zu seinem Lob dazusein, ist der Sinn auch aller außermenschlichen Kreatur. Der Vergleich mit einem großen Orchester, in dem die verschiedensten Instrumente ihre Stimmen vereinigen, drängt sich auf. Alle Geschöpfe sollen und dürfen dazu beitragen, dem einen, allgewaltigen Schöpfer das Lob darzubringen, das ihm gebührt. Daß der

Mensch freilich etwas Besonderes im Schaffen Gottes ist (vgl. 1. Mos. 1,26 f.), nicht nur „eine kleine überspannte Tierart, die ihre Zeit hat" (Nietzsche), ist auch in diesem Psalm, in dem die ganze Schöpfung zum Lob Gottes aufgerufen wird, deutlich markiert.

Ihr Menschenkinder, lobet den Herrn (V. 58–64)! Der Mensch, dieses „sehende Auge am Leibe der Schöpfung" (W. Vischer), dazu bestimmt und befähigt, seinen Schöpfer zu erkennen, ist in besonderer Weise dazu berufen, in solchem Lobgesang den Sinn seines Daseins auszusprechen. Unter allen Menschenkindern wird hier – mit gutem Grund – an erster Stelle Israel, das Bundesvolk Gottes, aufgerufen (vgl. 2. Mos. 19,6). Auf Grund seiner Erwählung steht es ihm zu, stellvertretend für alle Menschen und Völker dem Allmächtigen den Lobpreis, der ihm gebührt, darzubringen[15]. Daß die Priester und die Diener am Heiligtum besonders genannt werden (V. 61), ergibt sich aus ihrem Stand und Beruf. Besonders bemerkenswert ist jedoch, daß auch die „Geister und Seelen der Gerechten" in den Lobpreis mit einbezogen werden. „Wird man im Grabe deine Güte erzählen und deine Treue bei den Toten? Werden deine Wunder in der Finsternis erkannt oder deine Gerechtigkeit im Lande des Vergessens?" (Ps. 88,11 f.; vgl. Ps. 6,6) – diese bangen Fragen sind hier in der Weise entschieden, daß mit einem persönlichen Fortleben der Gerechten gerechnet wird (vgl. Weisheit 3,1 ff.).Das bedeutet freilich nicht, daß der Lobpreis in ein „besseres Jenseits" vertagt würde und den Vollendeten, die dem Argen dieser Erde entronnen sind, vorbehalten bliebe. Ausdrücklich werden die „Heiligen", die sich inmitten dieser Welt Gott zugehörig wissen und unter seine gewaltige Hand demütigen (vgl. 1. Petr. 5,6), dazu verpflichtet (V. 63). Jetzt erst, am Ende, des Preislieds, werden die drei Bekenner im Feuerofen mit Namen genannt (V. 64) und persönlich aufgerufen, auf Grund der wunderbaren Bewahrung und Errettung, die ihnen zuteil wurde, den Herrn zu preisen. Auch wenn die Vermutung zutreffen sollte, daß ihre Namen und ihr Geschick erst nachträglich mit diesem Preislied verknüpft wurden, stehen sie am rechten Platz: stellvertretend für all die Ungezählten, die in Gefängnissen, auf Galeeren und Scheiterhaufen oder anderwärts das Martyrium erlitten haben – auch für die, welche „die Freilassung nicht angenommen haben" (Hebr. 11,35), die in die Gas-

15 Das gilt genauso für das Gottesvolk des Neuen Bundes (vgl. 1. Petr. 2,9 f. 12) vgl. Hebr. 12,23.

kammern getrieben wurden oder an anderen Stätten der Qual und des Grauens elend umgekommen sind. Niemand und nichts reißt sie alle aus der Hand dessen, der die Welt mitsamt dem Tod überwunden hat (vgl. Joh. 16,33). Mit gutem Grund ist in der Ordnung der Bibellese nach dem Kirchenjahr die Geschichte von den drei Männern im Feuerofen (Dan. 3,1–28) für den Vorabend des Osterfestes vorgesehen. Durch die Auferstehung Jesu Christi von den Toten sind wir zu einer „lebendigen Hoffnung" befreit (1. Petr. 1,3) – auch zum „Lob aus der Tiefe" ermächtigt. Dafür ist dieser Lobgesang, nicht zuletzt wegen seines großen, die ganze Schöpfung, Himmel und Erde umspannenden Horizonts, ein trefflicher Lehrmeister.

LITERATUR-HINWEIS

J. Fichtner, Die altorientalische Weisheit in ihrer israelitisch-jüdischen Ausprägung. 1933

J. Fichtner, Weisheit Salomos. Handbuch zum Alten Testament. 1938

K. G. Kuhn, Beiträge zur Erklärung der Weisheit. Zeitschrift für Theologie und Kirche 55. 1958

G. von Rad, Weisheit in Israel. 1970

W. Stählin, Predigthilfen, Band V. Apokryphen. 1971

O. Zöckler, Die Apokryphen des Alten Testaments. 1891

Die Botschaft des Alten Testaments

Erläuterungen alttestamentlicher Schriften

Die gesamte Reihe:

1 **Frey, Hellmuth · Das Buch der Anfänge**
Kapitel 1—11 des ersten Buches Mose / 7. Auflage 1964, 170 Seiten

2 **Frey Hellmuth · Das Buch des Glaubens**
Kapitel 12—25 des ersten Buches Mose / 6. Auflage 1964, 207 Seiten

3 **Frey Hellmuth · Das Buch des Kampfes**
Kapitel 25—35 des ersten Buches Mose / 4. Auflage 1964, 192 Seiten

4 **Frey Hellmuth · Das Buch der Führung**
Kapitel 36—50 des ersten Buches Mose / 4. Auflage 1964, 232 Seiten

5 **Frey Hellmuth · Das Buch der Heimsuchung und des Auszugs**
Kapitel 1—18 des zweiten Buches Mose / 4. Auflage 1965, 214 Seiten

6,I **Frey Hellmuth · Das Buch der Verbindung Gottes mit seiner Gemeinde**
Kapitel 19—24 des zweiten Buches Mose / 3. Auflage 1963, 160 Seiten

6,II **Frey, Hellmuth · Das Buch der Gegenwart Gottes unter seiner Gemeinde**
Kapitel 25—40 des zweiten Buches Mose / 3. Auflage 1963, 200 Seiten

10 **Gutbrod, Karl · Das Buch vom Lande Gottes**
Josua und Richter / 3. Auflage 1965, 282 Seiten

11,I **Gutbrod, Karl · Das Buch vom König**
Das erste Buch Samuel · 3. Auflage 1970, 264 Seiten

11,II **Gutbrod, Karl · Das Buch vom Reich**
Das zweite Buch Samuel / 1958, 292 Seiten

12,I **Fichtner, Johannes · Das erste Buch von den Königen**
Nach dem Tode des Verfassers herausgegeben von Klaus Fricke
1964, 352 Seiten, Leinen

12,II **Fricke, Klaus · Das zweite Buch von den Königen**
1972, 408 Seiten

12,IV **Kessler, Werner · Gottes Mitarbeiter am Wiederaufbau**
Die Bücher Esra und Nehemia / 1971, 144 Seiten

13 **Lamparter, Helmut · Das Buch der Anfechtung**
Das Buch Hiob / 4. Auflage 1972, 264 Seiten

14 **Lamparter, Helmut · Das Buch der Psalmen I**
Psalm 1—72 / 2. Auflage 1961, 352 Seiten